周易研究经典丛书

# 易学百问

郭彧 著

华龄出版社
HUALING PRESS

责任编辑：董　巍
责任印刷：李未圻

**图书在版编目（CIP）数据**

易学百问 / 郭彧著 . -- 北京：华龄出版社，2019.8
ISBN 978-7-5169-1459-5

Ⅰ.①易… Ⅱ.①郭… Ⅲ.①《周易》—研究 Ⅳ.①B221.5

中国版本图书馆CIP数据核字(2019)第161096号

| | |
|---|---|
| 书　　名： | 易学百问 |
| 作　　者： | 郭彧 著 |

| | | | |
|---|---|---|---|
| 出 版 人： | 胡福君 | | |
| 出版发行： | 华龄出版社 | | |
| 地　　址： | 北京市东城区安定门外大街甲57号 | 邮　编： | 100011 |
| 电　　话： | 010-58122246 | 传　真： | 010-84049572 |
| 网　　址： | http://www.hualingpress.com | | |

| | | | |
|---|---|---|---|
| 印　　刷： | 鸿博昊天科技有限公司 | | |
| 版　　次： | 2021年1月第1版　2021年1月第1次印刷 | | |
| 开　　本： | 710mm×1000mm　1/16 | 印　张： | 24.25 |
| 字　　数： | 278千字 | | |
| 定　　价： | 78.00元 | | |

**版权所有　翻印必究**
本书如有破损、缺页、装订错误，请与本社联系调换

# 前　言

许多初学《周易》者，大多是对《周易》深感兴趣的人，或许还有一些出于"神秘感"想进一步了解《周易》的人。有朋友和学生提议，希望我能写一本能够帮助初学《周易》者入门的书，并积极提出了近百个问题。于是，就有了这本《周易百问》的小书。

笔者以前大多写一些专业方面的书籍和文章，比如北京大学出版社《易文献辨讹》、中华书局《经典藏书·周易》《邵雍集》和《邵雍伊川击壤集》等，如今写一本通俗的普及《周易》知识的书还是首次。

笔者给学员讲课时，曾经介绍过自己总结出来的"八字箴言"。

## 兴趣　优选　自学　毅力

如果你对《周易》产生了浓厚的兴趣，那就是一个能够入门的最好条件。只有"感兴趣"才会有动力；只有"感兴趣"才会有成绩。如果你对《周易》里面诸多学问都感兴趣，那你就要选择一门"更感兴趣"的学问去钻研学习，这就是"优选"。"优选"之后，你就更会有动力，更会有所收获；如果你在"优选"方面做好了，那么接下来就要坚持"自学"。老师的作用主要在于"解惑"，所以只有实在弄不明白的地方才应该向老师请教；最后，学习研究《周易》一定要有

"毅力"，要持之以恒，不为外界所动，不受他人干扰，要有"钻故纸堆"和"坐冷板凳"的精神。功夫不负有心人，有志者事竟成。希望有更多的有识之士学习研究《周易》，从这本古老的经典中汲取养分，体悟道理，用于"修齐治平"的实践之中。

这本小书包含四个部分：入门篇，基础篇，文献篇，应用篇。虽然书小，但是不可蹴读。随着学习的深入，本书仍然具有阅读价值。

最后，请读者多提宝贵意见，以便再版时修正。

郭彧

2014 年 4 月 1 日写于北京寓所易心斋

# 目 录

前 言 .................................................... 1

## 壹 入门篇 .................................................. 1

1. 问：何谓"易""周易""易经"？ ........................... 1
2. 问：如何记忆八卦？ ........................................ 5
3. 问：八卦的象征意义都是些什么？ ............................ 8
4. 问：六十四卦的名字应该如何记忆，卦名应该如何读音？ ............. 11
5. 问：六十四卦的卦象与卦名之间有什么联系？ ................... 17
6. 问：八卦是古圣人画出来的吗？ .............................. 20
7. 问：邵雍为什么说"老子知易之体者也"？ ..................... 21
8. 问：如何从符号学角度理解"三才之道"？ ..................... 27
9. 问：何谓《易》卦互体？ ................................... 36
10. 问：《易经》所谓"当位""位正中""敌应""得中""得位"等，都是什么意思？ ........................................... 39
11. 问：八卦有方位属性吗？ ................................... 40
12. 问：一卦可以变作八卦，是怎么回事？ ....................... 45
13. 问：很多人说《周易》的"河图"和"洛书"很神奇，究竟是怎么回事？ ........................................... 46

14.问：提到《周易》，社会上很多人都说那是一本"算命"的书，您对此如何看？..........................................................................51

15.问：对于《周易》，孔子为什么说"百姓日用而不知"呢？..........53

16.问：《周易》与我们日常生活有关系吗？.................................55

17.问：研究《周易》，有"义理派"和"象数派"之分吗？..............57

18.问：学习研究《周易》需要那些参考书？.................................61

19.问：你经常说"人们都生活在八卦时空之中"，国外有"八卦限"的研究成果吗？..........................................................................64

20.问：最近马宝善先生著有《易道宇宙观》一书，您如何评价？.....66

21.问：用现代科学、哲学可以解释《易经》吗？..........................69

22.问：初学者应该如何学习《易经》？........................................70

23.问：学习《易经》需要具备的条件是什么？要掌握的知识是什么？...71

24.问：邵雍的《皇极经世》是一本"推步之书"吗？.....................72

25.问：朱熹强调《易》本是卜筮之书"，您怎么看？.....................77

26.问：我们应该怎样看待用《易经》算卦？其道理何在？..............79

27.问：您为什么提醒初学者不宜先读朱熹的易学著作？..................83

28.问：何谓易图学？..................................................................88

29.问：二维平面八卦方位图与方明八卦之间有关系吗？.................90

30.问：邵雍《先天图》内之方图是纵横图吗？..............................93

31.问：历史上易学的传承与流派如何？........................................96

32.问：我们现在研究《周易》的有利条件是什么？........................99

贰 基础篇.................................................................................105

33.问：《周易》的八卦知识，都渗透到我国优秀传统文化的哪些方面？..105

34. 问：为什么历代会从《周易》里面衍生出来那么多的"易图"？...125

35. 问：古人如何说圣人法则《河图》画卦？.................131

36. 问：既然黑白鱼形图像在明初称之为《天地自然河图》，那么是什么时候改称之为"太极图"的呢？.........136

37. 问：何谓"三陈九卦"？...............................138

38. 问：朱熹《易学启蒙》说"惟刘牧臆见，以九为《河图》，十为《洛书》，托言出于希夷"，是历史事实吗？..............140

39. 问：《周易》与计算机的发明和发展有渊源吗？.........146

## 叁 文献篇..................................................148

40. 问：现存《周易》古籍善本都有哪些？.................148

41. 问：何谓《周易》的"章句"之学？...................158

42. 问：何谓《周易》的"谶纬"之学？...................159

43. 问：何谓《周易》的"数学"？.......................160

44. 问：历代《周易》的石经之学如何？...................163

45. 问：何谓《周易》的"注"和"义疏"之学？...........166

46. 问：何谓《周易》的"版本""校勘"和"训诂"之学？...168

47. 问：现有的一些类书里面，都收录了哪些《周易》书籍？...180

48. 问：魏征等人为什么要编纂《周易治要》一书？.........225

49. 问：有人说苏东坡、欧阳修等著名文学家都精研《周易》，是真的吗？...............................................229

50. 问：您能简单介绍一下朱伯崑先生的易学著作吗？.......232

51. 问：有人说邵雍的学问得益于朱熹《易学启蒙》一书的传播，您怎么看？...............................................238

52. 问：邵雍对易学研究的主要贡献在哪里？ ........................240

53. 问：邵雍《先天图》是如何画出来的？ ........................246

54. 问：邵雍为什么把八卦分为"天之四象"与"地之四象"？ ......249

55. 问：如何理解周敦颐的《太极图》？ ............................251

56. 问：如何理解《周易本义》卷首所列的"伏羲六十四卦次序"图？ ...253

57. 问：《周易本义》卷首所列《伏羲八卦方位》所标乾一至坤八的卦数，是邵雍的本意吗？ ........................................255

58. 问：《周易本义》说"邵子曰：乾南，坤北，离东，坎西，震东北，兑东南，巽西南，艮西北。自震至乾为顺，自巽至坤为逆"，有什么不对吗？ ........................................................257

59. 问：朱熹所说邵雍的"加一倍法"，是邵雍的原意吗？ ...............259

60. 问：《周易》"彖曰"和"彖辞"之"彖"，都是什么意思？ ..........262

61. 问：《四库全书》里面有日本学者的易学著作吗？ ..................263

62. 问：《四库全书》在总序中是怎么评价《易经》的？ ................265

63. 问：《宋明理学史》和《宋明理学》都涉及了许多出于宋代的易图，在阐述中有什么问题吗？ ........................................268

64. 问：黄宗羲、黄宗炎、毛奇龄、李塨和胡渭的著作，主要批判对象是哪些人呢？ ..............................................269

65. 问：既然有许多学者批评朱熹的易学错误，为什么康熙皇帝还要"御纂"《周易折中》呢？ ........................................274

66. 问：您继余嘉锡之后写了一大篇《续四库提要辩证》（经部易类）的文章，难道《四库全书》经部易类的"提要"有许多问题吗？ ..276

肆　应用篇 ........................................................282

67. 问:"纳甲法"是怎么回事? ......282

68. 问:听说康熙皇帝是一位学《易》用《易》的大家?这是历史事实吗? ......284

69. 问:听说乾隆皇帝也是一位学《易》用《易》的大家?这是历史事实吗? ......295

70. 问:卜筮中的"卜"和"筮"是一回事吗? ......301

71. 问:有人说姜子牙精通《周易》,可是他为什么把占卜用的龟甲和筮草扔在地上踏呢? ......302

72. 问:同样的占卜结果,不同的人会有不同的解释,我们应该如何对待? ......303

73. 问:如果想了解《周易》的"筮法",那应该如何学习呢? ......304

74. 问:《梅花易数》是邵雍的著作吗?在占筮方面有哪些特点? ......309

75. 问:"批八字"和《周易》有关系吗?八字是如何批的呢? ......311

76. 问:现在社会上有很多人从事"姓名学"行业,并且说与《周易》大有关系,您是怎么看的? ......321

77. 问:《易经》与"五行"有什么关联? ......328

78. 问:《易经》与"风水"有什么关联? ......331

79. 问:现在,"风水"为什么会那么时髦? ......333

80. 问:台湾和香港等地盛行用"玄空风水"看阳宅,您对此是如何看的? ......337

81. 问:既然"风水"概念先见于《葬书》,那么在选择墓地方面,书中阐述了一些什么"风水术"呢? ......339

82. 问:《葬书》的注释,是怎样的过程? ......341

83. 问:既然在宋代《葬书》里面的风水术没有得到大多数儒者的普遍

认可，那么是什么时候又被人们提倡起来了呢？……………342

84.问：历史上有皇帝谈"风水"的故事吗？……………344

85.明代有学者说南京紫禁城"泄气"，是怎么回事？……………347

86.问：建文帝失去皇帝大宝之位，是因为明孝陵神道"夺走了北斗天象"吗？……………348

87.问：《奇门遁甲》一书与《周易》有关系吗？弄不好真的会走火入魔吗？……………349

88.问：社会上搞"玄空"和"奇门"的人，都大谈特谈"洛书"，这是怎么回事？……………353

89.问：清华大学的校训"自强不息，厚德载物"与《周易》有关吗？..355

90.问：日本历史上有"明治维新"，为什么叫"明治"呢？……………356

91.问：韩国的国旗是从八卦图演化来的吗？……………357

92.问：毛泽东常说的"形而上"，是来自《周易》吗？……………359

93.问：有人说蒋介石、毛泽东的名字都来自于《周易》，这是真的吗？……………360

94.问："机会"和"方法"两个词的出处，与《周易》有关系吗？..361

95.问："与时俱进"的口号与《周易》有关系吗？……………364

96.问：《周易》与中医有关系吗？……………365

97.问：京剧《大保国》里面李艳妃台词"哀家已登大宝"，这"大宝"是什么意思？……………368

98.问：邵雍是算命大师的祖师爷吗？……………370

99.问：邵雍说"南士为相"，是怎么回事？……………373

100.问：您的易学研究那么广泛，您究竟是"学院派"还是"江湖派"？……………374

# 壹　入门篇

1. 问：何谓"易""周易""易经"？

答："易"字，一说"日月为易"（上"日"下"月"），表达"一阴一阳之谓道"的意思。

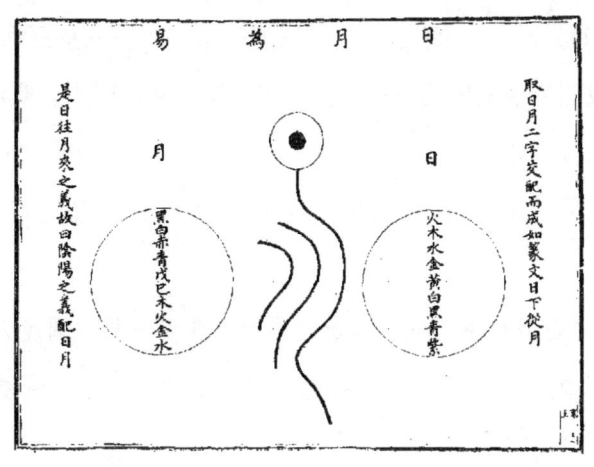

宋代杨甲《六经图·日月为易》图

一说"蜥蜴"（守宫，变色龙），善于变化的意思。

一说三"易"："变易""简易"和"不易"。

"易"，有时也指伏羲创造八卦符号体系而言。如《周易·系辞》说：

古者包牺氏之王天下也，仰则观象于天，俯则观法于地，观鸟兽之文与地之宜，近取诸身，远取诸物，于是始作八卦，以通神明之德，以类万物之情。

昔者圣人之作易也。

孔子告诉我们，伏羲圣人顶天立地，仰观于天，俯察于地，观察阴阳变化而作"易"八卦，一则用于占筮"通神明之德"，二则用于模仿万物的形象"以类万物之情"。所以，孔子说"昔者圣人之作易也"就是指伏羲圣人作出八卦符号系统而言，而且告诉我们八卦符号系统具有时空属性；具有变化的功能；具有"三才之道"；具有测算的功能；具有"推天地之道以明人事"的功能。通常说我国有五千年的历史文化，伏羲的易卦符号系统就是一种古老的文化，夏商周三代都在应用，它应该是我国传统文化的原点。突出宣传这一文化原点，应该是我们易学研究者的首要任务。

关于"易"字，有时也指《周易》这本书而言。如《周易·系辞》：

《易》之为书也不可远，为道也屡迁，变动不居，周流六虚。

关于"周"字，一说是历史上"周代"之名；一说含有"周普""周遍"的意思。

关于"周易"，一说是三种卜筮方法之一，如《周礼》：

"太卜"掌管三易之法：一曰连山，二曰归藏，三曰周易。

一说是三种书籍之一，如《周易郑康成注》郑玄说：

夏曰《连山》，殷曰《归藏》，周曰《周易》。

一说为"文王演易"，如《周易·系辞》：

易之兴也，其当殷之末世，周之盛德邪，当文王与纣之事邪。

《周易》称之为经，是汉代时候的事。秦始皇焚书，"所不去者医药、卜筮、种树之书"(《史记》)。那时,只不过把《周易》当作一本卜筮之书看待。一直到了汉武帝"罢黜百家独尊儒术"设立五经博士的时候,方把孔子说《易》的内容纳入《周易》,列于五经之首,称之为《易经》。

今天,"易经"的称谓有两个含义,有时可以指整部《周易》而言;有时相对于《易传》单指《周易》里面的六十四卦符号、卦辞(彖)和爻辞的内容而言。

如果说《周易》里面包含《易经》和《易传》,那么《易经》就是专门指六十四卦符号、卦辞(彖)和爻辞而言;《易传》就是专门指"孔子作十翼"而言(十翼包括《彖传》上、《彖传》下,大《象传》、小《象传》,《文言传》,《系辞》上传、《系辞》下传,《说卦传》,《序卦传》,《杂卦传》)。

《前汉书·艺文志》曰:"人更三圣,世历三古。"三圣人是指伏羲、文王和孔子而言;三古是指伏羲为上古,文王为中古,孔子为下古而言。

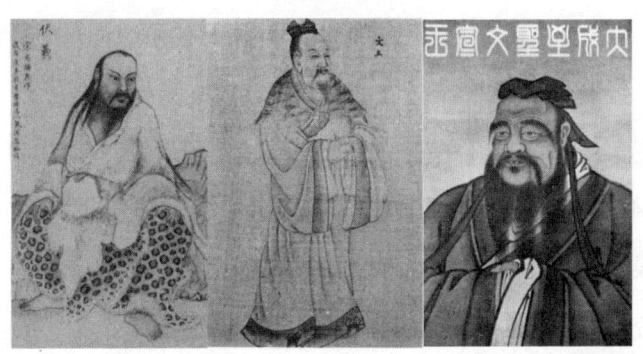

上古伏羲　　　　中古文王　　　　下古孔子

今天我们提起《周易》或《易经》,大都说"周文王羑里演易"、孔子作"十翼",而谈及伏羲对易文化的贡献,却总是不能明确地予以认定。

《周易·系辞》曰：古者包牺氏之王天下也，仰则观象于天，俯则观法于地，观鸟兽之文与地之宜，近取诸身，远取诸物，于是始作八卦。以通神明之德，以类万物之情。

司马迁《史记》曰："伏羲至纯厚，作易八卦。"

既然说八卦符号系统是出于伏羲的创造，那么上古的圣人伏羲创造的八卦符号系统就是我国易文化的原点，应该有五千年左右的历史。

伏羲是上古人，他的八卦符号系统要早于《周易》，只不过是周文王在作《周易》的时候使用了伏羲的符号系统，应该是"易"（符号系统）的一种传承关系；《周易》是周代的著作，只应该与周文王（或及周公）有关系；孔子不是周代人，所以他的"十翼"（《易传》）也不应该属于《周易》的内容。

只有把八卦符号系统、《周易》《易传》三者分属于伏羲、文王、孔子，那才会符合"人更三圣，世历三古"的说法，如此才能符合历史事实。"三圣"和"三古"之间不是并列的关系，而是一个传承发展的关系。没有伏羲的八卦符号系统就不会有文王的《周易》；没有文王的《周易》就不会有孔子的《易传》，这是十分明确的历史事实。如果追寻我国易文化的原点，就只能说是伏羲的八卦符号系统！

如果说从哲学角度分类研究《周易》，就应该有"伏羲符号系统的哲学研究""周文王（包括周公）卦爻辞的哲学研究"和"孔子十翼的哲学研究"的区分。

东汉熹平石经《周易》，其《易经》部分是六十四卦符号及其卦辞、爻辞，而《易传》部分则是"十翼"。今天的通行本《周易》则把"十翼"之中的《彖传》上、《彖传》下、大《象传》、小《象传》和

《文言传》掺入汉代的《易经》之中,而《易传》里面只有"十翼"之中的《系辞》上、《系辞》下、《说卦传》《序卦传》和《杂卦传》。所以,现在看《周易》里面的《易经》和《易传》内容,则与东汉代时期的划分有所不同。

| 周易 | 易经 | 易传 |
|---|---|---|
| 东汉熹平石经 | 周易上经、周易下经 六十四卦符号、卦辞、爻辞 | 象传上、象传下、大象传、小象传、系辞传上、系辞传下、文言传、说卦传、序卦传、杂卦传(十翼) |
| 魏王弼注 唐开成石经 | 周易上经、周易下经 六十四卦符号、卦辞、爻辞、象传上、象传下、大象传、小象传、文言传 | 系辞传上、系辞传下、说卦传、序卦传、杂卦传 |

2.问:如何记忆八卦?

答:《易经》与其他经典不同的地方,就是具有八卦和六十四卦符号系统。六十四卦是"八卦相重"而来的,所以初学者应该首先记忆八卦符号及其卦名。

八卦、六十四卦的符号,有一个演变的过程。

出土战国竹简(约公元前三百年左右)上面的符号:

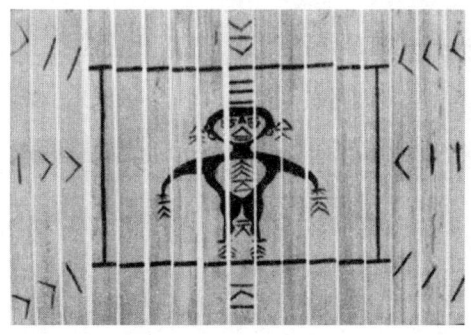

出土楚竹书《周易》的符号：

马王堆出土帛书《周易》的符号：

阜阳出土西汉竹简《周易》的符号：

到了东汉末年的熹平石经《周易》，就用一长画"—"表示"阳"，用两个短画"– –"表示"阴"。"—"称之为"阳爻"；"– –"称之为"阴爻"。

《周易·系辞》里面说："一阴一阳之谓道。"

阳　　　阴

三个阳爻 ☰ 象征天称之为"乾"；三个阴爻 ☷ 象征地称之为"坤"。

下一个阳爻 ☳ 象征雷称之为"震"；下一个阴爻 ☴ 象征风称之为"巽"。

中一个阳爻 ☵ 象征水称之为"坎"；中一个阴爻 ☲ 象征火称之为"离"。

上一个阳爻 ⚏ 象征山称之为"艮"；上一个阴爻 ⚌ 象征泽称之为"兑"。

记忆口诀：乾三阳 ☰；坤三阴 ☷。

震下阳 ☳；巽下阴 ☴。

坎中阳 ☵；离中阴 ☲。

艮上阳 ☶；兑上阴 ☱。

| 八卦符号卦名 | 乾 | 坤 | 震 | 巽 | 坎 | 离 | 艮 | 兑 |
|---|---|---|---|---|---|---|---|---|
| 方明之向 | 天东南 | 地西北 | 天西北 | 地东南 | 地南西 | 天北东 | 地北东 | 天南西 |
| 四象之数 | 九 | 六 | 七 | 八 | 七 | 八 | 七 | 八 |
| 记忆口诀 | 乾三阳 | 坤三阴 | 震下阳 | 巽下阴 | 坎中阳 | 离中阴 | 艮上阳 | 兑上阴 |
| 八卦相错 | 天地 | 定位 | 雷风 | 相薄 | 水火 | 相射 | 山泽 | 通气 |
| 八卦限 | +X+Y+Z | -X-Y-Z | +X-Y-Z | -X+Y+Z | -X+Z-Y | +X-Z+Y | -X-Z+Y | +X+Z-Y |

朱熹《周易本义》之"八卦取象歌"：

乾三连　坤六断　震仰盂　艮覆碗　离中虚

坎中满　兑上缺　巽下断

学员反映，朱熹的"八卦取象歌"不如"乾三阳 坤三阴 震下阳 巽下阴 坎中阳 离中阴 艮上阳 兑上阴"记忆口诀简单明白，特别所谓的"八卦取象"，《周易·说卦传》里面没有什么"盂""碗"的象征，本来八卦都是由三个爻画构成，什么"六断""下断""上缺"不符合易理，也不好理解。笔者在广州某空军基地讲课时做过实验：同时让两名战士分别按照两首不同的记忆口诀在黑板上画出八卦，结果那位用朱熹"八卦取象歌"的战士不能画出完整的八卦。

**3.问：八卦的象征意义都是些什么？**

答：《周易·系辞》说：

圣人设卦，观象系辞焉而明吉凶。

这就告诉我们，是伏羲圣人设立了八卦，而卦爻辞则是文王等圣人观察八卦形象写出来的。今天我们解读《易经》六十四卦的言辞，就需要"寻言以观象，寻象以观意"。若要了解"卦象"，那就要掌握当初"作易"圣人给八卦所赋予的象征意义。

我们今天学习《周易》，与阅读一般书籍"从前往后读"的方法不同，而是要"从后往前读"。为了解圣人给八卦赋予的象征意义，就需要先读后面的《说卦传》。《说卦传》赋予八卦的"万物类象"主要有：

三画乾卦的象征：

天，圆，首，君，父，玉，黄金，寒冷，坚冰，大赤色，良马，老马，瘦马，有斑纹的马，木瓜。

三画坤卦的象征：

地，母，腹，布匹，鼎釜，吝啬，平均，牛、小母牛，大车，文采，民众，把柄，于地也象黑土。

三画震卦的象征：

雷，龙，玄黄，花，大路途，足，长男，决断急躁，苍筤竹，萑和苇，于马：善于鸣叫，马的两足被羁绊，马的足力强健，马有白额。于庄稼为反生，终究为健卦（乾卦），茂盛新鲜。

三画巽卦的象征：

木，鸡，风，长女，股，直的绳索，工匠，白色，长，高，前进后退，不果断，气味。于人：寡发，宽额头，白眼轻蔑。经商有近于三倍的利润，终究为浮躁的卦。

三画坎卦的象征：

水，猪，沟渎，隐蔽潜伏，矫直揉曲，弓和车轮。于人：也为添加忧愁，心病，耳、耳痛，是流血的卦，赤红色，中男。于马：陷露出美脊背，急躁，俯首低头，薄蹄，拖曳。大车：乘载者多有灾祸。通畅，月亮，盗寇。树木也是荆棘丛生多尖。

三画离卦的象征：

火，雉，太阳，目，闪电，中女，铠甲，戈矛和兵士。人也是大腹。乾燥的卦。鳖，螃蟹，螺，蚌，龟。对于树木也是树上的枯枝。

三画艮卦的象征：

山，小路，小石头，门及牌楼，草木果实，少男，守门人，手指，狗，鼠，黑嘴的鸟兽。树木也是坚硬多节。

三画兑卦的象征：

沼泽，少女，巫者，口，般弄是非，毁坏和折断，依附他人决断。对于土地也是坚硬的盐碱地。妾，羊。

在我国古代的"十三经"里面，《易经》独特的地方就是有卦象的符号系统。当初"作易者"以形象思维的方法赋予这些八卦符号某些象征意义，从而展开时空思维，目的则在于"寓教于卜筮""推天道以明人事"。

现在于《周易·说卦》里面所见到的一些八卦象征，是后人从《易经》的卦辞和爻辞里面总结出来的。比如说"震为龙、为玄黄"，就是从六爻坤卦上六爻辞"龙战于野其血玄黄"而来的。当然，这些八卦象征并不能包括"作易者"形象思维的全部，所以后来又有人，如汉代的荀爽与三国的虞翻等人，总结出不少的"八卦逸象"。

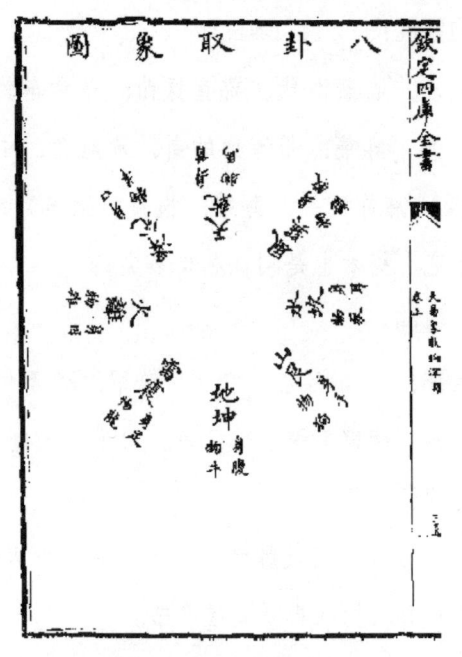

宋代杨甲《六经图·八卦取象图》

在术数卜筮方面，则有"万物类象"，比如乾卦的象征是天时：天，冰，雹，霰。地理：西北方，京都，大郡，形胜之地，高亢之所。人物：君，父，大人，老人，老人，长者，宦官，名人，公门人。人事：刚健勇武，果决，多动少静。身体：首，骨，肺。时序：秋、九十月之交，戌亥年月之时，五金年月日时。动物：马，天鹅，狮子，象。静物：金玉，宝珠，圆物，木果，刚物，冠，镜。屋宿：公厕，楼台，高堂，大厦，驿宿，西北向之居。家宅：秋占宅兴隆，夏占有祸，冬占冷落，春占吉利。婚姻：贵官之眷，有声名之家，秋占宜成，冬夏不利。饮食：马肉珍味，多骨，肝肺，干肉，木果，诸物之首，圆物，辛辣之物。求名：有名，宜随内任，刑官，武职，掌权，天使，驿官，宜向西北之任。谋旺：有成，利公门，宜动中有财，夏占不成，冬占多谋少遂。交易：宜金、玉珍宝珠贵货，易成，夏占不利。求利：

有财，金、玉之利，公门中得财，秋占大利，夏占损财，冬占无财。出行：利于出行，宜人京师，利西北之行，夏占不利。谒见：利见大人，有德行之人，宜见贵官，可见。疾病：头面之疾，肺疾、筋骨疾、上焦疾、夏占不安。官讼：健讼，有贵人助，秋占得胜，夏占失理。坟墓：宜向西北，宜乾山气脉，宜天穴，宜高，秋占出贵，夏占大凶。方道：西北。五色：大赤色、玄色。姓字：带金旁者，行位一四九。数目：一四九。五味：辛，辣。

此乾卦的"万物类象"，则是依据《周易》乾卦象辞、爻辞以及十翼相关内容而发挥。

4.问：六十四卦的名字应该如何记忆，卦名应该如何读音？

答：孔子在《易传·系辞传》里面说：

八卦成列，象在其中矣；因而重之，爻在其中矣。

六个爻的六十四卦图像是由下面和上面两个三爻八卦图像重叠而成的。

唐代孔颖达《周易正义》说：

今验六十四卦，二二相耦，非覆即变。覆者，表里视之遂成两卦，屯蒙、需讼、师比之类是也。变者，反覆唯成一卦，则变以对之，乾坤、坎离、大过颐、中孚小过之类是也。

所谓"变"，就是六个爻的阴阳属性互变。如：

乾卦与坤卦、坎卦与离卦、颐卦与大过、中孚卦与小过卦。

所谓"覆"，就是一卦象覆过来又是另一个卦象。如：

屯卦与蒙卦、需卦与讼卦、师卦与比卦、小畜卦与履卦、泰卦与否卦、同人卦与大有卦、谦卦与豫卦、随卦与蛊卦、临卦与观卦、噬嗑卦与贲卦、剥卦与复卦、无妄卦与大畜卦、咸卦与恒卦、遁卦与大壮卦、晋卦与明夷卦、家人卦与睽卦、蹇卦与解卦、损卦与益卦、夬卦与姤卦、萃卦与升卦、困卦与井卦、革卦与鼎卦、震卦与艮卦、渐卦与归妹卦、丰卦与旅卦、巽卦与兑卦、涣卦与节卦、既济卦与未济卦。

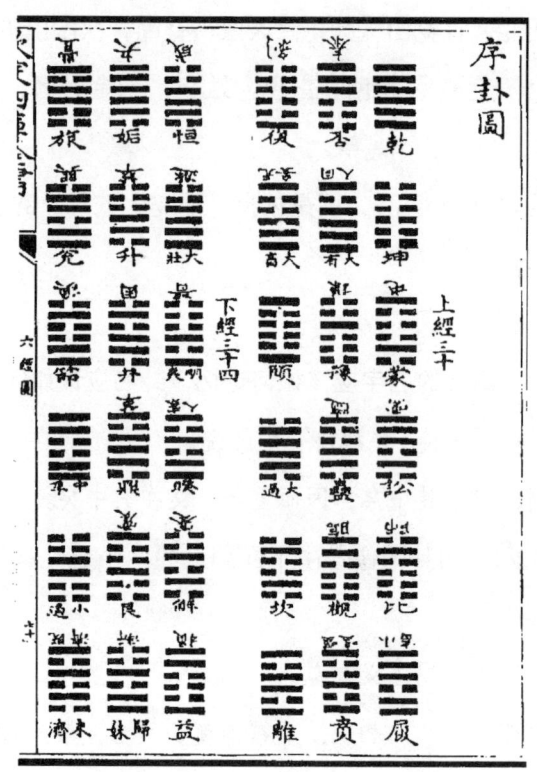

宋代杨甲《六经图》所列《序卦图》

南宋杨甲《六经图》书中所列的《序卦图》，就是本着孔颖达"非覆即变"之说画出来的。图中卦象的上下都有卦名的就是"覆"，反覆看为两个卦象。而乾、坤等卦就是"变"，各自是一个卦象。

下面列出六十四卦图像、卦名及其卦名难读的字音：

乾（原名健）☰☰（下乾上乾），坤（原名巛）☷☷（下坤上坤）。

屯（音迍）☷（下震上坎），蒙☷（下坎上艮）。

需☷（下乾上坎），讼☷（下坎上乾）。

师☷（下坎上坤），比☷（音必）（下坤上坎）。

小畜☷（音旭）（下乾上巽），履☷（音吕）（下兑上乾）。

泰☷（下乾上坤），否☷（音脾）（下坤上乾）。

同☷人（下离上乾），大有☷（下乾上离）。

谦☷（下艮上坤），豫☷（下坤上震）。

随☷（下震上兑），蛊☷（下巽上艮）。

临☷（下兑上坤），观☷（音冠）（下坤上巽）。

噬嗑☷（音合）（下震上离），贲☷（音奔或必）（下离上艮）。

剥☷（音雹）（下坤上艮），复☷（音富）（下震上坤）。

无妄☷（音忘）（下震上乾），大畜☷（音旭）（下乾上艮）。

颐☷（下震上艮），大过☷（下巽上兑）。

习坎☷（下坎上坎），离☷（下离上离）。

以上是"上经"三十卦。

咸☷（下艮上兑）；恒☷（下巽上震）。

遯☷（音遁）（下艮上乾），大壮☷（下乾上震）。

晋☷（下坤上离），明夷☷（下离上坤）。

家人☷（下离上巽），睽☷（下兑上离）。

蹇☷（音减）（下艮上坎），解☷（音蟹）（下坎上震）。

损☷（下兑上艮），益☷（下震上巽）。

夬☷（音怪）（下乾上兑），姤☷（音够）（下巽上乾）。

萃☷（下坤上兑），升☷（下巽上坤）。

困☷（下坎上兑），井☷（下巽上坎）。

革 ䷰（下离上兑），鼎 ䷱（下巽上离）。

震 ䷲（下震上震），艮 ䷳（下艮上艮）。

渐 ䷴（下艮上巽），归妹 ䷵（下兑上震）。

丰 ䷶（下离上震），旅 ䷷（下艮上离）。

巽 ䷸（音逊）（下巽上巽），兑 ䷹（下兑上兑）。

涣 ䷺（下坎上巽），节 ䷻（下兑上坎）。

中孚 ䷼（下兑上巽），小过 ䷽（下艮上震）。

既济 ䷾（下离上坎），未济 ䷿（下坎上离）。

以上是"下经"三十四卦。

我们记忆六十四卦的卦名，采取《周易·大象传》的内容记忆，是一个很好的办法。如"天行"就是乾（健）卦；"地势"就是坤（巛）卦；"天下雷行物与（举）"就是无妄卦；"水在火上"就是既济卦等等。

汉代之前，乾原名健，坤原名巛（顺）。"天行"不息，就具有"健"的含义；中国的地势西北高东南低，黄河、长江之水皆自西向东流，所以"地势"就具有"巛"的含义；天日自东向西行，黄河、长江自西向东流，二者方向违背，所以"天与水违行"就具有"讼"的含义；水在沼泽地之下，所以"泽无水"就具有"困"的含义等等。

下面介绍用《周易·大象》内容记忆六十四卦名的方法。

（1）"天行"——乾（健）； （2）"地势"——坤（巛）。

（3）"云雷"——屯； （4）"山下出泉"——蒙。

（5）"云上于天"——需； （6）"天与水违行"——讼。

（7）"地中有水"——师； （8）"地上有水"——比。

（9）"风行天上"——小畜； （10）"上天下泽"——履。

（11）"天地交"——泰；　　　　　（12）"天地不交"——否。

（13）"天与火"——同人；　　　　（14）"火在天上"——大有。

（15）"地中有山"——谦；　　　　（16）"雷出地奋"——豫。

（17）"泽中有雷"——随；　　　　（18）"山下有风"——蛊。

（19）"泽上有地"——临；　　　　（20）"风行地上"——观。

（21）"雷电"——噬嗑；　　　　　（22）"山下有火"——贲。

（23）"山附于地"——剥；　　　　（24）"雷在地中"——复。

（25）"天下雷行物与（兴）"——无妄；（26）"天在山中"——大畜。

（27）"山下有雷"——颐；　　　　（28）"泽灭木"——大过。

（29）"水洊至"——习坎；　　　　（30）"明两作"——离。

（31）"山上有泽"——咸；　　　　（32）"雷风"——恒。

（33）"天下有山"——遯（遁）；　（34）"雷在天上"——大壮。

（35）"明出地上"——晋；　　　　（36）"明入地中"——明夷。

（37）"风自火出"——家人；　　　（38）"上火下泽"——睽。

（39）"山上有水"——蹇；　　　　（40）"雷雨作"——解。

（41）"山下有泽"——损；　　　　（42）"风雷"——益。

（43）"泽上于天"——夬；　　　　（44）"天下有风"——姤。

（45）"泽上于地"——萃；　　　　（46）"地中生木"——升。

（47）"泽无水"——困；　　　　　（48）"木上有水"——井。

（49）"泽中有火"——革；　　　　（50）"木上有火"——鼎。

（51）"洊雷"——震；　　　　　　（52）"兼山"——艮。

（53）"山上有木"——渐；　　　　（54）"泽上有雷"——归妹。

（55）"雷电皆至"——丰；　　　　（56）"山上有火"——旅。

（57）"随风"——巽；　　　　　　（58）"丽泽"——兑。

（59）"风行水上"——涣； （60）"泽上有水"——节。

（61）"泽上有风"——中孚； （62）"山上有雷"——小过。

（63）"水在火上"——既济； （64）"火在水上"——未济。

《周易本义》里面有"分宫卦象次序"：

乾为天 天风姤 天山遯 天地否 风地观 山地剥 火地晋 火天大有

坎为水 水泽节 水雷屯 水火既济 泽火革 雷火丰 地火明夷 地水师

艮为山 山火贲 山天大畜 山泽损 火泽睽 天泽履 风泽中孚 风山渐

震为雷 雷地豫 雷水解 雷风恒 地风升 水风井 泽风大过 泽雷随

巽为风 风天小畜 风火家人 风雷益 天雷无妄 火雷噬嗑 山雷颐 山风蛊

离为火 火山旅 火风鼎 火水未济 山水蒙 风水涣 天水讼 天火同人

坤为地 地雷复 地泽临 地天泰 雷天大壮 泽天夬 水天需 水地比

兑为泽 泽水困 泽地萃 泽山咸 水山蹇 地山谦 雷山小过 雷泽归妹

朱熹"分宫卦象次序"是依据汉代京房的"八宫世系"（为"纳甲筮法"所用）稍作变化而来。此"分宫卦象次序"对后世最为明显的影响，就是成了许多人记忆六十四卦名的口诀。

《周易》六十四卦的符号下面都有下卦与上卦的双行小字标注，如：

六十四卦具有时空属性，六个爻的次序应该是自下向上，所以古人画六爻卦都是从初爻开始向上画，也都是先读下卦而后再读上卦。先读上卦而后再读下卦的读法是从朱熹开始的，显然与易理不合。《梅花易数》先起上卦而后再起下卦的方法，也是受到了朱熹《周易本义》的影响。由此也可以断定，《梅花易数》一书的问世时间一定在朱熹之后。

笔者之所以主张用《大象传》里面的内容记忆六十四卦，是因为《周易》里面的《大象传》蕴含的哲学道理非常多。这种方法，不但记忆了卦名还有助于理解《大象传》的内容。

清初，王夫之著有《周易大象解》，明确指出："唯《大象》则纯乎学易之理而不与以筮。"比如王夫之解无妄卦《大象》辞"天下雷行物与，无妄"，说："雷之应候发声，与时相对，兴起万物而长养之，必然不爽。"倘若依照朱熹"天雷无妄"记忆，就不能"学易之理"。至于句读作"天下雷行，物与无妄"者，则是不知"物与"乃是"物兴""物举"之义，亦为不知六十四卦《大象》皆是以卦名句读者。何来"物与无妄"卦名？有兴趣研究《大象》的读者，应该读一读王夫之的《周易大象解》，对于理解《大象传》蕴含的哲学道理大有裨益。

5.问：六十四卦的卦象与卦名之间有什么联系？

答：六十四卦之名，大多数是根据卦象命名的。

比如"乾"卦和"坤卦"：

古人认为"地上有天，天上有地"，白昼是天在地上，黑夜是天在地下，无论白昼或黑夜，天日的运行都是"自强不息"不会停止，所以取名"健（乾）"；中国的地势，西北高，东南低，无论地势高低，皆是"厚德载物",大江大河之水,都是就地势顺流,所以取名"巛(坤)"。

乾坤两卦,说"地势,坤"而及卦名,唯独说"天行,健"不及"乾"卦名。帛书《周易》无乾、坤卦名,唯作健(键与健通假)、巛(音顺)。可知今通行本《周易》"天行,健"存留古卦名,而"地势,坤"古作"地势,巛"。乾九三"君子终日乾乾",帛书《周易》作"君子终日键键"。《吕氏春秋》有"乾乾乎取舍不悦而心甚素朴"句,高诱注"乾乾"曰:"进不倦也。"准晋干宝说,以泰卦解"君子终日键键",下乾为健,三至五互体震为君子、"其究为健卦"(《说卦》语),则"君子终日健健"合于义理。《说卦》云"坤为顺",则"地势,巛"与"天行,健"相对为义。由此可知,今"乾""坤"卦名是由"健""巛"演变而来。

又如"屯"卦和"蒙"卦:

下卦震象征木(种子),上卦坎象征水,中间二、三、四爻构成"坤"卦象征土,三、四、五爻构成"艮"卦象征阻挡,整个卦象表明种子萌芽破土生长艰难,所以取名"屯"(《说文解字》:"屯,难也。象屮木之初生。")。如蒙卦,则象征大山之下初出泉水,处处受阻,不明流向何方,"初稚而未达",所以取名"蒙"。

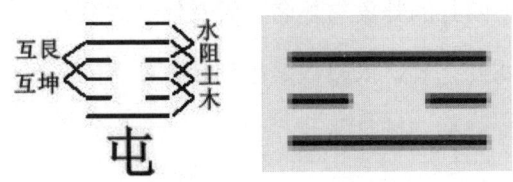

又如"晋"卦和"明夷"卦:

"明出地上"是说离象日白天在地上运行,大明健进,所以取名

"晋"；"明入地中"是说离象日，黑夜在地下运行，大明封闭，所以取名"明夷"。

又如"家人"卦和"睽"卦：

巽木而生离火，离火而生巽风，木为火之父，火为风之母，有如家人。"风自火出"，教自家出，家自身出，所以取名"家人"；"下泽上火"，水火相互厌恶，火大泽竭，泽大火熄，二者乖离违背，所以取名"睽"。

又如"蹇"卦和"解"卦：

"山上有水"，山是险岩，水是险滩，水积山上，更加困苦，所以命名"蹇"；"雷雨作"，下坎为雨，上震为雷，震动于坎险之外，即可脱于险境，所以取名"解"。

又如"损"卦和"益"卦：

"山下有泽"，泽处低，山处高，泽自损以崇高山，所以取名"损"；"风雷"，先雷以动之，后风以散之，万物皆得其利，所以取名"益"。

又如"萃"卦和"升"卦：

"泽上于地"，泽水潦聚，所以取名"萃"；"地中生木"，始于细微，以至高大，所以取名"升"。

又如"困"卦和"井"卦：

"泽无水"，水在泽下，则泽上枯槁，万物皆困，所以取名"困"；"木上有水"，井底木框，是上水之象，所以取名"井"。

又如"革"卦和"鼎"卦：

"泽中有火"，火在泽中，二性相违，必须改变，所以取名"革"；"木上有火"，以巽木取火，有烹饪之象，所以取名"鼎"。

又如"涣"卦和"节"卦：

"风行水上"，激动波涛，涣散之象，所以取名"涣"；"泽上有水"，水在泽中，能得其节，所以取名"节"。

又如"既济"卦和"未济"卦：

"水在火上"，炊煮之象，饮食既成，以济性命，所以取名"既济"；"火在水上"，不成烹饪，未能济物，所以取名"未济"。

**6. 问：八卦是古圣人画出来的吗？**

答：孔子在《易传》里面说：

古者包牺氏之王天下也，仰则观象于天，俯则观法于地，观鸟兽之文与地之宜，近取诸身，远取诸物，于是始作八卦。

又说：

圣人设卦，观象系辞焉而明吉凶。

又说：

观变于阴阳而立卦。

由此可知，孔子并没有说八卦是什么人"画"出来的。

司马迁在《史记》里面说：

自伏羲作八卦，周文王演三百八十四爻，而天下治。

由此可知，司马迁也没有说八卦是什么人"画"出来的。

根据邵雍的研究，八卦是圣人"仰观俯察"天地阴阳变化而设立出来的。

上天下地，人在天地之中。仰观天是阳，俯察地是阴；东方是"朝阳"（所以故宫有朝阳门），西方是阴；南方是"正阳"（所以故宫有正阳门），北方是阴。

古圣人顶天立地，观察天地四方六合空间的阴阳变化，于是设立八卦：

仰观天阳、东阳、南阳，就是☰；俯察地阴、西阴、北阴，就是☷。

仰观天阳、南阳、西阴，就是☱；俯察地阴、北阴、东阳，就是☶。

仰观天阳、北阴、东阳，就是☲；俯察地阴、南阳、阴西，就是☵。

仰观天阳、西阴、北阴，就是☴；俯察地阴、东阳、南阳，就是☳。

这就是圣人"观变于阴阳而立卦"，这就是圣人"仰观俯察"而"始作八卦"。

## 7.问：邵雍为什么说"老子知易之体者也"？

答：孔子十翼《系辞》所言"易有太极，是生两仪，两仪生四象，四象生八卦"，就是在说"易之体"。

北宋五子之一邵雍，在《皇极经世》一书里面说："老子，知易之体者也。"还说："《老子》五千言，大抵皆明物理。"可见，邵雍认为《老子》与《周易》大有关系。

那么，邵雍为什么会说老子是知晓易之本体的圣人呢？

自无极而为太极，"有太极"，就是"有生于无"，无极是无空间之零维，"道生一"，方有太极一气；"一生二"，方有二维之两仪（天地）；"二生三"，方有三维之四象与八卦。

具有"四方上下"，方可称之为三维空间。《系辞》说"见（音现）

乃谓之象"，只有在三维空间里面才能显现出万物之象。所以，这就是"现象"一词由来的根据。

邵雍说：

太极既分，两仪立矣。阳下交于阴，阴上交于阳，四象生矣。阳交于阴，阴交于阳，而生天之四象，刚交于柔，柔交于刚，而生地之四象，于是八卦成矣。

又说：

日月星辰共为天；水火土石共为地。

又说：

太阳为日；太阴为月；少阳为星；少阴为辰，日月星辰交而天之体尽之矣。太柔为水；太刚为火；少柔为土；少刚为石，水火土石交而地之体尽之矣。

依据邵雍的说法，我们可以做出下面的图像。

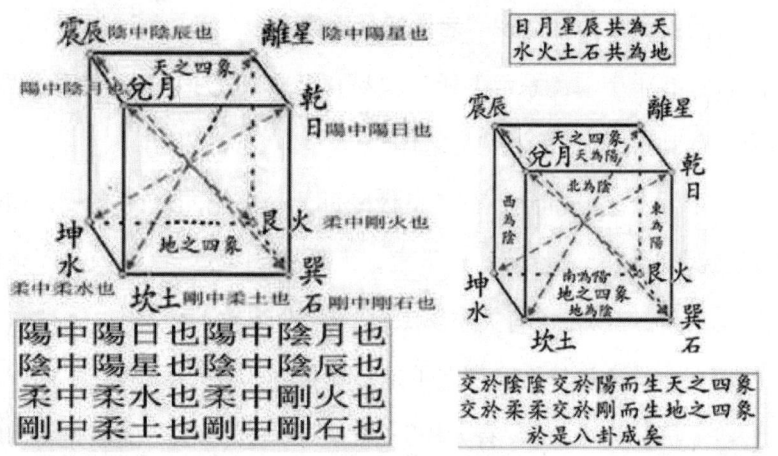

邵雍把乾（日）兑（月）离（星）震（辰）称之为"天之四象"；坤（水）艮（火）坎（土）巽（石）称之为"地之四象"，并且认为是"二生三"的结果。正因为邵雍明白孔子《系辞》"易有太极"一节阐

述的是易之本体，而且符合《老子》"道生一，一生二，而生三，三生万物"的说法，所以才有"老子知易之体者也"的论述。

同样，北宋五子之一的周敦颐依据《系辞》"易有太极"一节所画之《太极图》，其模式也与《老子》"道生一，一生二，二生三，三生万物"之说吻合。

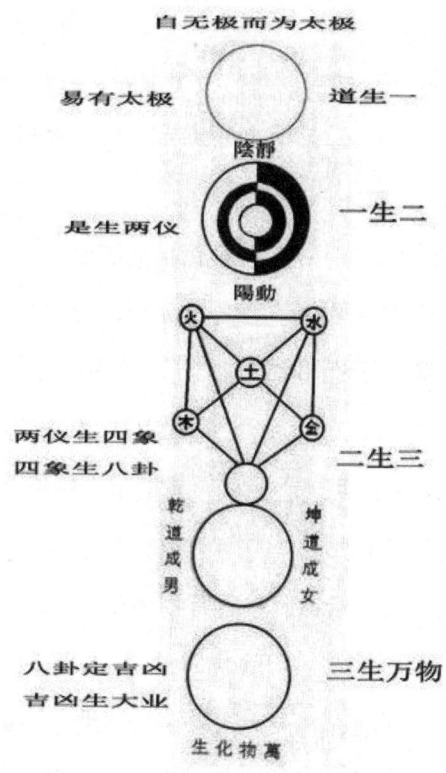

周敦颐《太极图》模式

朱熹解说《系辞》"易有太极"一节内容时说：

熹窃谓此一节乃孔子发明伏羲画卦自然之形体次第，最为切要。古今说者，惟康节、明道二先生为能之。故康节之言曰"一分为二，二分为四，四分为八，八分为十六，十六分为三十二，三十二分为六十四。

犹根之有干，干之有枝，愈大则愈小，愈细则愈繁"，而明道先生以为"加一倍法"。其发明孔子之言，又可谓最切要矣。(《文公易说》)

邵雍《皇极经世·观物外篇》原话说：

太极既分，两仪立矣。阳下交于阴，阴上交于阳，四象生矣。阳交于阴阴交于阳而生天之四象，刚交于柔柔交于刚而生地之四象，于是八卦成矣。

八卦相错，然后万物生焉，是故一分为二，二分为四，四分为八，八分为十六，十六分为三十二，三十二分为六十四，故曰分阴分阳迭用柔刚易六位而成章也。

十分为百，百分为千，千分为万，犹根之有干，干之有枝，枝之有叶，愈大则愈少，愈细则愈繁，合之斯为一，衍之斯为万。是故乾以分之，坤以翕之，震以长之，巽以消之，长则分，分则消，消则翕也。

邵雍说"一分为二，二分为四，四分为八，八分为十六，十六分为三十二，三十二分为六十四"是在"八卦相错，然后万物生焉"之后，邵雍特别有"是故"二字。

众所周知，说"八卦相错，然后万物生焉"，就是已经指六十四卦而言了。

值得注意的是，邵雍说"天之四象"与"地之四象"合之为八卦。倘若以"太极"为一、"两仪"为二、"四象"为四，则没有以"八卦"为八之说。八卦"因而重之"成六十四卦，八卦至六十四卦，其间根本没有什么"加一倍"的"十六卦"和"三十二卦"。

至于说程颢"以为加一倍法"，则出于《二程外书》：

尧夫易数甚精，自来推长历者至久必差，惟尧夫不然，指一二近事当面可验。明道云待要传与某兄弟，某兄弟那得工夫，要学须是二十年功夫。明道闻说甚熟，一日因监试无事，以其说推算之皆合。出谓尧夫曰，尧夫之数只是加一倍法，以此知《太玄》都不济事。

于是，人们不禁要问：邵雍的"加一倍法"之数，究竟是什么数，竟然说"《太玄》都不济事"？倘若如同朱熹所说的"一分为二，二分为四，四分为八，八分为十六，十六分为三十二，三十二分为六十四"那么简单，程颢会那样评价吗？

邵雍于《皇极经世·观物外篇》说：

"乾为一""一生二为夬""二生四为大壮""四生八为泰""八生十六为临""十六生三十二为复""三十二生六十四为坤"。

邵雍还给六十四卦赋予具体的数，如：

一生二为夬，当十二之数也。二生四为大壮，当四千三百二十之数也。四生八为泰，当五万五千九百八十七万二千之数也。八生十六为临当九百四十三千六百九十九万六千九百一十五亿二千万之数也。

十六生三十二为复当二千六百五十二万八千八百七十垓三千六百六十四万八千八百京二千九百四十七万九千七百三十一兆二千万亿之数也。三十二生六十四为坤，当无极之数也。

邵雍既然说"八卦相错，然后万物生焉"，于是他就给六十四卦的每一卦都赋予了一定的数。

朱熹把孔子论述"易之体"的内容曲解作"孔子发明伏羲画卦自然之形体次第"，实在是误人不浅！历史上，说"其经卦皆八，其别皆六十有四"（《周礼》），或者说文王"其囚羑里，盖益《易》之八卦为六十四卦"（《史记》），从来没有什么八卦分为十六"卦"，十六"卦"分为三十二"卦"，三十二"卦"分为六十四卦的荒唐说法。

《文公易说》：

有是理即有是气，气则无不两者，故《易》曰"太极生两仪"，而老子乃谓道先生一而后一乃生二，则其察理亦不精矣。

一便生二，二便生四。老子却说二生三，便是不理会得。

由此可知，朱熹刻意把孔子论述"易之体"的内容曲解作"伏羲画卦次第"，是出于门户之见的目的。

唐代孔颖达《周易正义》疏解"易有太极"一节内容时说：

太极，谓天地未分之前，元气混而为一，即是太初、太一也，故老子云"道生一"，即此太极是也。又谓混元既分即有天地，故曰太极生两仪，即老子云"一生二"也。

唐代的科举，考试内容有《老子》。北宋时期，在邵雍、周敦颐和程颐的眼中，老子就是圣人。他们对待老子，并没有什么"门户之争"。到了南宋偏安一隅，儒道的"门户之争"空前激烈。比如，对于"无极"概念，朱熹与陆九渊之间就争论不休。朱熹对邵雍易数"加一倍法"的曲解，影响深远，就连清代易学家惠栋也在《易汉学》一书中说："邵子割裂太极，穿凿阴阳，一分为二，二分为四，四分为八，所谓加一倍法，朱子笃信之，吾无取焉。"此皆"朱冠邵戴"，并非出于邵雍，惜乎邵雍蒙受不白之冤！

抛弃门户之争，平心而论，《老子》五千言的确是阐明万物之理，其"有生于无"与"道生一，一生二，二生三，三生万物"之说就是在阐明易之本体，与孔子"易有太极，是生两仪，两仪生四象，四象生八卦"异曲同工，而且殊途同归。都是在阐明宇宙本体与万物化生的大道理。

近来阅读中国科学院研究生院数学教授牛为实老先生的《易经系统论》一书，他也认为《老子》"道生一，一生二，二生三，三生万物"

之说与孔子"易有太极，是生两仪，两仪生四象，四象生八卦"之说的文化底蕴是一致的，而且在论述"四象生八卦"时，还列有下图：

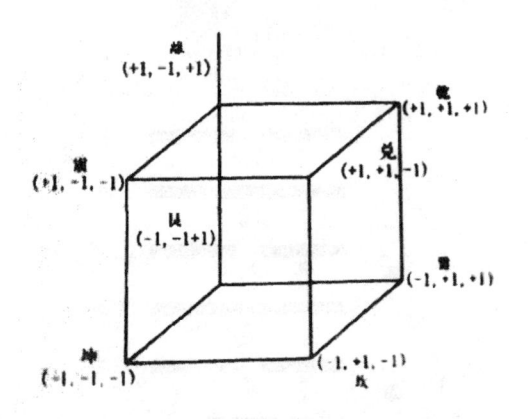

牛为实先生"四象生八卦"图

最近，马宝善先生大作《易道宇宙观》问世，其中特别有《有生于无——老子逻辑》一篇内容指出："老子提出著名的'天下万物生于有，有生于无'以及'道生一，一生二，而生三，三生万物'的宇宙生成观，认为道是宇宙本源……老子所称之道，有两种性质：一是宇宙本体存在之道；二是万事万物发展变化之道。"

牛为实先生的图，论述"先天八卦的数学模式"；马宝善先生在《易道宇宙观》书中特别强调"老子崇尚先天之道"。所以，马宝善先生对"老子知易之体"的说法是十分认同的。

8.问：如何从符号学角度理解"三才之道"？

答：《周易·说卦》里面说：

昔者圣人之作易也，将以顺性命之理。是以立天之道曰阴与阳；立地之道曰柔与刚；立人之道曰仁与义，兼三才而两之。

由此可知，《说卦》的作者明白八卦和六十四卦符号系统，反映的是天地人"三才之道"。应该说，时空属性是六十四卦符号系统固有的，并不是什么人随便一画就可以具有的。

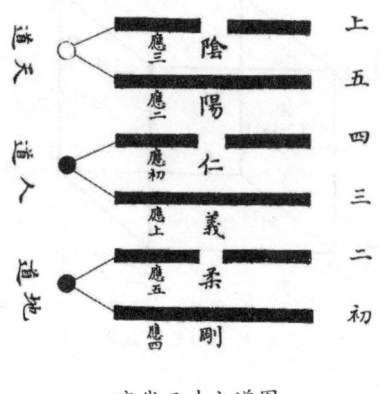

宋代三才之道图

人居天地之中，所以称之为"天地之心"。六爻卦具有时空属性，人立于天地四方的六合空间之中，自下而上与时偕行。"初"为时间概念，有初始就有终了。"上"是空间概念，有下位才有上位。一个六爻卦包含"时空概念"，也可以说包含"宇宙概念"。所以，孔子才说"易与天地准"；所以，说"圣人画卦"是错误的。

《易传》告诉我们，八卦是圣人仰观俯察阴阳变化而设立出来的。八卦"相重"的六十四卦，也自然反映出六合空间与时偕行的变化。比如乾卦，初九"潜龙勿用"，就是处于地道之下；九二"见龙在田"，就是龙出现在地道之上。九三"君子终日乾乾"，就是君子处于人道之下，九四"或跃在渊"，就是君子飞跃处于人道之上。九五"飞龙在天"，就是处于天道之下，上九"亢龙有悔"，就是处于天道之上。这就是说，古圣人是在"时空思维"的基础上才给乾卦系出了这样的六条爻辞。

既然《周易》六十四卦讲究时空，那么就要对时空有所判断。在时空的选择方面，何时何地为优，也必须给出答案。

汉代刘歆说：

阳阴虽交，不得中不生，故《易》尚中和。二五为中，相应为和。

二爻居下卦之中，五爻居上卦之中。一阴一阳为"正应"，阴阳同类为"敌应"。我们从《易经》六十四卦的卦爻辞方面也能看出《易》崇尚中和"的事实。下面列出《易经》六十四卦的二爻与五爻辞的部分内容，以便我们理解"易尚中和"的道理。

乾卦九二"见龙在田"；九五"飞龙在天"。

坤卦六二"直方大，不习无不利"；六五"黄裳元吉"。

蒙卦九二"包蒙吉，纳妇吉，子克家"；六五"童蒙吉"。

需卦九二"需于沙，小有言，终吉"；九五"需于酒食，贞吉"。

师卦九二"在师中吉，无咎"；六五"田有禽，利执言，无咎"。

比卦六二"比之自内，贞吉"；九五"显比，王用三驱失前禽，邑人不诫，吉"。

小畜九二"牵复吉"；九五"有孚挛如，富以其邻"。

履卦九二"履道坦坦，幽人贞吉"；九五"夬履贞厉"。

泰卦九二"包荒，用冯河，不遐遗，朋亡，得尚于中行"；六五"帝乙归妹，以祉元吉"。

否卦六二"包承，小人吉，大人否亨"；九五"休否，大人吉"。

大有九二"大车以载，有攸往，无咎"；六五"厥孚交如威如，吉"。

谦卦六二"鸣谦，贞吉"；六五"不富以其邻，利用侵伐，无不利"。

豫卦六二"介于石，不终日，贞吉"；六五"贞疾，恒不死"。

临卦九二"咸临，吉无不利"；六五"知临，大君之宜，吉"。

观卦六二"窥观，利女贞"；九五"观我生，君子无咎"。

复卦六二"休复，吉"；六五"敦复，无悔"。

离卦六二"黄离，元吉"；六五"出涕沱若，戚嗟若，吉"。

大壮卦九二"贞吉"；六五"丧羊于易，无悔"。

晋卦六二"晋如愁如，贞吉"；六五"悔亡，失得勿恤，往吉无不利"。

明夷卦六二"夷于左股，用拯马壮吉"；六五"箕子之明夷，利贞"。

家人卦六二"无攸遂，在中馈，贞吉"；九五"王假有家，勿恤，吉"。

睽卦九二"遇主于巷，无咎"；六五"悔亡，厥宗噬肤，往何咎"。

蹇卦六二"王臣蹇蹇，匪躬之故"；九五"大蹇朋来"。

解卦九二"田获三狐，得黄矢，贞吉"；六五"君子维有解，吉，有孚于小人"。

损卦九二"利贞，征凶，弗损益之"；六五"或益之十朋之龟，弗克违，元吉"。

益卦六二"或益之十朋之龟，弗克违，永贞吉"；九五"有孚惠心，勿问元吉"。

萃卦六二"引吉无咎，孚乃利用禴"；九五"萃有位，无咎"。

升卦九二"孚乃利用禴，无咎"；六五"贞吉，升阶"。

革卦六二"已日乃革之，征吉，无咎"；九五"大人虎变，未占有孚"。

鼎卦九二"鼎有实，我仇有疾，不我能即，吉"；六五"鼎黄耳，金铉，利贞"。

渐卦二"鸿渐于磐，饮食衎衎，吉"；九五"鸿渐于陵，妇三岁不孕，终莫之胜，吉"。

归妹卦九二"眇能视，利幽人之贞"；六五"其君之袂不如其娣之袂良，月几望，吉"。

旅卦六二"旅即次，怀其资，得童仆贞"；六五"射雉一矢亡，终以誉命"。

未济卦九二"曳其轮，贞吉"；六五"贞吉无悔，君子之光，有孚吉"。

《周易·系辞》说：

二与四同功而异位，其善不同，二多誉，四多惧，近也。柔之为道，不利远者，其要无咎，其用柔中也。三与五同功而异位，三多凶，五多功，贵贱之等也，其柔危，其刚胜邪。

从以上系于二爻和五爻的文字多吉少凶的内容看，的确如同孔子所说"二多誉""五多功"。正因为如此，刘歆才说"二五居中，相应为和"。正是《易经》爻辞的作者看到易卦六位的时空属性不同，所以他在系辞的时候才有"二多誉"与"五多功"的考虑。正因为如此，清代的易学大家惠栋才说《周易》"崇尚中和"。

从圣人设立八卦及六十四卦的动机来看，的确反映了圣人具有的"八卦时空思维"（或称"八卦宇宙思维"）。人在天地之间，一切活动无论成败，皆不能脱离实有的空间和时间，而且一定要"允执其中"。恰当选择空间和时间并且执中行事，就提高了办事成功的概率。

空间讲究"方位"，时间讲究"机会"，所以《周易》里面特别强调"位""时"与"机"。

《周易》里面言"位"(空间)的内容,大略统计如下。

大明终始,六位时成,时乘六龙以御天;

居上位而不骄,在下位而不忧;

上九曰亢龙有悔,何谓也?子曰:贵而无位,高而无民,贤人在下,位而无辅,是以动而有悔也;

飞龙在天,乃位乎天德;

君子黄中通理,正位居体,美在其中,而畅于四支发于事业,美之至也;

需,有孚光亨,贞吉,位乎天位以正中也;

不速之客来,敬之终吉,虽不当位,未大失也;

显比之吉,位正中也;

小畜,柔得位而上下应之;

咥人之凶,位不当也;

夬履贞厉,位正当也;

包羞,位不当也;

柔得位得中而应乎乾,曰同人;

柔得尊位,大中而上下应之,曰大有;

不终日贞吉,以中正也;

盱豫有悔,位不当也;

孚于嘉吉,位正中也;

甘临,位不当也;

至临无咎,位当也;

遇毒,位不当也;

遘，刚当位而应与时行也；

丧羊于易，位不当也；

鼫鼠贞厉，位不当也；

富家大吉，顺在位也；

见舆曳，位不当也；

当位贞吉，以正邦也；

往蹇来连，当位实也；

解而拇，未当位也；

其行次且，位不当也；

震苏苏，位不当也；

进得位，往有功也；

丰其蔀，位不当也；

旅于处，未得位也；

巽，九五之吉，位正中也；

来兑之凶，位不当也；

王居无咎，正位也；

说以行险，当位以节，中正以通；

甘节之吉，居位中也；

或鼓或罢，位不当也；

有孚挛如，位正当也；

刚失位而不中，是以不可大事也；

弗过遇之，位不当也；

既济，刚柔正而位当也；

未济征凶，位不当也。

《周易》里面言"时"（時间）的内容，大略统计如下。

大明终始，六位时成，时乘六龙以御天；

乾乾因其时而惕，虽危无咎矣；

君子进德修业欲及时也；

见龙在田时舍也；

终日乾乾，与时偕行；

亢龙有悔，与时偕极；

与四时合其序；

先天而天弗违，后天而奉天时；

含章可贞，以时发也；

坤道其顺乎，承天而时行；

蒙亨，以亨行时中也；

大有，其德刚健而文明，应乎天而时行是以元亨；

天地以顺动，故日月不过而四时不忒，圣人以顺动，则刑罚清而民服，豫之时义大矣；

随，大亨贞，无咎，而天下随时，随时之义大矣哉；

观天之神道，而四时不忒；

观乎天文以察时变，观乎人文以化成天下；

天下雷行物与，无妄。先王以茂对时育万物；

天地养万物，圣人养贤以及万民，颐之时大矣哉；

大过之时，大矣哉；

王公设险以守其国，险之时用，大矣哉；

日月得天而能久照，四时变化而能久成；

遯而亨也，刚当位而应，与时行也；

遯之时义，大矣哉；

睽之时用，大矣哉；

蹇之时用，大矣哉；

解之时，大矣哉；

损益盈虚，与时偕行；

凡益之道，与时偕行；

姤之时义，大矣哉；

柔以时升；

旧井无禽，时舍也；

天地革而四时成，汤武革命顺乎天而应乎人，革之时大矣；

艮止也，时止则止，时行则行，动静不失其时，其道光明；

归妹愆期，迟归有时；

日中则昃，月盈则食，天地盈虚，与时消息；

旅之时义，大矣哉；

天地节而四时成；

不出门庭凶，失时极也；

过以利贞，与时行也；

东邻杀牛不如西邻之时也；

变通配四时；

变通莫大乎四时；

变通者，趣时者也；

君子藏器于身，待时而动；

六爻相杂，唯其时物也；

大畜时也。

时间又讲究"机会",所以《周易》特别强调"几(音机,通)"。如:

子曰:君子进德修业,忠信所以进德也,修辞立其诚,所以居业也,知至至之,可与几也。知终终之,可与存义也。夫易,圣人之所以极深而研几也。唯深也,故能通天下之志;唯几也,故能成天下之务。子曰:知几其神乎?君子上交不谄,下交不渎,其知几乎。几者,动之微,吉之先见者也。君子见几而作,不俟终日。

为什么古人用"方"字和"几"字造了那么多的词汇,很值得我们深思。我在讲授《周易》的末了,总是在黑板写下如下的字:

**言空必立方,言时必寻几。**

我们要建立时空思维,在偌大的六合空间里面,要时刻找到你站立的方位;在时间的长河里面,要时时刻刻寻找那个"几"(机遇、机会、见机行事、商机、投机等等)。

有如一个杠杆,中间的支点所在位置是空间方面的选择,至于如何保持"时刻平衡",那就要选择恰当"时机"移动支点的位置,这就叫做"与时偕行"。这个大道理,就是《周易》告诉我们的。

我们学习研究《周易》,首先要弄明白"作易者"的思维方式。说到底,那就是"形象思维"和"时空思维"。我们把握了这两种思维方式,才能尽快入门而不走弯路。这两种思维方式不是脱节的,而是相互联系的。如何看象?那就要有时空观念,要从时空的角度去观察和理解《周易》的象与数。

9. 问:何谓《易》卦互体?

答:笔者在前面讲屯卦的卦象与卦名之间联系的时候,已经用到了"互体"。

四库馆臣说东汉郑玄注《易》"多言互体，并取《左传》《礼记》《周礼》中论互体者八条以类附焉"，后来宋衷、姚规、侯果、虞翻、崔憬、李鼎祚、刘禹锡、东乡助、张浚、朱震、李纲、李石、范浚、吴沆、程迥、程大昌、罗泌、王炎、魏了翁、俞琰、丁易东、胡一桂、吴澄、陈士元、黄宗羲、汪琬、朱鹤龄、方申、惠栋、俞樾等人亦皆用互体卦象解说《易经》。

对于"互体"（亦谓之"互卦"），《周易郑康成注》给出的定义是：

凡卦爻二至四、三至五两体交，互各成一卦，先儒谓之互体。

比如：坎卦☵，二至四互震☳；三至五互艮☶。

郑玄在解坎六四"尊酒簋贰用缶，纳约自牖"时说："六四上承九五，又互体在震，上爻辰在丑，丑上值斗可以斟之象。斗上有建星，建星之形似簋。贰，副也。建星上有弁星，弁星之形又如缶。"

解坎九五"祗既平"时说："祗当为坻，小丘也。上六'系'，拘也。爻辰在己巳，为虺蚖之蟠屈，似'徽纆'也。三五互体艮，又与震同体，艮为门阙，于木为多节，震之所为有丛拘之类，门阙之内有丛木，多节之木。"

另外，还有"连互"之说。如：

郑玄注大畜卦☰☶说："自九三至上九有颐象居外，是不家食而养贤。"

或按：这里是用三至上四画"连互"成颐卦☶☳之象，用大畜卦象辞"不家食"及颐卦《彖传》"养贤"为说。

郑玄注蒙卦☵☶说："互体震而得中，嘉会礼通，阳自动其中，德施地道之上，万物应之而萌芽生。教授之师取象焉，修道艺于其室，而童蒙者求为之弟子。"

或按：是以上艮为"蒙者"，以蒙卦初至五连互师卦☷☷为根据。

诸儒用"互体"解《易》，有一定的历史根据。

如唐刘禹锡《刘宾客文集》：

《国语》又云董因迎公于河，公问焉，曰："吾其济乎？"

对曰："臣筮之，得泰之八。曰是谓天地配亨，小往大来，今及之矣，何不济之有？"韦昭云："泰三至五，震象为侯，阴爻不动，其数皆八，与贞屯悔豫义同。"

或按：泰卦☷☰三至五互体☳，因而说"震象为侯"。

宋朱震《汉上易传》：

在《春秋》传见于卜筮，如周太史说观之否曰："坤土也，巽风也，乾天也，风为天于土上山也。有山之材而照之以天光，于是乎居土上。"自三至四有艮互体也。

或按：观☴☷上卦巽☴为"风"，下卦坤☷为"土"，互体艮☶为"山"；否☰☷上卦乾☰为"天"，下卦坤☷为"土"，因而说"风为天于土上山也"。

清代黄宗羲《易学象数论》里面有专门论述"互卦"一节，今录之于下。

互卦者，取卦中二三四及三四五又得经卦二也。《左传》庄二十二年周史为陈侯筮，遇观之否，曰坤土也，巽风也，乾天也，风为天于土上山也。

杜预注，自二至四有艮象，艮为山，此互体说《易》之始。汉晋相承，王辅嗣黜而不用，锺會亦言易无互体，荀凯难之。夫春秋之说经者，去圣人未远，其相传必有自。苟非证之经文而见其违背，未尝可以臆弃矣。辅嗣云:"爻苟合顺,何必坤乃为牛?义苟应健,何必干乃为马?"以言二体无乾坤而有牛马,不当更求其故。不知《易》中之象,无一字虚设,牛马既为乾坤之物,则有牛马必有乾坤。求之二体而无者,求之互体而有矣。若弃互体,是圣人有虚设之象也。

或曰:遁无坤,六二称牛;明夷无乾,六二称马,以互体求之亦无乾坤,诚如辅嗣有虚设之牛马也。曰:不然。遁之称牛以艮,艮刚在上,犹牛革在外,称牛革不称牛也。明夷之称马,以互体之坎,坎于马为美脊、为亟心,马之壮者也。他如洪容斋所言,师之长子,谦、蛊之大川,蹇之重险之类,苟非互体,终不可通,象之无虚设亦明矣。

或曰:"杂物撰德,辨是与非,非其中爻不备。"先儒以此为互体之据。然下文不及互体,何也?曰:卦无乾坤而有牛马,非"杂物"乎?卦无艮兑而言止说,非"撰德"乎?"杂物撰德"即是互体,无待于下文也。

10.问:《易经》所谓"当位""位正中""敌应""得中""得位"等,都是什么意思?

答:《易经》的六十四卦是由两个三爻八卦重叠而成"六位"的。初位、三位、五位是奇数"阳位";二位、四位、上位是偶数"阴位"。

如果是阳爻居阳位,阴爻居阴位,那就说"得位"或"当位",反之则说"不得位"或"不当位"。

二位是下卦之中,五位是上卦之中,卦爻居二位或五位就说"得中",如果是阴爻居二位或阳爻居五位,那就说"得中得位"。

六个卦位,初与四分别是上下卦的初位;二与五分别是上下卦的中位,三与上分别是上下卦的上位,从对应关系方面就说"初与四应"、"二与五应"、"三与上应"。如果是同性爻的对应就称之为"敌应";如果是异性爻的对应就称之为"正应"。

比如:

贲卦☲☶《小象传》说"六四当位",就是指六四阴爻居了"阴位"。

解卦☵☳九二《小象传》说曰"未当位也",就是因为九二阳爻居了"阴位"。

小畜卦☴☰《彖传》说"小畜,柔得位而上下应之",六四阴爻居"阴位",因而说"得位";初与四为"正应",因而说"上下应之"。

同人卦☰☲《彖传》说"同人,柔得位得中而应乎乾","得位得中"指六二阴爻而言,"应乎乾"指六二与上乾之中爻(九五)为"正应"。

豫卦☳☷六二《小象传》说"不终日贞吉,以中正也",因为六二居中得位,所以说"中正"。

艮卦☶☶《彖传》说"上下敌应不相与也",因为初与四、二与五、三与上都是同性爻的相对,所以说"敌应"。

既济卦☵☲《彖传》"刚柔正而位当也",刚(阳)爻全居奇数位,柔(阴)爻全居偶数位,因而说"刚柔正而位当"。

## 11.问:八卦有方位属性吗?

答:《周易·说卦》有如下一段文字:

万物出乎震,震东方也。齐乎巽,巽东南也。齐也者,言万物之絜齐也。离也者明也,万物皆相见,南方之卦也。圣人南面而听天下,向明而治,盖取诸此也。坤也者地也,万物皆致养焉,故曰致役乎坤。

兑，正秋也，万物之所说也，故曰说言乎兑。战乎乾，乾西北之卦也，言阴阳相薄也。坎者水也，正北方之卦也，劳卦也，万物之所归也，故曰劳乎坎。艮东北之卦也，万物之所成终而所成始也，故曰成言乎艮。

五代末的隐士陈抟根据这一段话，画出来一幅《帝出震图》：

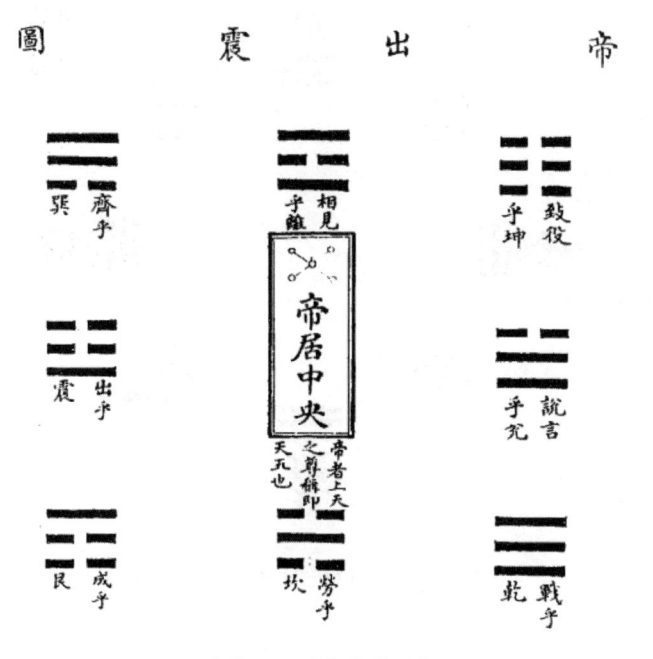

陈抟所画《帝出震图》

我们看上图，上南下北，左东右西。震居东方，巽居东南方，离居南方，坤居西南方，兑居西方，乾居西北方，坎居北方，艮居东北方。不过不但有方位属性，而且还有时间属性。震为春天，离为夏天，兑为秋天，坎为冬天。

实际上，《说卦》的作者只是"弃图不录"，用文字表达了这幅早就存在的八卦图而已。除此之外，朱熹在《易学启蒙》列有"文王八

卦图":

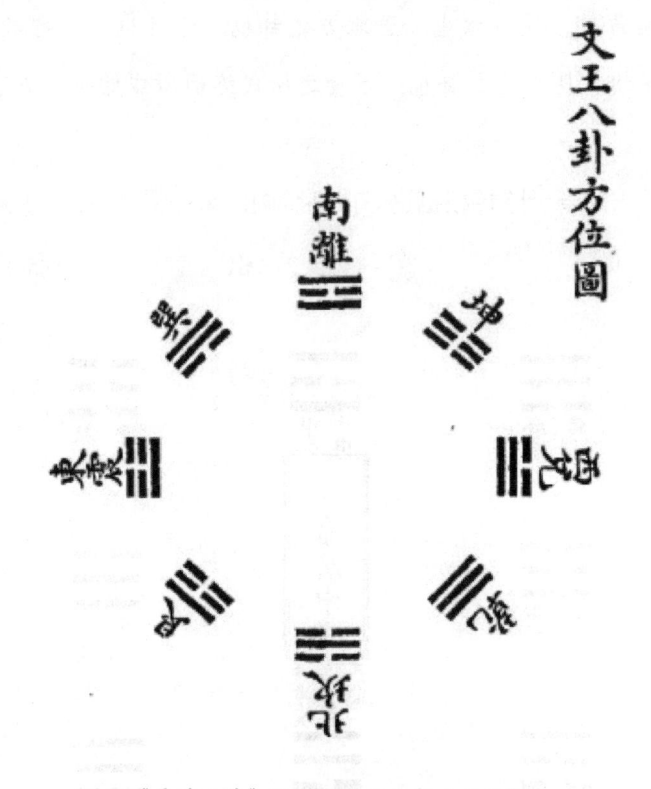

《易学启蒙》所列"文王八卦方位图"

北宋五子之一邵雍在《皇极经世》里面说:"起震终艮一节,明文王八卦也。天地定位一节,明伏羲八卦也。"虽然邵雍把《说卦》里面的两节内容分别界定为"文王八卦"和"伏羲八卦",但是他并没有在书中列出相应的易图。

朱熹在《易学启蒙》里面,还列有"伏羲八卦方位图":

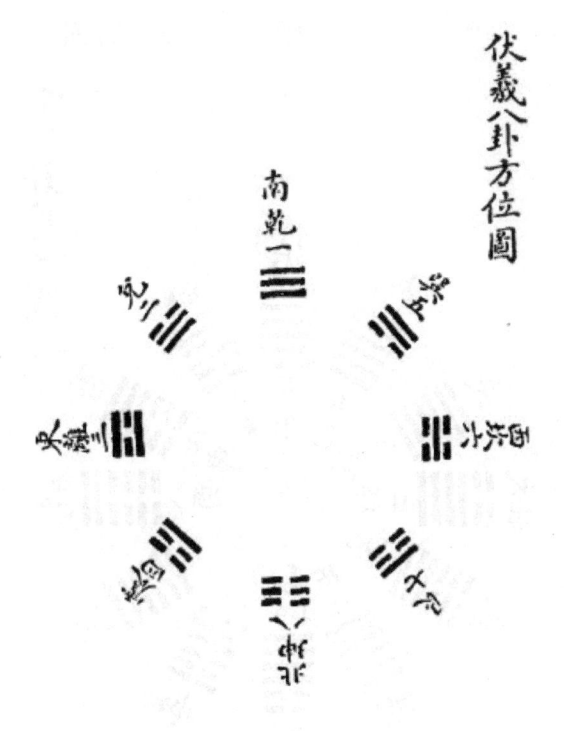

《易学启蒙》所列"伏羲八卦方位图"

邵雍说:"乾坤纵而六子横,易之本也。震兑横而六卦纵,易之用也。"所谓的"文王八卦方位图"是"震兑横而六卦纵";所谓的"伏羲八卦方位图"是"乾坤纵而六子横"。正因为邵雍说"乾坤纵而六子横",是乾天在上,坤地在下,应该是一幅三维的立体图像,所以邵雍不能在平面书中画出此图。朱熹于《周易本义》里面则说"邵子曰,乾南,坤北,离东,坎西,震东北,兑东南,巽西南,艮西北。自震至乾为顺,自巽至坤为逆。"其实,邵雍根本没有说过"乾南坤北"。后来人们把朱熹所列的"伏羲八卦方位图"称之为"先天八卦图",把朱熹所列的"文王八卦方位图"称之为"后天八卦图"。

综上所述,八卦不但有方位属性,还有时间属性。用易卦表示时间的易图很多，例如《十二卦月分图》就是很早的易图。

十二卦月分图

孔子《系辞》告诉我们是伏羲"始作八卦"，并且"作结绳而为罔罟，以佃以渔，盖取诸离"。也就是说，伏羲之时已经重八卦为六十四卦。既然有了六十四卦，从中找出阴阳消息的十二个卦，用以表达一年十二个月的四季流转，应该是顺理成章的事。晋代的干宝之所以用"十二月卦气图"解说乾坤十二爻的爻辞，则证明当初圣人是依据"十二月卦气图"给乾坤十二爻系上爻辞的。由此看来，《十二月卦气图》应该早于汉代就已经存在。

12.问：一卦可以变作八卦，是怎么回事？

答："易"的主要含义就是"变易"，通过卦爻属性的变化，就可以一卦变成八卦。

下面，我们依据邵雍《皇极经世》的口诀"一变而二，二变而四，三变而八卦成矣"进行变化。

一卦有初、中、上三个爻，如果选定一卦为变卦的"母卦"，从上爻（或初爻）开始"变卦"，就会有一卦变作二卦，二卦又变作四卦，四卦又变作八卦的结果。下面，我们选乾卦作为"母卦"，试着进行变卦。

一变乾卦的上爻，得第二兑卦，这是"一变而二"。

二变乾卦、兑卦的中爻，分别得第三离卦、第四震卦，这是"二变而四"。

三变乾卦、兑卦、离卦、震卦的初爻，分别得第五巽卦、第六坎卦、第七艮卦、第八坤卦，这是"三变而八卦成"。

我们把第三步变卦过程列如下：

一乾 → 巽五

二兑 → 坎六

三离 → 艮七

四震 → 坤八

我们从中可以看出，第五巽卦是变乾卦的初爻得到的，第八坤卦是变震卦初爻得到的。

把上面八卦围作"圆图"，就与朱熹《周易本义》里面所列的"伏羲八卦方位图"一模一样。

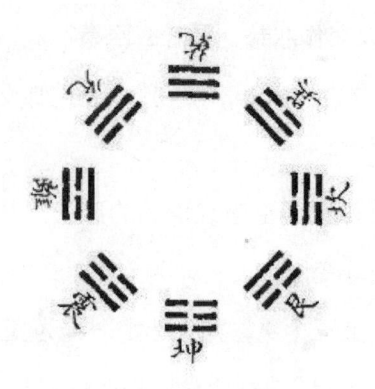

一卦变八卦围成的圆图

同样方法，我们也可以用坤一卦变作八卦。理论上说，任何一卦都可以变作八卦。以乾一卦变作八卦，从乾的上爻变起，可以得到朱熹《周易本义》所列《伏羲八卦方位图》。以坤一卦变作八卦，从坤的初爻变起，也可以得到《伏羲八卦方位图》。感兴趣的读者，可以自己变一变玩一下。

**13.问：很多人说《周易》的"河图"和"洛书"很神奇，究竟是怎么回事？**

答：有关"河图"这一名词的来源，主要有两处，一是《尚书·顾命》里面说"河图在东序"；一是《周易·系辞》里面说"河出图"。

宋代之前，多数人都认为所谓的"河出图"或"洛出书"是一种祥瑞。现在人们奢谈的《河图》与《洛书》，差不多都是经过朱熹改造的图书，所以，回答这个问题还要从朱熹的《易学启蒙》一书谈起。

《易学启蒙·本图书第一》里面列出了所谓的《河图》与《洛书》如下。

本圖書第一

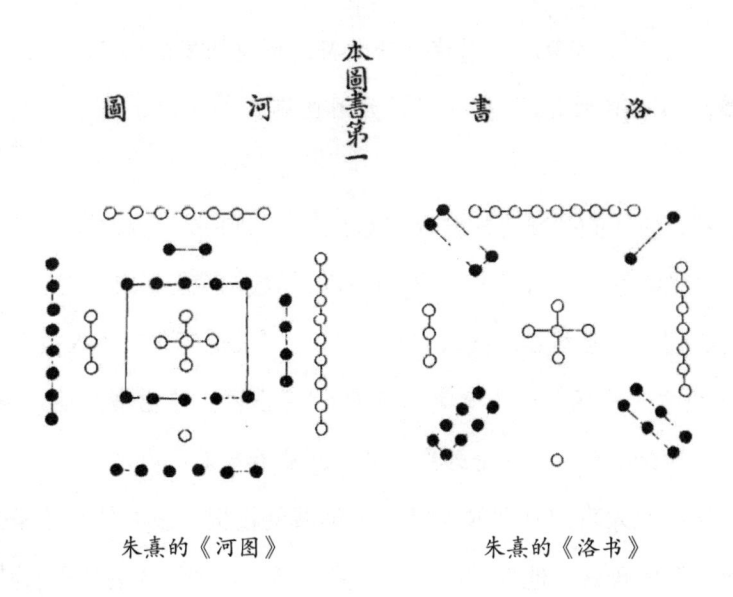

朱熹的《河图》　　　　朱熹的《洛书》

《尚书·顾命》说：

大玉、夷玉、天球、河图在东序。

究竟《尚书》中所谓的"河图"是个什么样子，没有详细描述，后人推测说是"地图"者有之；说是"方册"者有之，等等。"河图"概念之外还有"河出图"和"河不出图"的概念。

《易传·系辞》说：

河出图，洛出书，圣人则之。

至于"河出图""洛出书"是怎么回事，因为许多"纬书"里面说伏羲、黄帝、尧、舜，乃至周成王的时候都有"龙马负图"或"神龟负书"，所以大多数人都认为《周易·系辞》所谓的"河出图，洛出书"就是"祥瑞"。

唐代孔颖达在《周易正义》里面说：

"河出图，洛出书，圣人则之"者，如郑康成之义，则《春秋纬》

云："河以通乾出天苞，洛以流坤吐地符，河龙图发，洛龟书感，河图有九篇，洛书有六篇。"孔安国以为河图则八卦是也，洛书则九畴是也。

显然，唐代的孔颖达并没有"圣人则河图画卦"的疏解。

宋真宗时期的太常博士彭城刘牧在《易数钩隐图》书中说：

何氏谓"天生神物，圣人则之"一也；"天地变化，圣人效之"二也；"天垂象见吉凶，圣人象之"三也；"河出图，洛出书，圣人则之"四也。今谓此四事，圣人易外别有其功，非专《易》内之物。

显然，北宋真宗时期的太常博士彭城刘牧根本没有什么"圣人则河图画卦"的疏解。他说"河出图，洛出书"是"圣人易外别有其功，非专易内之物"，则进一步说明"河出图，洛出书"与易八卦的由来毫无关系。

北宋真宗时期的黄黎献，是彭城刘牧的弟子。刘牧著有《易数钩隐图》一卷，黄黎献则著有《续易数钩隐图》一卷。今见《四库全书》里面《易数钩隐图》三卷本，是黄黎献弟子吴秘合刘牧与黄黎献之书而成。

黄黎献说：

夫卦者，天垂自然之象也。圣人始得之于《河图》《洛书》，遂观天地奇偶之数，从而画之，是成八卦。

显然，黄黎献的观点与刘牧大不相同。今见《易数钩隐图》卷下的黑白点《河图》与《洛书》，是黄黎献据汉代"九宫算图"和"天地生成数图"臆造的。

壹　入门篇

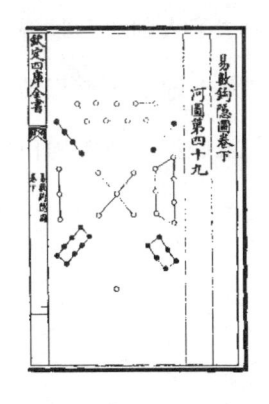

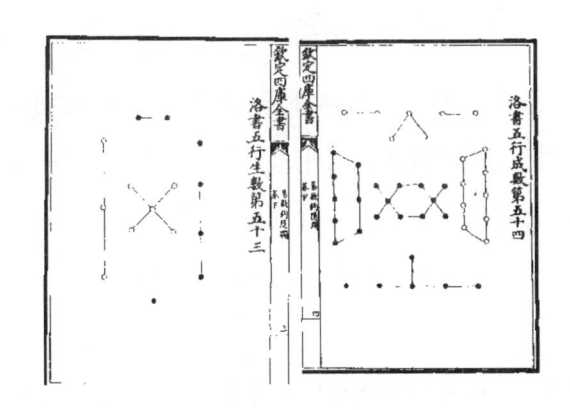

黄黎献所造的《河图》　　　　　　黄黎献所造的两幅《洛书》

看上图可知，黄黎献的《河图》是九数的黑白点图；《洛书》则是两幅，一幅是五个生数的黑白点图，一幅是五个成数的黑白点图。

宋仁宗时期李觏作《删定易图序论》，则把黄黎献的两幅"洛书图"合作一幅。

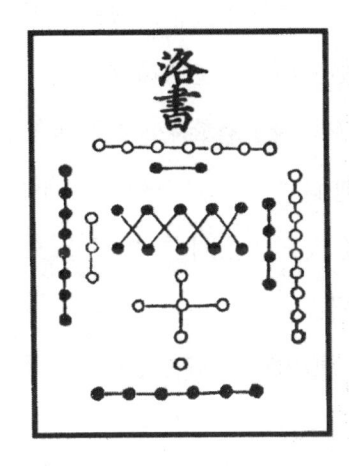

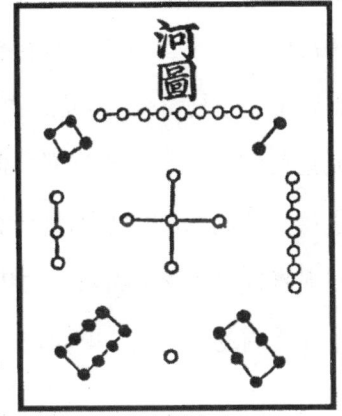

李觏删定的《河图》与《洛书》

看李觏之图可知，恰恰是朱熹易置了李觏两幅图之名，而不是《易学启蒙》里面所谓的"刘牧易置图书"。

朱熹易置李觏图书之名的根据，则在于他认为"圣人则之"是说圣人法则"河图画卦"。而《系辞》里面恰恰有"天一地二，天三地四，天五地六，天七地八，天九地十"一节，所以朱熹把十数的黑白点图称之为《河图》。他在《易学启蒙》里面说：

此一节，夫子所以发明《河图》之数也。

又说：

但易乃伏羲之所先得乎《图》，而初无所待于《书》。

又说：

大传又言包羲画卦所取如此，则易非独以《河图》而作也。

朱熹一会儿主张圣人则"河图画卦"，一会儿又主张圣人画卦"非独以河图而作"。无论如何，朱熹曾经主张"圣人则河图画卦"则不容否定。

所谓《河图》与《洛书》的神秘性，就在于"伏羲则河图画卦"。而对于《河图》的来源更是具有神秘色彩，传说从黄河里面跃出一匹"龙马"，或说"龙马负图"，或说"龙马身上有旋毛河图"等等。今天看来，无论黄黎献、李觏或朱熹，他们"圣人则河图画卦"的主张都是无稽之谈。因为八卦根本不是什么人则什么图书"画"出来的，而是圣人仰观俯察"观变于阴阳而立卦"。

孔子在《周易·系辞》里面说"河出图"；在《论语·子罕》里面又说"河不出图"。

显然，孔子只是把"河出图"或"河不出图"当作祥瑞看待。由此可知，所谓"河图"与"河出图""河不出图"是不同的概念。

既然孔子已经说"古者包牺氏之王天下也，仰则观象于天，俯则观法于地，观鸟兽之文与地之宜，近取诸身，远取诸物，于是始作八卦",那么他说"河出图,洛出书,圣人则之"就与伏羲作八卦没有任何关系。何况黑白点数的所谓《河图》与《洛书》是北宋真宗时的太常博士彭城刘牧的弟子黄黎献伪造,而且北宋神宗时还另有一位三衢刘牧,所以朱熹与其弟子蔡元定说"刘牧臆见,易置图书"是没有根据的污蔑,真实情况恰恰是朱熹易置了北宋李觏的图书。

严格来说,任何黑白点数的《河图》或《洛书》,都与《周易》毫无关系。无论从象数角度或义理的角度看,任何黑白点数的所谓"河洛图书"都不属于《周易》的研究范畴。初学者,且不可把宝贵的时间浪费在这些毫无用途的无根之学方面。

14.问:提到《周易》,社会上很多人都说那是一本"算命"的书,您对此如何看?

答:一般说《周易》的成书过程是"人更三圣,世历三古"。三圣是指伏羲、文王和孔子而言,三古是指上古、中古和下古而言。上古伏羲究竟是多少年前,说法不一。《宋史》记韩显符上其《法要》十卷,序云:"自伏羲甲寅年至皇朝大中祥符三年庚戌,岁积三千八百九十七年。"宋真宗大中祥符三年庚戌是公元1010年,当时说伏羲是三千八百九十七年前的"三皇之一",距今还不到五千年。按宋司马光《稽古録》,伏羲至公元前1046年周朝开国,是1753年,距今也不足五千年。文王则是公元前1152年——1056年时人,距今大概三千多年。孔子是公元前551年——479年时人,距今大概二千五百多年。

司马迁《史记》言:

自伏羲作八卦,周文王演三百八十四爻,而天下治。

传说是伏羲作八卦;文王演为六十四卦并作卦辞、周公作爻辞;

孔子作《易传》。

孔子《系辞》说伏羲作八卦为了"以通神明之德，以类万物之情"。又说：

易之兴也其当殷之末世周之盛德邪，当文王与纣之事邪。是故其辞危，危者使平，易者使倾，其道甚大，百物不废，惧以终始，其要无咎，此之谓易之道也。

司马迁《史记》说："昔西伯拘羑里，演周易。"

既然说"人更三圣，世历三古"，也就大概明白《周易》是一本什么性质的书了。

对于《周易》是一本什么性质的书，孔子说：

易有圣人之道四焉：以言者尚其辞；以动者尚其变；以制器者尚其象；以卜筮者尚其占。

大学者王国维说：

圣人推天道以明人事，而作此书，以为人事之准绳，占筮之用，其一端也。

《周易》里面有"圣人之道"四条，而"以卜筮者尚其占"也只是"圣人之道"之一条。

孔子说：

易与天地准，故能弥纶天地之道。

夫易，圣人所以崇德而广业也。

范围天地之化而不过，曲成万物而不遗。

广大配天地，变通配四时，阴阳之义配日月，易简之善配至德。

夫易，圣人之所以极深而研几也。

仁者见之谓之仁，知者见之谓之知。百姓日用而不知，故君子之道鲜矣。

圣人以此洗心，退藏于密，吉凶与民同患。

由此可知，孔子特别强调《周易》是一本"圣人以此洗心""圣人极深而研几""易与天地准"讲解大道理的书，只不过"百姓日用而不知"罢了。

这就是说，圣人与百姓对待《周易》的态度有所不同。对于君子学习《周易》，就要悟道而修身齐家治国平天下；对于百姓来说，《周易》的作用仅仅用于"卜筮"而已。

我们承认《周易》的确有用于"卜筮"的功能，但是我们也要明白"卜筮"仅仅是"圣人之道四焉"之一条，还有三条则是君子必须深加领悟的"圣人之道"。

有人以秦始皇不烧《周易》和《左传》及《国语》里面有许多用《周易》卜筮的例子，来强调"易本是卜筮之书"，那只是仅仅强调了"以通神明之德"的功能，却忽视了"以类万物之情"的功能。

古人说"不疑不卜""善为易者不占""易为君子谋，不为小人谋"等等，其实就是强调了《周易》是大道之源的真谛。历来，《周易》居于群经之首。以《四库全书》为例，经部易类第一本书就是《子夏易传》。倘若《周易》仅仅是一本只能用于卜筮的书，哪里会获得如此的地位和殊荣！

15.问：对于《周易》，孔子为什么说"百姓日用而不知"呢？

答：对于这个问题，我们先来铺垫一下。

人们在日常生活中常说："革命""和平""事业""大业""推行""举措""化裁"；"观光""天道""地道""人道""中道""神道""见机行事"；

"居安思危""居存思亡""居治思乱""忧患意识""金兰之好";"九五之尊""介石""润之""文炳""文蔚""向明而治";"乐天知命""穷理尽性""尚贤""先天""后天""天命";"人文""天文""原始反终""上帝""现象"等等。

这些语汇,你知道原始出于哪里吗?我想,现在还可能有许多人不知道这些语汇原本出于《周易》。如此看来,孔子的话还是有道理的。

再多选一些,看看人们还有哪些是"日用而不知":

元亨利贞、大明终始、保合大和、自强不息、进德修业、同声相应、同气相求、云行雨施、学以聚之、问以辩之、厚德载物、积善之家必有余庆、积不善之家必有余殃、敬以直内、义以方外、不速之客、师出以律、开国承家、密云不雨、夫妻反目、既雨既处、否极泰来、城复于隍、遏恶扬善、顺天休命、哀多益寡、卑以自牧、君子有终、观国之光、明罚勅法、束帛戋戋、消息盈虚、天地之心、至日闭关、商旅不行、独立不惧、遯世无闷、大耋之嗟、以虚受人、天下化成、富家大吉、损上益下、民说无疆、中正有庆、劳民劝相、正位凝命、震惊百里、匪夷所思、信及豚鱼、精气为物、游魂为变、二人同心、其利断金、同心之言、其臭如兰、慢藏诲盗、冶容诲淫、极深而研几、不疾而速不行而至、开物成务、冒天下之道、神以知来、知以藏往、理财正辞、利用安身、恶积而不可掩、罪大而不可解、上交不谄、下交不渎、出入以度外内使知惧,等等。

戏剧家翁偶虹为程砚秋编写的剧本《锁麟囊》,薛湘灵的台词就引用了"慢藏诲盗"一语。

胡锦涛同志在讲话中就引用了"居安思危"和"忧患意识"的成

语。

看来,要改变"日用而不知"的状况,就应该好好学习《周易》。如今,许多大学的哲学系都开始了《周易》课程。《周易》作为中国古代哲学的重要内容,已经登上了大雅之堂。

**16. 问:《周易》与我们日常生活有关系吗?**

答:关于不同层面的人们对待《周易》的态度,《系辞》里面说"圣人以此洗心,退藏于密,吉凶与民同患""百姓日用而不知,故君子之道鲜矣"。虽然《周易》是我国优秀传统文化的重要组成部分,但是并不能成为广大民众人人都能够明了的学问。虽然说"百姓日用而不知",但还是承认对百姓有"日用"的作用。

如果儿童问"学习《周易》有什么用途"?那么家长或老师将如何回答呢?

几千年来,世代言传身教,"百姓日用"的内容已经很多了。家长教导孩子不做恶事,就是出于《周易》"积善之家必有余庆,积不善之家必有余殃"的君子之道。哪怕是一个坏事做尽的家长,也大多不会去教育自己的子女如同自己一样去做坏事,也会望子成龙。所以,可以说《周易》与人们的日常生活有着密切的关系。

《系辞》说:

君子安其身而后动,易其心而后语,定其交而后求。君子修此三者,故全也。危以动,则民不与也。惧以语,则民不应也。无交而求,则民不与也。

动凶静吉,有所动作之前一定要考虑心安和身安;对他人说话,一定要谦虚恭敬,心情平易,相互交心,不能恃强凌弱,盛气凌人,如此方能谈得来，多得朋友；有困难的时候，一定向有交情的人寻求帮助，不考虑交情，胡乱开口求人，就一定会事与愿违。由此可知，这段话与我们的日常生活的关系十分密切。

《系辞》说：

慢藏诲盗，冶容诲淫。

漫不经心地收藏，会诱使盗贼，妖艳地打扮，会诱导淫乱。现在小偷专门去偷贪官家中的钱财，就是"慢藏诲盗"；现在有些年轻的女孩贴着长长的假睫毛，浓墨重彩，重度化妆出入社交场所，如此就可能会"冶容诲淫"。由于国学知识的缺乏，现在一些男女年青人居然自称"屌丝"，而且还能得到许多的人的随声附和，这岂不是咄咄怪事？倘若大家都多学习一点《周易》里面所讲的道理，我想情况就会好得多。

《系辞》说：

利用安身以崇德也。

又说：

小人不耻不仁，不畏不义，不见利不劝，不威不惩，小惩而大诫，此小人之福也。《易》曰"屦校灭趾无咎"，此之谓也。善不积不足以成名，恶不积不足以灭身。小人以小善为无益而弗为也，以小恶为无伤而弗去也，故恶积而不可掩，罪大而不可解。

君子以财发身，以义为利，利益用于安身，而不是以利害身。可是有些人却恰恰相反，"不耻不仁，不畏不义，不见利不劝"。这样的人只能受到"小惩"之后给以"大诫"，才能有所改正，此则为小人之福。王弼说"功弥美伪弥多而理愈失，名弥美而累愈彰矣"，可见极端追求名利会有恶果。君子必须崇尚道德，必须以修身洗心为本，如此才能吉无不利！

乾卦九三爻辞说

君子终日乾乾，夕惕若厉，无咎。

对于刚刚参加工作的年青人来说，就需要有白天勤奋工作，下班后及时反省当天品德表现方面的得与失，要有曾子"吾日三省吾身"的品德。能够如此"惧以终始"，自然"其要无咎"。有些年青人自恃聪明能干，处处争抢风头，刻意表现自己而压低别人，这种人不明白"允执其中"的道理，不知"乱之所生也，则言语以为阶"和"言行君子之枢机，荣辱之主"的道理，怎能不遭受挫折和侮辱？哪里会有进步和光荣？

《周易》里面阐述的是"宇宙论"（或时空论），而且主张"中和之道"。所以我们学习研究《周易》的目的，就是要掌握"时""空""中"三个字的要领。在适合的空间里面和恰当的时候本着中和之道处理问题，就会有好的结果。之所以会有成功或失败的结果，问题往往都发生在"时空中"之度的选择方面。

《周易》里面一些修身的大道理，要人们亲身去领悟，要时刻结合个人的经历去修正错误。人们难免会犯有错误，关键是要学习颜子"不二过"的自我修养精神。

以上《周易》里面告诉人们的大道理非常重要，也充分说明与人们日常生活有密切关系。

17.问：研究《周易》，有"义理派"和"象数派"之分吗？

答：南宋的郑樵在《通志·总序》里面说：

《易》虽一书，而有十六种学。有传学，有注学，有章句学，有图学,有数学,有谶纬学,安得总言易类乎!

这就告诉我们,"义理"和"象数"仅仅是《周易》之中的两大部分学问而已。

"两派六宗"的说法,出于清代的四库馆臣。《四库全书总目·经部一·易类一》:

圣人觉世牖民,大抵因事以寓教。《诗》寓于风谣,礼寓于节文,《尚书》《春秋》寓于史,而《易》则寓于卜筮。故《易》之为书,推天道以明人事者也。《左传》所记诸占,盖犹太卜之遗法。汉儒言象数,去古未远也。一变而为京、焦,入于禨祥;再变而为陈、邵,务穷造化,易遂不切于民用。王弼尽黜象数,说以老庄;一变而胡瑗、程子始阐明儒理;再变而李光、杨万里又参证史事,易遂日启其论端。此两派六宗,已互相攻驳,又易道广大,无所不包,旁及天文、地理、乐律、兵法、韵学、算术,以逮方外之炉火,皆可援易以为说,而好异者又援以入易,故易说愈繁。

汉儒言象数,至胡瑗、程子始阐明儒理,是为"两派"。汉儒、京房与焦贡、陈抟与邵雍、王弼、胡瑗与程颐、李光与杨万里,是为"六宗"。如此分别,乃是四库馆臣的一家之言,未必符合实际情况。

所谓"王弼扫象"一语,出于明代万历年间来知德的《周易集注》。从三国魏至明代来氏之前,为什么没有人如此评价王弼?这个问题很值得人们思考。

王弼在《周易略例·明象》里面说:

夫象者出意者也,言者明象者也。尽意莫若象,尽象莫若言。言生于象,故可寻言以观象。象生于意,故可寻象以观意。意以象尽,象以言著。故言者所以明象,得象而忘言。象者所以存意,得意而忘象。犹蹄者所以在兔,得兔而忘蹄。筌者所以在鱼,得鱼而忘筌也。然则言者象之蹄也,象者意之筌也。是故存言者非得象者也,存象者非得意者也。象生于意而存象焉,则所存者乃非其象也。言生于象而存言焉,则所存者乃非其言也。然则忘象者乃得意者也,忘言者乃得象者也。得意在忘象,得象在忘言。故立象以尽意而象可忘也,重画以尽情而画可忘也。

我们通读这些话,丝毫见不到王弼有"扫象"的意思。他只不过强调,既然已经从象数入手获得了义理,那么象数的使命就已经完成了。犹如人们要想获得鱼和兔,就必须使用渔猎工具,一旦获得了鱼或兔,就可以把渔猎工具放在一边了。

读王弼《周易略例》,知道他有"一爻为卦主""当位""得应""承乘""内外""辩位"等说,明白他是在充分议论象数和具体应用象数。所以,谓王弼"尽黜象数",实在是厚诬先贤!

明确地说,学习和研究《周易》不应该有"象数派"与"义理派"之分。应该首先从形而下的象数入手,然后飞跃到形而上的义理。没有筌蹄,如何获得鱼兔?

我们今天也可以大略列出《易经》的十六种学问:

# 易 经

## 群经之首 大道之源

（象数言意四者不可缺一）

易经里面有十六种学问

***********************************************
* 　　章句训诂易图学　　　*　　　　　　　　　*
* 　　注疏诠释文献学　　　*　　　　　　　　　*
* 　　　　　　　　　　易理　　　　　　　　　*
* 　　易学史建筑学　　　　*　　　　　　　　　*
* 　　哲学史心理学　　　　*　　　　　　　　　*
***********************************************
* 　　天文学地理风水　　　*　　　　　　　　　*
* 　　历法中医　　　　　　*　　　　　　　　　*
* 　　　　　　　　　　象数　　　　　　　　　*
* 　　宅经命理八字　　　　*　　　　　　　　　*
* 　　占筮炉火养生　　　　*　　　　　　　　　*
*********************** 易经之门 ***********************

初学者一定要选准老师 老师先领学生进门看看。

学习《易经》一定要拜名师，只有名师方能带领你从正门步入《易经》的殿堂！《易经》里面阐述的是大道理，而不是什么"智慧"。知道明理的人就是大智慧、大觉悟、大聪明的人。有人说《易经》真的很容易学"《易经》里面只讲上、止、正三个字"等等，请问发表如此看法的人是易学家吗？他有正规出版的易学著作吗？他发表了多少篇易学论文？说到底他只是在忽悠"日用而不知"的百姓而已！

18.问：学习研究《周易》需要那些参考书？

答：韩愈在《师说》里面说：

古之学者必有师，师者所以传道受业解惑也。人非生而知之者，孰能无惑？惑而不从师，其为惑也终不解矣。

有些参考书就起到了"老师"的作用，特别是有自学能力者，多备一些必要的参考书，应该是当务之急。

据我个人的体会，应该首先阅读《周易》本文，甚至应该先读《易传》。身边要预备一本陆德明的《经典释文·周易音义》和一本《康熙字典》。

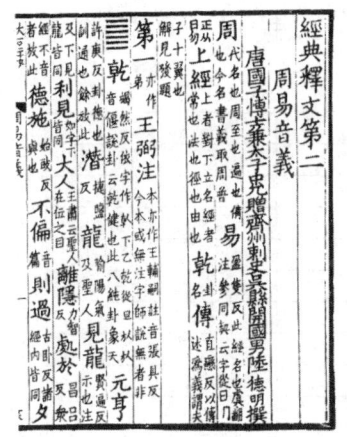

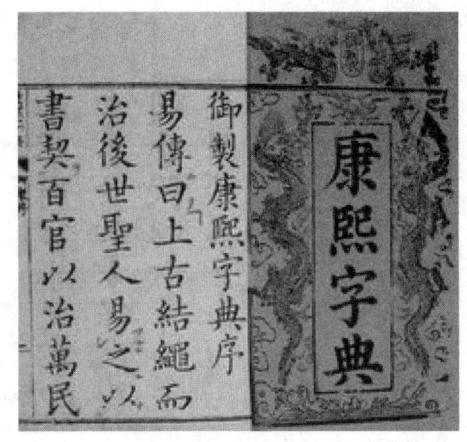

宋刻本《经典释文》图片　　　　　康熙字典

初学者一定不要乱看杂书，也不必迷信个别"权威"，更不要被一些信口开河胡乱讲解《周易》的人误导。《周易》是"群经之首，大道之原"，明白道理的人才是具有智慧的人。如今有些人在忽悠"周易的智慧"，我们可以说作《易》者具有大智慧，而《周易》里面讲的却是大道理，况且"智慧"也不是什么人一讲你就可以获得的。更有意思的是还有人忽悠"《周易》真的很容易读""周易里面只讲三个字"等等，即使"读书破万卷"的人也不敢说这样的大话啊！

为什么笔者特别提醒初学者不要先去读《周易本义》和《易学启蒙》这两本书？这是因为笔者在二十多年前初涉《周易》的时候有些急于求成。有谁不想追求"本义"，有谁不想脱去蒙昧？于是"顾名思义"研读了这两本书。结果是三年方能"入于其内"，又五年方得"出于其外"。实在是走了一段弯路之后，发自肺腑对初学者的忠告。

预备《康熙字典》的理由就不必说了，但是一些小学功夫的书籍，如《说文解字》《尔雅》等也应该放在左右。特别推荐陆德明《周易音义》的理由显然可见，《周易》里面的某些字的音义是不可混乱的。六十四卦名的读音，前面已经有所介绍，这里有必要把《易传》里面一些字的音义予以特别提醒。

| 篇目 | 文字内容 | 读音 | 备注 |
|---|---|---|---|
| 乾文言 | 善之长 | 音涨 | 张丈反 |
| | 与几 | 音机 | 既依反 |
| | 可见之行 隐而未见 | 音现 | 贤遍反 |
| 系辞 | 变化见矣 | 音现 | 贤遍反 |
| | 乾知大始 | 音泰 | |
| | 乾以易知 | 音亦 | |
| | 知周乎万物 知者见之谓之知 | 音智 | |
| | 夫乾其静也专 | 音团 | |
| | 知崇礼卑 | 音智 | |
| | 不可恶也 | 音亚 | |
| | 其子和之 | 音或 | 胡卧反 |
| | 发乎迩见乎远 | 音现 | 贤遍反 |
| | 其臭如兰（臭是"香气"）| 如字 | 昌又反 |
| | 用可重也 | 音仲 | 直勇反 |
| | 揲之以四 | 音射 | 时射反 |
| | 于扐 | 音勒 | 郎得反 |
| | 触类而长 | 音涨 | 张丈反 |

| | | | |
|---|---|---|---|
| | 极深而研几 | 音机 | |
| | 卦之德方以知 | 音智 | |
| | 圣人以此洗心 | 音显 | 悉疹反 |
| | 神武而不杀 | 音衰 | |
| | 辟户谓之乾 | 音闭 | 婢亦反 |
| | 见乃谓之象 | 音现 | 贤遍反 |
| | 县象着明 | 音悬 | |
| | 成天下之亹亹者 | 音尾尾 | |
| | 因而重之 | 音虫 | 直龙切 |
| | 天地之道贞观者也 | 音冠 | 官唤反 |
| | 王天下也 | 音望 | |
| | 来者信也 屈信相感 | 音伸 | |
| | 知小而谋大 | 音智 | |
| | 不胜其任 | 音升 | |
| | 吉之先见者也 | 音现 | 贤遍反 |
| | 无祇悔 | 音齐 | 大也 |
| | 其言曲而中 | 音仲 | |
| | 以度外内 | 音夺 | |
| | 知者观其彖辞 | 音智 | |
| | 能说诸心 | 音悦 | |
| | 爱恶相攻 | 音误 | |
| 说卦 | 参天两地 | 音三 | |
| | 相射 | 音易 | 厌恶也 |
| | 日以烜之 | 音选 | |
| | 兑以说之 说言乎兑 | 音悦 | |
| | 向明而治 | 音向 | 许亮反 |
| | 莫熯乎火 | 音汗 | 呼但反 |
| | 为苍筤竹 | 音郎 | |
| | 为萑苇 | 音桓 | |
| | 为馵足 | 音驻 | |
| | 为臭 | 如字 | 昌又反 |
| | 为乾卦 | 音甘 | |
| 序卦 | 受之以否 | 音脾 | |
| | 受之以观 | 音冠 | |
| | 受之以解 | 音蟹 | |
| | 莫若长子 | 音涨 | |
| | 入而后说之 兑者说也 | 音悦 | |
| 杂卦 | 临观之义 | 音官 | 古乱反 |
| | 屯见而不失其居 | 音现 | 贤遍反 |
| | 解缓也 | 音蟹 | |
| | 君子道长 | 音涨 | |

北宋程颐在《与金堂谢湜书》里面说，读《易》应该先读王弼、

胡瑗、王安石三家：

> 易有百余家，难为偏观。如素未读，不晓文义，且须看王弼、胡先生、荆公三家。理会得文义，且要熟读，然后却有用心处。

今王弼《周易注》与胡瑗《周易口义》均可得见，可惜王安石的易学著作已经失传了（在《临川文集》中可以见到部分内容）。笔者同意程颐的推荐，如果有所补充的话，还应该读孔颖达的《周易正义》和南宋初年刻本《周易注疏》（此善本原藏日本足利学校，为日本国宝级藏书。笔者已经从日本重金购得再造本，并且再造百部分送国内百所大学图书馆，又上海古籍出版社已经出版笔者的《南宋初刻本周易注疏校勘记》一书）。

19.问："你经常说"人们都生活在八卦时空之中"，国外有"八卦限"的研究成果吗？

答：我早在七八年前就说过这样的话，因为那时已经有了这方面的研究成果。

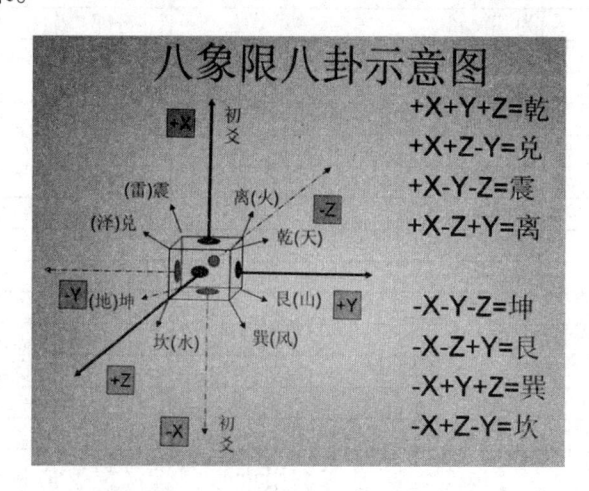

郭彧绘制的八象限八卦示意图

壹 入门篇

在2007年秋季，一位俄罗斯学者EREM来到北京，由一位清华大学的翻译陪同找到了国际易学联合会秘书处，我与他进行了有关"八卦限"的讨论。

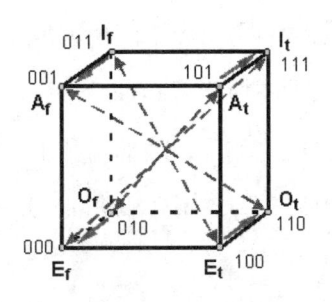

俄罗斯EREM先生　　　　EREM绘制的"八卦限"图

EREM先生写了一本《中国古代科学史》的书，书中有关于"八卦限"的内容。他受到莱布尼兹的影响，在一个表示六合空间的立方体上用"二进制"数表达八卦。图23画出了乾（111）至坤（000）、震（001）至巽（110）、坎（010）至离（101）、艮（100）至兑（011）的对角线，表达了《周易·说卦》"天地定位，山泽通气，雷风相薄，水火相射，八卦相错"的含义。

莱布尼兹给出的八卦"二进制数"，其数位与爻位颠倒，所以莱布尼兹的八卦二进制数转换成十进制是乾111为7；兑110为6；离101为5；震100为4；巽011为3；坎010为2；艮001为1；坤000为0。EREM与莱布尼兹不同，他明白八卦的爻位是自下向上的，所以他的八卦二进制数是正确的。转换作十进制是乾111为7；兑011为3；离101为5；震001为1；巽110为6；坎010为2；艮100为4；坤000为0。

两支筷子就是一双，这就是二进制，问题只是中国古代没有二进制的算法。严格来说，无论《伏羲八卦方位图》或《伏羲八卦次序图》，都与莱布尼兹的"二进制数数学"没有任何瓜葛。明白八卦的人都不会把卦的上爻当做什么"二进制"数的个位。至于说什么《周易》是计算机二进制运算是鼻祖，那更是无稽之谈。

继笔者与李定先生的研究成果之后，中国科学院的数学家牛为实先生以及俄罗斯学者EREM、新西兰学者甘开万都对八卦的由来进行了研究。无论如何，他们与我们一样，都一致认为八卦不是什么人随意"画出来"的，而且都认同"地球人都生活在八卦的时空之中"。

20.问：最近马宝善先生著有《易道宇宙观》一书，您如何评价？

答：《易经》乃"群经之首，大道之原"，所谓之"易道"，则不言自明。至于"宇宙观"之称谓是否名副其实，则需要通读是书之后方能有所评论。

马先生《易道宇宙观》一书，首起"思道篇"，以伏羲"符号创生"、文王"穷究天理"、老子"有生于无"、孔子"三才之道"，阐明"妙道无穷"之深邃含义；继而"天道篇""地道篇""人道篇"，以"原生态""顺生态""善生态"予以生动论述；最后"本体篇"，以"立体精准""主体通达""客体互联"予以精辟总结。

《淮南鸿烈·齐俗训》曰：

朴至大者无形状，道至眇者无度量。故天之圆也不得规，地之方也不得矩。往古来今谓之宙，四方上下谓之宇。道在其间而莫知其所，故其见不远者不可与语大，其智不闳者不可与论至。

一般讨论"易道哲学"者，或窥其一点；或窥其一线；或窥其一面，皆未能窥探立体"宇宙"之殿堂。易道在宇宙间，其见不远者与其智不闳者，皆如瞎子摸象"莫知其所"，所以难以与其语大、难以与其论至。纵观"五四运动"之后乃至当下，有些以西学为体之学者，动辄写作必称论文、专著；开口发言必称"卢梭""康德"。论述内容，或论其一点、或论其一线、或论其一面，其间几乎没有人能够从"立体精准"的三维视角把"宇宙观"阐述明白。正因为他们没有探赜索隐的广度和深度，当然就不会有振聋发聩的效果！

我国传统文化的"宇宙观"，就是"时空观"。上为天，下为地，中间为东西南北四方，此则称之为"宇"。日往月来、昼夜交替、四季流转，此则称之为"宙"。人类居于天地之间，所以称之为"天地之心"。天有天道；地有地道；人有人道，所以称之为"三才之道"。"四方上下"亦谓之"六合"，古代所谓之"方明"就是象征"六合"的神器。所以，庄子曰"六合之外，圣人存而不论；六合之内，圣人论而不议"。

十翼《说卦》曰：

立天之道曰阴与阳；立地之道曰柔与刚；立人之道曰仁与义。

如此"说卦"的根据，则在于乾卦六爻之辞。初九"潜龙"、九二"见龙"，是为地道；九三"君子龙"、九四"跃龙"，是为人道；九五"飞龙"、上九"亢龙"，是为天道。时间方面有初始就有终了，空间方面有下位方有上位。所以，《乾彖》曰"大明终始，六位时成，时乘六龙"。

十翼《系辞》曰：

古者包牺氏之王天下也，仰则观象于天，俯则观法于地，观鸟兽之文与地之宜，近取诸身，远取诸物，于是始作八卦。以通神明之德，以类万物之情。作结绳而为罔罟，以佃以渔；观变于阴阳而立卦；圣人设卦，观象系辞焉而明吉凶，刚柔相推而生变化。

此则皆明白地告诉人们，当初圣人伏羲顶天立地身处六合之中，观察宇宙的时空变化而创立了八卦，并且"因而重之"为六十四卦。以往学者奢谈《易经》具有"辩证思维""形象思维"或"逻辑思维"，就是鲜有谈及"时空思维""宇宙思维"者。今马宝善先生之《易道宇宙观》大作，可谓能够"探赜索隐，钩深致远"者。

十翼《系辞》曰：

易与天地准，故能弥纶天地之道。仰以观于天文，俯以察于地理，是故知幽明之故。原始反终，故知死生之说。

正是因为当初圣人伏羲出于"宇宙思维"（或称之为"时空思维"）而创立了易道的原始符号系统，所以孔子才有如此说法。倘若如同朱熹所说"伏羲画卦时亦无意思，他自见得个自然底道理了，因借他手画出来耳"，岂不是从根本上否定了孔子"易与天地准，故能弥纶天地之道"的说法？马先生关于《易道宇宙观》的阐述，恰恰能够验证孔子"易与天地准，故能弥纶天地之道"说法的正确性，可谓发前人之未发！

十翼《说卦》曰：

天地定位，山泽通气，雷风相薄，水火不相射。

帛书《周易》作"天地定立，山泽通气，雷风相薄，火水相射"，马先生《易道宇宙观》书中指出《说卦》"原文'水火不相射'之不字是后人误解加进去的"，则是正确的。我们依据邵雍《皇极经世》"天地定位一节，明伏羲八卦也"以及"乾坤定上下之位，离坎列左右之门。天地之所阖辟，日月之所出入。是以春夏秋冬、晦朔弦望、昼夜长短、行度盈缩，莫不由乎此"的说法，可知所谓的"伏羲先天八卦图"是具有"宇宙"属性的三维立体图像。正因为如此，邵雍《皇极经世》书中并没有画出"伏羲先天八卦图"。马先生书中极有见地，阐明所谓"先天八卦"符合"天地定立，山泽通气，雷风相薄，火水相射"，而且具有"宇宙属性"。

总之，马先生《易道宇宙观》一书，多有"探赜索隐，钩深致远"之处；多有发前人之未发之处。既然能够"探赜索隐"，当然就具有"振聋发聩"的作用，所以是书之阅读价值非同一般。

21.问：用现代科学、哲学可以解释《易经》吗？

答："德赛"二先生是五四运动以后进入中国人脑海的概念，所谓"科学"只不过是分科的学问而已，那种"科学主义"打遍天下的主张是行不通的。人类的知识，除了"科学"之外还有许多不能用"现代科学"解释的内容。无神论是相对于有神论而存在的，倘若没有了"有神论"，那么"无神论"也就不存在了。同样"科学"也是相对于"非科学"而存在的。宋代的邵雍用"物理"和"数学"来解释《易经》已经在先，朱元璋的时候就有了"科学"的概念，只不过是指"科举之学"而言罢了。

如果说用"科学解释易经"，数学上的"八卦限"（八象限），已经开了先河。前面我们有关八卦由来的介绍，就已涉及到了"八卦限"数学。

至于"哲学"这个概念，据说是一位明治维新时期一位日本人在翻译西方人学问时确定的。我国古代有"圣人""贤人"和"哲人"的区分，大概那位日本人觉得西方的学问还不够"圣学"和"贤学"的等级吧？

五四运动之前有人主张"中学为体，西学为用"，五四运动之后由于西方输入的哲学概念和命题的剧增，对于我国传统的优秀文化的研究，有些人就不自觉地成了"西学为体，中学为用"的倡导者。特别是在《易经》的研究方面，套用了许多西方哲学的概念和命题，长篇大论《易经》里面存在什么"逻辑思维""辩证思维""对立统一规律"等等。个人愚见，此路似乎不通。我国古代自有一套研究《易经》的概念和命题，也不乏确有见解的优秀易学著作。

以莱布尼兹对八卦"二进制数"的研究为例，显然证明"中西哲学"是难于融合的。其实，中西哲学的比较研究是个大难题。所以，我们不能完全抛弃祖宗的研究方法，一味地以"西学为体"。

## 22.问：初学者应该如何学习《易经》？

答：初学者都是具有一定学识的文化人，甚至可以说能够在本职工作之余还能够对《易经》产生兴趣，那都是一些有精力的聪明人。学习《易经》并不在乎你曾学习什么专业，甚至学习理科的人也同样会取得可观的好成绩。

谈初学者应该从哪里入手的问题，就我个人的经验而言，应该从个人最感兴趣的地方入手。笔者当初接触《易经》，就是给《梅花易数》和《纳甲筮法》编写计算机程序，只不过随着研究的逐步深入，才转向了对"易图学"的研究，而后继续扩大到了凡是与《易经》有关系的领域。

如果一定要说"从哪里入手"，我认为还是应该从研究《易经》原文入手才是根本。当然，从原文入手有时会觉得枯燥无味。

历来的易学著作，可谓汗牛充栋。如何选择"参考书"是个大问题。笔者二十多年前，首先选择了《易学启蒙》和《周易本义》两本书以为入门的向导，结果大失所望。所以笔者奉劝初学者最好不要先读这两本书，待到有了一定的免疫力之后再读也不迟。

初学者一定要加强自己的古文阅读水平，"书读百遍，其义自见"，多读就是了。

古语说得好，"工欲善其事，必先利其器"，初学者要尽力搜集一些有关资料（比如"新浪知识人爱问"，那可是个电子版资料宝库啊），尽量把《四库全书》和《四部丛刊》等电子版装入电脑中。

现在电视里有"国学大讲堂"的节目，有大陆之外来的人在那绘声绘色地大讲"伏羲画卦"。笔者的孩子工作一天回来，打开电视消遣，他对这个节目看得很着迷，问我："他讲得好不好？"我说："只要你喜欢听就好。"如果是真正想研究《易经》的学生问我，我肯定不会那样回答了。那样的节目追求的是收视率，倘若你从那样的电视节目中产生了研究《易经》的兴趣，还不算白看的。

前面，我提到个人学习《易经》总结出来的八字"真言"：兴趣；优选；自学；毅力。权当"应该怎样学易经"的答案吧。

23.问：学习《易经》需要具备的条件是什么？要掌握的知识是什么？

答：有教无类，任何对《易经》感兴趣的人，都可以学习《易经》。谈到"要具备的条件"：

首先，要知之为知之，不知之为不知，一定要谦虚笃实，不可自以为是，不可虚妄，自吹自擂，特别要注意避免"无知者无畏"到处炫耀；其次，要有持之以恒的毅力，不可半途而废；第三，要循序渐进，不可性急；第四，要随手作笔记，一有所思或一有体悟，随即记录，久而久之即可汇集成篇；第五，要有"坐冷板凳"和"埋头读书"的精神，专心致志。

谈到"需要掌握的知识"：

首先，是要提高阅读古文的水平，大陆的年青人还要多认识一些繁体字；其次，要对《易经》里面包涵的学问有所梳理，从而确定自己的"主攻方向"；第三，要掌握善其事的利器，充分利用电脑阅读和写作；第四，要加强"小学"功夫，多学习一些易文献学方面的知识；第五，要多与易学界的朋友交流，参加一些必要的易学会议。

## 24. 问：邵雍的《皇极经世》是一本"推步之书"吗？

答：朱熹《文公易说》：

《皇极经世》是推步之书。"经世"以十二辟卦管十二会，绷定时节，却就中推吉凶消长。尧时正是乾卦九五。其书与《易》自不相干，只是加一位推去。

可知，是朱熹把《皇极经世》定义作"推步之书"。

邵雍《伊川击壤集》有《皇极经世一元吟》之诗：

天地如盖轸，覆载何高极。日月如磨蚁，往来无休息。
上下之岁年，其数难窥测。且以一元言，其理尚可识。
一十有二万，九千余六百。中间三千年，迄今之陈迹。
治乱与废兴，著见于方策。吾能一贯之，皆如身所历。

邵雍《伊川击壤集》还有《书皇极经世后》之诗：

朴散人道立，法始乎羲皇。岁月易迁革，书传难考详。
二帝启禅让，三王正纪纲。五伯仗形胜，七国争强梁。
两汉骧龙凤，三分走虎狼。西晋擅风流，群凶来北荒。

东晋事清芬，传馨宋齐梁。逮陈不足算，江表成悲伤。
后魏乘晋弊，扫除几小康。迁洛未甚久，旋闻东西将。
北齐举爝火，后周驰星光。隋能一统之，驾福于巨唐。
五代如传舍，天下徒扰攘。不有真主出，何由奠中央。
一万里区宇，四千年兴亡。五百主肇位，七十国开疆。
或混同六合，或控制一方。或创业先后，或垂祚短长。
或奋于将坠，或夺于已昌。或灾兴无妄，或福会不祥。
或患生藩屏，或难起萧墙。或病由唇齿，或疾亟膏肓。
谈笑萌事端，酒食开战场。情欲之一发，利害之相戕。
剧力恣吞噬，无涯罹祸殃。山川才表里，丘垅又荒凉。
荆棘除难尽，芝兰种未芳。龙蛇走平地，玉石碎崑岗。
善设称周孔，能齐是老庄。奈何言已病，安得意都忘。

由此可知，邵雍把《皇极经世》定义作"中间三千年"的历史大事记。我们可以用简表概况一下《皇极经世》里面的"以元经会""以会经运"和"以运经世"。

把《皇极经世》变成"推步之书"始于邵雍之子邵伯温，是他"以十二辟卦管十二会，绷定时节"；到了张行成则发明"皇极筮法"，从而"就中推吉凶消长"。朱熹不深入研究邵雍的《皇极经世》，却依据邵伯温和张行成的演绎结果定义《皇极经世》是"推步之书"，甚至说"其书与《易》自不相干"。人们不禁要问：朱熹《易学启蒙·原卦画》里面引用邵雍《皇极经世·观物外篇》语录达数十条之多，怎么能够说"其书与《易》自不相干"呢？朱熹岂不是自相矛盾吗！

可以用下表簡要概括皇極經世「以元經會」的內容：

子會　始公元前六七〇一七年，一——三六〇運，一——二一六〇世
丑會　始公元前五六二一七年，三六一——七二〇運，二一六一——四三二〇世
寅會　始公元前四五四一七年，七二一——一〇八〇運，四三二一——六四八〇世
卯會　開物始於公元前四〇〇一七年
辰會　始公元前三四六一七年，一〇八一——一四四〇運，六四八一——八六四〇世
巳會　始公元前二三八一七年，一四四一——一八〇〇運，八六四一——一〇八〇〇世
午會　始公元前一三〇一七年，一八〇一——二一六〇運，一〇八〇一——一二九六〇世
（二一五七世始公元前二三三七年，爲堯二十一年）
未會　始公元前二二一七年，二一六一——二五二〇運，一二九六一——一五一二〇世
（二二七〇世始公元一〇五四年，爲宋仁宗三十二年）
申會　始公元八五八三年，二五二一——二八八〇運，一五一二一——一七二八〇世
酉會　始公元一九三八三年，二八八一——三二四〇運，一七二八一——一九四四〇世
戌會　始公元三〇一八三年，三二四一——三六〇〇運，一九四四一——二一六〇〇世
　　　閉物始於公元四〇九八四年
亥會　始公元四〇九八三年，三六〇一——三九六〇運，二一六〇一——二三七六〇世
　　　始公元五一七八四年，三九六一——四三二〇世

概括卷一至卷二74頁內容

## 概括道藏本皇極經世以元經會簡表

我們可以用下表簡要概括皇極經世「以會經運」的內容：

寅會之中「開物」始七六運（九〇一世公元前四〇〇一七年）——九〇運

卯會　九一運——一二〇運

辰會　一二一運——一五〇運

巳會　一五一運——一八〇運　至一八〇運二一四九世始以干支紀年，至二一五六世甲辰「洪水方割命鯀治之」、癸丑「徵舜登庸」、乙卯「薦舜於天命之位」、丙辰「虞舜正月上日舜受命於文祖」、二一五八世甲辰「帝堯殂落」、二一五九世癸未「帝堯殂落」、癸丑「徵舜登庸」、乙卯「薦舜於天命之位」、丙辰「虞舜正月上日舜受命於文祖」、二一六〇世丙辰「薦禹於天命之位」，丁巳（公元前二二二四年）標注「夏禹正月朔旦受命於神宗」，至二一六〇世末癸亥（公元前二二一八年）為禹七年。

午會　一八一運——二一〇運　其中一八一運二一六一世——一九〇運二二八〇世末為干支紀年，人事標注始二一六一世癸酉（禹十七年）「舜陟方乃死」，止二二七〇世丁巳（宋神宗熙寧十年，公元一〇七七年，邵雍去世年）。一九一運——二一〇運只列運數。

未會　二一一運——二四〇運

申會　二四一運——二七〇運

酉會　二七一運——三〇〇運

戌會　三〇一運——三一五運（戌會之中「閉物」，始公元四六三八四年）

概括道藏本皇極經世卷三至卷四75頁內容

**概括道藏本皇極經世以會經運簡表**

我們可用下表簡要概括皇極經世「以運經世」的內容：

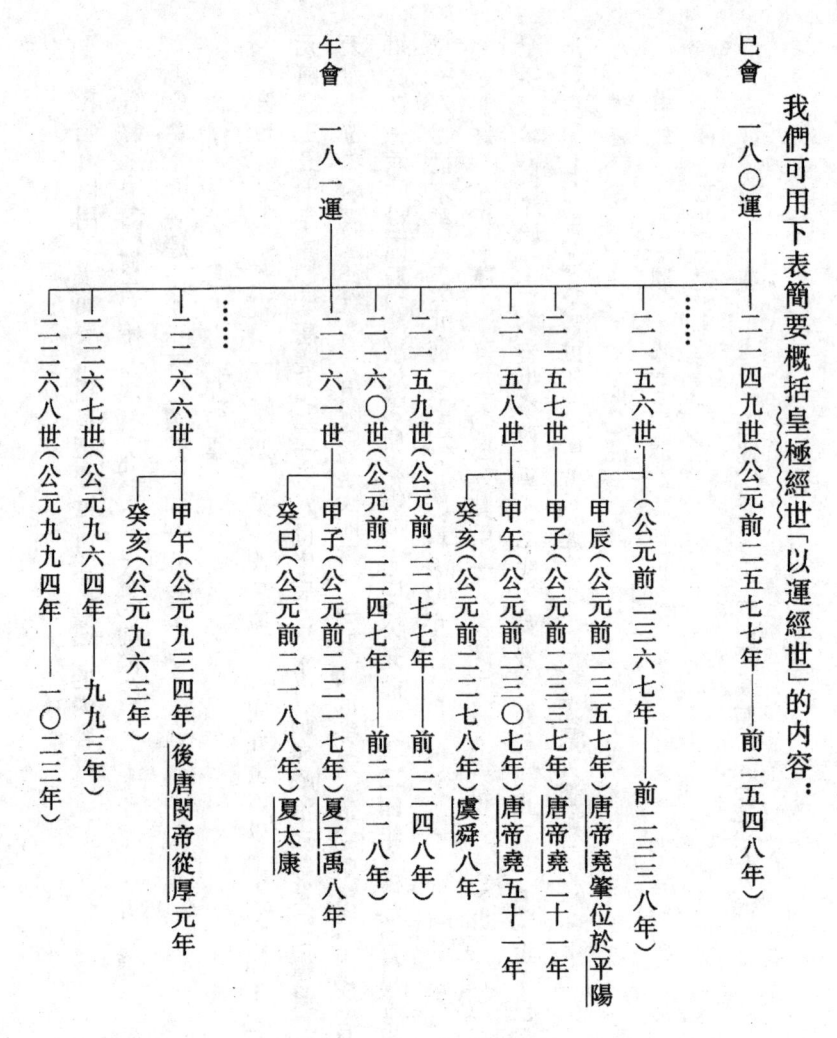

```
巳會 一八〇運 ┬─ 二一四九世（公元前二五七七年──前二五四八年）
            │   ⋮
            ├─ 二一五六世 ┬─ 甲辰（公元前二三六七年──前二三三八年）唐帝堯肇位於平陽
            │           
            ├─ 二一五七世 ── 甲子（公元前二三三七年）唐帝堯二十一年
            │
            ├─ 二一五八世 ── 甲午（公元前二三〇七年）唐帝堯五十一年
            │
            ├─ 二一五九世（公元前二二七七年──前二二四八年）癸亥 虞舜八年
            │
            ├─ 二一六〇世（公元前二二四七年──前二二一八年）癸巳 夏王禹八年
            │
            └─ 二一六一世 ── 甲子（公元前二二一七年）夏太康

午會 一八一運 ┬─ ⋯⋯
            │
            ├─ 二一六六世 ── 甲午（公元前九三四年）後唐閔帝從厚元年
            │
            ├─ 二一六七世（公元前九六四年──九九三年）癸亥
            │
            └─ 二一六八世（公元前九九四年──一〇二三年）
```

概括卷五至卷六102頁內容

## 概括道藏本皇極經世以運經世簡表

**25.问：朱熹强调"《易》本是卜筮之书"，您怎么看？**

答：秦始皇三十五年焚书，"所不去者医药卜筮种树之书"，当时确实仅仅视《周易》为"卜筮之书"。汉代的时候把孔子说易的内容加入《周易》之后，《周易》就被确定为五经之首，显然汉代的人们已经不把《周易》视作单纯的卜筮之书了。圣人孔子之所以能从《周易》里面看出那么些哲学大道理，已经证明原本的《周易》不仅仅是一本只具有卜筮功能的书。李斯等人浅陋短见，仅仅看到了《周易》具有的卜筮功能，所以才没有焚毁这部书。

试想，如果《周易》仅仅是只具有卜筮功能的书，恐怕连孔子也联想不出来那么多的哲学大道理吧？比如一个乾卦的卦爻辞，涉及天地人和不同时间段的空间位置，从"潜龙""见龙"到"君子龙""跃龙"，再到"飞龙""亢龙"，这就告诉了人们建立时空思维的重要性；下卦中爻说"见龙"，上卦中爻说"飞龙"。这告诉了人们崇尚中和的重要性。这都是原本《周易》里面具有的内容，所以孔子说："易有圣人之道四：以言者尚其辞；以动者尚其变；以制器者尚其象；以卜筮者尚其占。"由此可见，孔子并没有把《周易》仅仅视作"卜筮之书"。

清代学者胡渭《易图明辨》里面有论述"易非卜筮之书"的内容，今录之如下。

"《易》为卜筮之书"，与医药种树并称，秦人之见也。然其说亦有所自来，古者太卜所掌唯夏商以来相传之繇辞，如左氏之所载者，而文王周公《易象》之书则藏于周鲁之太史氏，故陈厉公时，周史始有以《周易》见陈侯者，陈侯使筮之，而有观六四之占。及昭公二年，韩宣子来聘，观书于太史氏，始见《易象》与《鲁春秋》。可见《易象》之书，他国不皆有。孔子十翼则作于晚年，而传之商瞿子木，尚未流行于世。

秦僻在西垂，何由得见？李斯未必知，即知之亦必不信。其以《易》为卜筮之书，无足怪者，而儒者遂谓《易》专为卜筮而作。夫伏羲既作八卦，而即制蓍为筮法，孔子赞《易》亦以蓍龟为神物，而深明其用。谓《易》为卜筮之书无甚碍，但谓伏羲作易专为卜筮，而文王、周公、孔子却说出许多义理，非伏羲之本义，是则大可疑耳。

夫义理必藉文字以传，伏羲时书契未兴，故立象以尽意，卦画有形而义理无形，有形者可见而无形者不可见，然其意实在立人之道曰仁与义也。三圣递相祖述，发挥仁义之旨，而伏羲之意乃大白于天下，安得谓"孔子之易非文王周公之易""文王周公之易非伏羲之易"乎？

伏羲之易有画无辞，农夫、红女、百工、商贾皆得而用之者也。

若夫夏商以来之繇辞及文王周公之彖爻，唯卜史能用之。至于孔子之十翼，则卜史亦不能知，唯士大夫好学深思者能知之耳。盖《易》至孔子而其道始为处忧患无大过之具，与《诗》《书》《礼》《乐》同其切要，人伦日用所不可斯须去者，而非徒卜筮之书矣。幸而秦火不及，学者得见完书，上之可以穷理而尽性，下之可以反身而寡过。

胡渭的批评，可谓大有见地。他批驳了朱熹"《易》本卜筮之书"的说法，而谓"孔子之易非文王周公之易""文王周公之易非伏羲之易"之说，也是出于朱熹。

历史上的卜筮之书很多，如《纳甲筮法》《梅花易数》《紫薇斗数》等等，为什么这些书没有人为之作传？为什么没有什么人能够从中发掘出一些哲学道理？为什么孔子偏偏能为《周易》作传，从而发掘了那么多的哲学大道理？这就充分说明《周易》原本不单纯是一本"卜筮之书"。

孔子说《周易》具有四条"圣人之道",而"卜筮者尚其占"仅仅是其中一道而已。朱熹没有孔子那样的水平,他仅仅就秦始皇没有烧《周易》的历史,就片面地说"《易》本是卜筮之书",应该说是对《周易》一书性质的错误解读。

四库馆臣在《钦定四库全书总目·经部总叙》里面说:

圣人觉世牖民,大抵因事以寓教。《诗》寓于风谣,《礼》寓于节文,《尚书》《春秋》寓于史,而《易》则寓于卜筮,故《易》之为书,推天道以明人事者也。

四库馆臣对《易经》的评价十分中肯,强调了《易经》是把"教化"寓藏在"卜筮"之中。正因为如此,《易经》才具有"利用出入,民咸用之谓之神"的作用。《系辞》里面说"圣人以神道设教而天下服矣",圣人作《周易》当然具有"神道设教"的作用。

### 26. 问:我们应该怎样看待用《易经》算卦?其道理何在?

答:这个问题,我在前面已经有所回答,这里再啰嗦一点吧。

汉代的杨恽曾经说过一句话:

夫人情所不能止者,圣人弗禁。

任何人不能保证没有疑惑,一旦有了疑惑总不能老是放在心里。当你求助于亲人或朋友都不能解决疑惑的话,那么"君子动则观其变而玩其占"还是可以的。孔子也玩占,曾经说过"吾百占而七十当"。从孔子的话中,我们明了"占筮"不可能百占百当,其实就是一个或然率的问题。

汉代王充《论衡》里面有个故事:

鲁将伐越,筮之得"鼎折足"。子贡占之以为凶,何则?鼎而折足,行用足,故谓之凶。孔子占之以为吉,曰"越人水居,行用舟不用足",故谓之吉。鲁伐越,果克之。

孔子在《繫辞传》里面说:

知变化之道者,其知神之所为乎?易有圣人之道四焉:以言者尚其辞;以动者尚其变;以制器者尚其象;以卜筮者尚其占。是以君子将有为也将有行也,问焉而以言,其受命也如响。无有远近幽深,遂知来物。非天下之至精,其孰能与于此?

由此可知孔子对待"卜筮"的态度,所以学习《易经》,掌握一定的占筮方法,从而自己"玩其占",这是无可厚非的事。我们需要明白的是,最好自己玩占,不必花冤枉钱去求社会上的"大师"算命。张载说"易为君子谋不为小人谋",这也是至理名言。

《史记·日者列传》记载了楚人司马季主的故事,大意是:

司马季主在长安东市设座卜筮,中大夫贾谊和博士宋忠"试之卜数中以观采",乘车来到长安东市。当时司马季主正与弟子"辩天地之道,日月之运,阴阳吉凶之本"。二人拜谒,司马季主看二人状貌似有学问者,随即令弟子延坐,而司马季主"复理前语,分别天地之终始,日月星辰之纪,差次仁义之际,列吉凶之符。语数千言,莫不顺理"。

宋忠、贾谊听得"瞿然而悟,猎缨正襟危坐",不禁问道:"我们看先生的面貌、听先生的言辞,的确是当世很少见到的高人啊!但不知为什么居住在这样卑下的地方,干着这样污秽的勾当呢?"

司马季主捧腹大笑,说:"我看二位也是有学问的人,为什么说出这样的野语陋辞呢?今天你们认为谁是贤者,谁是高者?为什么要如此污蔑我这个长者呢?"

二人回答说:"高官厚禄,为世人所高,应该为贤者所追求。今长者所处非其地，所以谓之卑；言不信，行不验，取不当，所以谓之污。说起搞卜筮的人，那是世俗的贱业。人们都说，卜筮者都会巧言浮夸，为的是套个人情；虚假说人禄多命长，为的是讨人高兴；胡乱说人有祸灾，为的是使人伤心害怕；假托打鬼拜神，为的是淘尽人财；厚着脸皮求人拜谢，为的是一己私利。这些都是我们感到耻辱的，所以才说卑污啊。"

司马季主说："二位暂且坐好。你们没有看到披发的童子吗？日月照之就行，不照就不行。如果问他们日月疵瑕吉凶，那就不会明白了。由此看来，能够分别贤者与不肖者的就很少了。贤者的行为，依照直道去正谏，三谏不听就退出。夸奖人也不求回报，批评人也不顾怨恨，处处以国家和民众的利益为准绳。所以，为官非其任不处，厚禄非其功不受。见人不正，虽贵不敬；见人有污，虽尊不下；得不为喜，去不为恨；并非己有过错，虽累受侮辱也不愧疚。今天你们所谓的贤者，都应该感到羞愧啊！低头哈腰向前，卑躬屈膝而言，相互导引势力，相互导引利益。朋比结党，苛求尊荣。徒受公家奉禄，一味以公谋私。妄行法律，荼毒农民。大耍官威，知法犯法。他们就如同那些手操白刃抢劫的人一样啊……今天的卜筮者，必法天地，象征四时，顺于仁义，分策定卦，旋式正棋，然后才能言天地利害，事之成败。从前先王定鼎国家，必先龟策日月，然后才敢取代。规正时日，然后才能入家。产子必先占问吉凶，然后才能孕育。自从伏羲作八卦，周文王演三百八十四爻，而后天下大治。越王勾践仿效文王八卦以破敌国，从而一霸天下。由此看来，卜筮还有什么负面影响呢！

况且今天的卜筮者，先清扫然后设坐，正冠带然后言事，这是有礼啊！谈到鬼神甚至祭享，忠臣能够奉事其上，孝子能够赡养其亲，慈父能够呵护其子，这是有德啊！还有义舍数十百钱者，有病的人或者可以痊愈；将要死的人或者可以再生；有忧患的人或者可以免除；要办事的人或者可以成功；嫁子娶妇的人或者可以养生，这是在积德行善，岂止区区施舍数十百钱啊！这就是《老子》所谓的"上德不德，是以有德"。

今天的卜筮者，给出的利益大而得到的感谢少。老子的话，岂能与此有所差异呢？庄子说："君子内无饥寒之患，外无劫夺之忧。居上而敬，居下不为害。君子之道也。"今天以卜筮为业者，积蓄的没有遗弃，藏品用不着府库，迁徙用不着辎车，背负的东西不重，使用的东西不图高雅。手持廉洁实用的东西而周游于没有穷尽的世界，即使庄子那样的逍遥，也不能有所超越，你们怎么能说不可以卜筮呢？天不足西北，星辰西北移。地不足东南，以海洋为池。日中必移，月满必亏。先王之道，乍存乍亡。你们指责卜筮者言必有信，岂不是大有困惑吗？

你们见过善谈善辩的人士吗？考虑事情决定计策，必然要用这些人。然不能一语使人主满意，所以言必称先王；说话必须先说上古；考虑事情决定计谋，必须要首先粉饰先王的功劳。言说其成败利害，是为了让人主警惧好大喜功之志，避免顺从其欲望。多语浮夸的危险，都大不过如此啊！要想强国成功尽忠于主上，非如此则不能成立。今天的卜筮者，是在引导人们解除疑惑和教化改正愚蠢啊。对那些疑惑和愚蠢的人，岂能用一句话说明白？所以教化的言语不厌其烦。

骐骥不能与罢驴一同驾车，凤凰不能与燕雀为群体，贤者也不能与不肖者同列。所以君子处在卑下的地方是为了治众，自我藏藏匿起来是为了治伦，微现德顺是为了消除群害，用以昌明天性，辅助主上而养护群下。多多增加功利，不求尊贵和荣誉。尔等随声附和之人，怎能了解长者的道理啊！

宋忠、贾谊二人听过之后茫然自失，脸色惨白，哑口无言。于是，撩着衣服起身拜辞。

古人曰"不疑不卜"，即便是古代的王公也是通过"卜筮"而决疑的。下面是描绘周武王和周公"卜筮决疑"的两幅图。

建立卜筮图 　　　　　　　　三兆习吉图

### 27.问：您为什么提醒初学者不宜先读朱熹的易学著作？

答：笔者如此忠告初学者，皆是由于自己的亲身体验。特别是读过邵雍的《皇极经世》、黄宗羲的《易学象数论》和胡渭的《易图明辨》等书之后，更是后悔当初入门的时候不应该先读朱熹的两本易学书籍。如果初学者还是不信我的忠告，那你就读读清初乾嘉学派前驱黄宗羲、毛奇龄、李塨、胡渭等人的书，你就会明白笔者为什么要如此忠告初学者了。

朱熹师从程颐之门，开始主张"义理"，到了晚年悟得研究《周易》不能仅仅偏重"义理"，应该对象数有所研究。他在《易学启蒙序》中说：

近世学者类喜谈《易》，而不察乎此。其专于文义者，既支离散漫而无所根著，其涉于象数者，又皆牵合附会，而或以为出于圣人心思智虑之所为也。若是者，予窃病焉。因与同志颇辑旧闻，为书四篇，以示初学，使毋疑于其说云。

应该说，朱熹晚年主张"象数"与"义理"兼顾的意见无可厚非。然而，他在《易学启蒙》里面所涉及的"象数"，却与真正的象数易学大相径庭。

朱熹《易学启蒙》 　　　　朱熹《周易本义》

《易学启蒙》开篇"本图书"就大谈什么"河洛图书"，把北宋李觏的"河洛图书"互换名字，反而说："惟刘牧臆见，以九为河图，十为洛书，托言出于希夷。既与诸儒旧说不合，又引大传以为二者皆出于伏羲之世。其易置图书，并无明验。"其实刘牧在《易数钩隐图》书中针对"河出图，洛出书，圣人则之"说："此圣人易外别有其功，非专易内之物。"由此可见，朱熹研究刘牧、黄黎献和李觏的"象数学"不求甚解，一味误导后学。特别他主张"伏羲则河图画卦"更是没有道理。此其一也。

"原卦画"篇则曲解邵雍的"象数学"，自造"黑白之位尤不可晓"的大小二横图。并自作聪明以一个阳爻为"阳仪"，一个阴爻为"阴仪"，"一分为二"生成八卦和六十四卦，结果乾卦皆由一个"阳仪"生出；坤卦皆由一个"阴仪"生出，违反了"独阳不生，寡阴不成""一阴一阳之谓道"的义理。此其二也。

"明蓍策"篇则自以为是主张"一变独卦"，全盘推翻前儒说法。"考变占"篇则独创无动爻到六个动爻的选择卦爻辞占筮方法，古无此说。此其三也。

朱熹《周易本义》成书在《易学启蒙》之后，凡涉及"象数"皆让读者去看"启蒙"。他在给好友袁枢的信中说：

近又尝编一小书，略论象数梗概，并以为献。妄窃自谓学《易》而有意于象数之说者，于此不可不知，外此则不必知也。

由此可见，朱熹得意之情溢于言表。可是他的好朋友袁枢并不买账，在回信中批评说："黑白之位尤不可晓""专为邵氏解释""四画五画无所主名"等等。

今天看来，朱熹所谓"学《易》而有意于象数之说者，于此不可不知，外此则不必知也"的说法，是自诩过高！难道《周易》里面的"象数"就仅仅是"河洛图书""伏羲四图"、明白蓍策和变化占法吗？"外此"还有"互体""卦数""卦变""建除""卦气""纳甲""半象""爻辰"等等，与《周易》的关系都较之"河洛图书"密切，怎么能说"不必知"呢？

朱熹与蔡元定合著的《易学启蒙》最后定稿于1186年，朱熹"伪学案"发生在1195年。案发后蔡元定被流放湖南道县，就是因为他帮忙起草了《易学启蒙》。时至1200年朱熹去世，甚至其女婿黄干都不敢为朱熹送葬。时至1248年，始有税与权撰《易学启蒙小传》，以补《易学启蒙》之未备。时至1266年，方有董楷撰《周易传义附录》，卷首列《周易本义》九图，内容多引《易学启蒙》。

因为明代是朱家的天下，所以朱熹的易学又被高抬起来。清初，诸儒始对《易学启蒙》"卷舌不敢议"的局面有所改变，所以才有黄宗羲、毛奇龄、胡渭等人起而批评朱熹《易学启蒙》之伪。然而好景不长，有大学士李光地推崇朱熹，于是就有了把《易学启蒙》收录在《御纂周易折中》一书之中的钦定意见。此后一直到清朝末年，仍然是朱熹易学一统天下的局面。时至民国，才有尚秉和等人出来批评朱熹的易学，甚至有"宋人不知《易》为何物"之语。

笔者曾任中国人民大学《海外儒藏》的编审专家，接触到李氏朝鲜时期的儒学，特别了解到李退溪及其弟子对朱熹《四书或问》和《四书章句》的认真解读情况，同时也产生了对朱熹在《四书》方面功力深厚的佩服情感。至于其易学水平，则实在不敢恭维。对任何易学人物的崇拜，应该出于对他易学著作的充分认可。

传说清初毛奇龄身旁立一草人，上贴"朱熹"之名，手持木棍，看到朱熹说得不对的地方就随手打一棍子。虽然我们不必如此过激，但是我们毕竟还有不必首先阅读朱熹易学著作的权利。

笔者也不是一味地谴责朱熹的不是，如果说对他有什么感谢的话，则是感谢他在《易学启蒙》里面引用了不少邵雍《皇极经世》的内容。正是因为如此，笔者为了求真方对《皇极经世》有了进一步研究。

如果初学者还不相信笔者的忠告，那就请读读黄宗羲的《易学象数论》。下面，试看黄宗羲的几段话。

黄宗羲论曰：

欧阳子言《河图》《洛书》怪妄之尤甚者，自朱子列之《本义》，家传户诵，今有见欧阳子之言者，且以欧阳子为怪妄矣。然欧阳子言其怪妄，亦未尝言其怪妄之由，后之人徒见图书之说载在圣经，虽明知其穿凿附会，终不敢犯古今之不韪而黜其非。刘牧谓《河图》之数九、《洛书》之数十，李觏、张行成、朱震皆因之，而朱子以为反置。《龙图序》见于《宋文鉴》，以十为《河图》。朱子辨刘牧九为《河图》之非，不取此为证者，以其为假书也。

邵子先天横图次序，以易有太极，是生两仪，两仪生四象，四象生八卦为据。黄东发言："生两、生四、生八，《易》有之矣，生十六、生三十二，《易》有之否耶？"某则据《易》之生两、生四、生八，而后知横图之非也……阴阳者气也，爻者质也，一落于爻已有定位焉，能以此位生彼位哉……谓康节加一倍之法从此章而得，实非此章之旨，又何待生十六生三十二而后出经文之外也。

因横图乾一兑二之序，乾一兑二之序一人之私言也。则左旋右行之说益不足凭耳。凡先天四图，其说非尽出自邵子也。

朱子所谓十九卦之彖辞，皆以反对为义者也……此朱子十九卦以外，亦皆以反对为义者也……奈何诸儒之为卦变，纷然杂出而不能归一乎？

朱子卦变图，一阴一阳之卦各六，来自复姤；二阴二阳之卦各十有五，来自临遯；三阴三阳之卦各二十，来自否泰；四阴四阳之卦各十有五，来自大壮观；五阴五阳之卦各六，来自夬剥；一阴一阳与五阴五阳相重出，二阴二阳与四阴四阳相重出，泰与否相重出，除乾坤之外，其为卦百二十有四，盖已不胜其烦矣。

揲蓍之法其用四十有九者，策数四十九，无所谓虚一反于柜中也……不必在左手小指之间方名为挂……今弃正策而就余策，是背经文也。

《启蒙》占法，一爻变则以本卦变爻辞占……象与爻各自为书，象不取足于爻，爻不取足于象，《易》果为卜筮而作，未有爻时象不可占，岂文王为未成之书耶？

如果通读黄宗羲撰写的《易学象数论》一书，就会了解到黄宗羲撰写此书，目的就在于揭示《易学启蒙》的错误。

### 28. 问：何谓易图学？

答：南宋学着郑樵于《通志》中说《周易》包含十六种学问，其中就有"图学"。所谓"易图学"就是研究《周易》诸多图像和图表的学问。

《周易》具有图像，由来已久。从出土的战国竹简（今藏清华大学）来看，公元前300年左右就已经有画在并排竹简上面的《八卦位图》。下面所列是《文物》2013年第8期封三之图片。这是一幅迄今为止最古老的易学实物图。

而且还有图说：

东方也，木也，青色；南方也，火也，赤色；西方也，金也，白色；

北方也，水也，黑色；奚故谓之震，司雷，是故谓之震；奚故谓之劳，

壹 入门篇

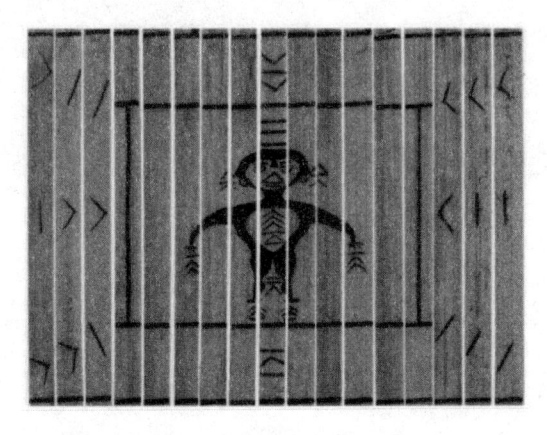

战国竹简上面的八卦图像

司树，是故谓之劳；奚故谓之兑，司收，是故谓之兑；奚故谓之罗，

司藏，是故谓之罗。（现代标点符号为笔者所加）

下面的一幅易图，可以用来解说乾坤两卦的十二条爻辞。

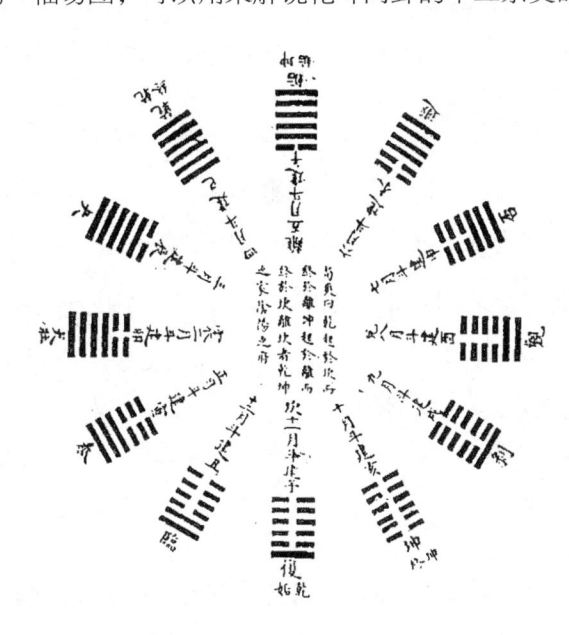

十二月卦气图

此图一般称之为《十二月卦气图》，有人说这是汉代的易图。问题是，为什么此图可以用以解释乾坤两卦是十二条爻辞？依照《说卦》"震为龙"，那么复卦的初九就是"潜龙"的主爻；临卦的九二就是"见龙"的主爻；泰卦的九三的主爻是"君子龙"的主爻；大壮卦的九四就是"跃龙"的主爻；夬卦的九五就是"飞龙"的主爻；乾卦的上九就是"亢龙"的主爻；同样也可以用姤至坤六卦来解释坤卦的六条爻辞。特别是观卦，下卦坤为布，互体艮为手，上卦巽为绳，"观象系辞"恰与爻辞"括囊"（把布袋子的口扎紧）吻合。应该说，当初"观象系辞"的人，就是根据这样的卦图为乾坤两卦系上了十二条爻辞。如此可以断定，这样的易图应该出现在"周公"系爻辞之前（一般认为文王系象、周公系爻辞）。

一般研究易图学的学者都认为是首先有了《周易》，然后才会出现那么多的易图。前面画在竹简上面的易图是战国时期的易图，毫无疑问是在《周易》之后；如果真是周公根据《十二月卦气图》给乾坤两卦系上了爻辞，那么就会推翻所有易图出现在《周易》成书之后的推论。

从事易图学研究，内容丰富多彩而且富有兴趣。南宋郑樵说："河出图，天地有自然之象，图谱之学由此而兴；洛出书，天地有自然之文，书籍之学由此而出。图成经，书成纬。一经一纬错综而成文。古之学者左图右书，不可偏废。"所谓"看图识字"与"图文并茂"，差不多就是这个意思了。

29.问：二维平面八卦方位图与方明八卦之间有关系吗？

答：朱熹《周易本义》卷首列有二维平面的《伏羲八卦方位》图，

我们在前面提到邵雍之所以没有在《皇极经世》书中列出"乾坤纵而六子横"的"伏羲八卦图",是因为此图是"乾坤定上下之位"的三维立体图。前面已经说到"方明八卦"是六合空间"八象限"之八卦。

方明三阳面 　　　　　　方明三阴面

天四卦连接 　　　　　　地四卦连接

连接后展开成二维八卦

我们明白了方明八卦的时空属性之后,是否能够与古代二维的平面八卦图有所联系呢?首先我们要解决方明八卦之间的连接问题。

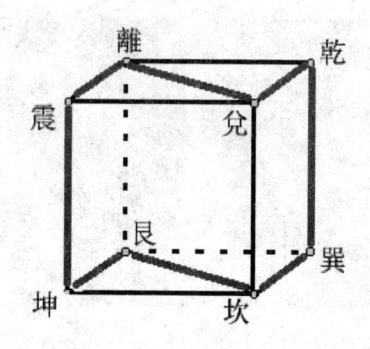

**红线连接八卦图**

如果我们看上图的红线区域,并且把它扩展成为"O"形。看左边是乾兑离震四卦;看右边是巽坎艮坤四卦,而且乾与巽接;震与坤接,宛然就是一幅"八卦方位图"。

我们看图的红线连接,左方是乾兑离震;右方是巽坎艮坤,而且是乾与巽相连,坤与震相连。如果将方明立体八卦的八块散开布作二维圆图,就得下图。

所谓"先天八卦"图

这也是朱熹《周易本义》里面所谓的《伏羲八卦方位》图。有关八卦数与朱熹不同的地方,应该依据邵雍《皇极经世》赋予的"圆者起一而积六"之数:"逆数之,震一,离兑二,乾三,巽四,坎艮五,坤六也。"而不是"方者起一而积八"之数"乾一,兑二,离三,震四,巽五,坎六,艮七,坤八"。

如果我们明了以上三维八卦到二维八卦的变化过程,再来看朱熹所说"伏羲之易,初无文字,只有一图以寓其象数,而天地万物之理阴阳始终之变具焉""《先天》乃伏羲本图,非康节所自作""乾一、兑二、离三、震四、巽五、坎六、艮七、坤八之序也,与邵氏先天图合,此乃伏羲始画八卦自然次序"等等,究竟说得是对还是错呢?

### 30.问:邵雍《先天图》内之方图是纵横图吗?

答:我国古代的"纵横图",在西方也称之为"幻方"。条件是方图内所有数字的纵、横和对角的数字总和都相等。比如三阶幻方:

| 4 | 9 | 2 |
|---|---|---|
| 3 | 5 | 7 |
| 8 | 1 | 6 |

上图纵、横、对角三个数的和都是15。所以古代的《九宫算》图就是三阶纵横图(三阶幻方)。邵雍《先天图》内方图如下:

邵雍《先天图》内方图

邵雍在《皇极经世》书中给出六十四卦之数是：

坤 64 剥 63 比 62 观 61 豫 60 晋 59 萃 58 否 57
谦 56 艮 55 蹇 54 渐 53 小过 52 旅 51 咸 50 遁 49
师 48 蒙 47 坎 46 涣 45 解 44 未济 43 困 42 讼 41
升 40 蛊 39 井 38 巽 37 恒 36 鼎 35 大过 34 姤 33
复 32 颐 31 屯 30 益 29 震 28 噬嗑 27 随 26 无妄 25
明夷 24 贲 23 既济 22 家人 21 丰 20 离 19 革 18 同人 17
临 16 损 15 节 14 中孚 13 归妹 12 睽 11 兑 10 履  9
泰  8 大畜 7 需  6 小畜 5 大壮 4 大有 3 夬 2 乾  1

笔者于1997年把六十四卦排出了纵横图。

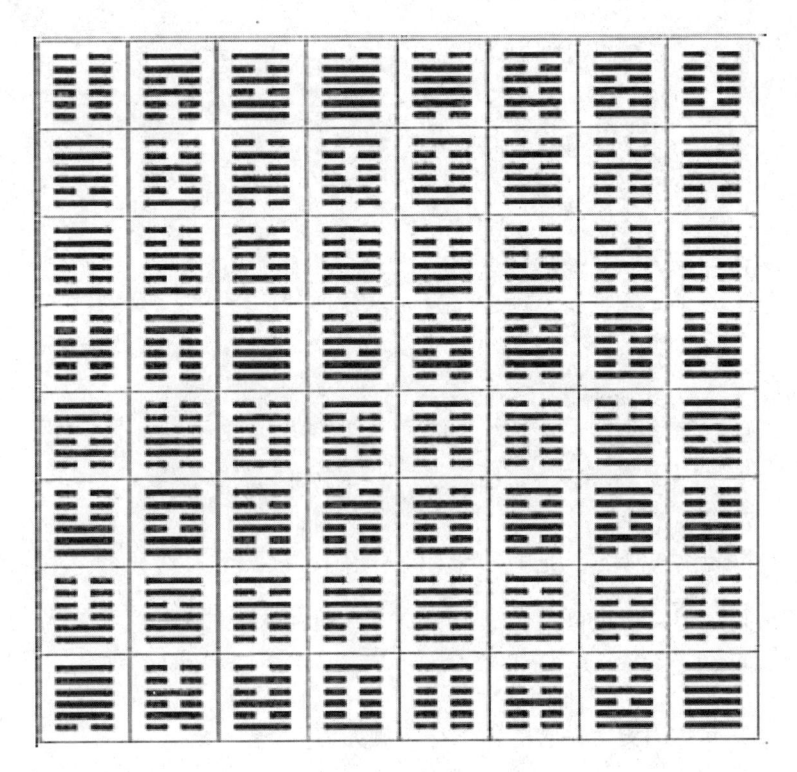

六十四卦八阶纵横图

  此图无论纵、横、对角的卦数或阴阳爻数或"二进制数"的总和，皆不能符合纵横图相等的要求，所以此《先天图》内方图不能称之为"八阶纵横图"（或八阶幻方）。其卦数有如下表：

| 64坤 | 53渐 | 11睽 | 2夬 | 34大过 | 43未济 | 21家人 | 32复 |
|---|---|---|---|---|---|---|---|
| 17同人 | 28震 | 38井 | 47蒙 | 15损 | 6需 | 60萃 | 49遁 |
| 25无妄 | 20丰 | 46坎 | 39蛊 | 7大畜 | 14节 | 52小过 | 57否 |
| 56谦 | 61观 | 3大有 | 10兑 | 42困 | 35鼎 | 29益 | 24明夷 |
| 41讼 | 36恒 | 30屯 | 23贲 | 55艮 | 62比 | 4大壮 | 9履 |
| 8泰 | 13中孚 | 51旅 | 58萃 | 26随 | 19离 | 45涣 | 40升 |
| 16临 | 5小畜 | 59晋 | 50咸 | 18革 | 27噬嗑 | 37巽 | 48师 |
| 33姤 | 44解 | 22既济 | 31颐 | 63剥 | 54蹇 | 12归妹 | 1乾 |

此八阶纵横图，乾1至坤64纵横图，横、竖、对角数之和皆为260。其阴阳爻数也符合纵横图的要求，横、竖、对角数之和皆为24。

31.问：历史上易学的传承与流派如何？

答：司马迁在《史记》里面谈过有关易学源流传承的问题，他说：

自鲁商瞿受《易》孔子，孔子卒，商瞿传《易》，六世至齐人田何，字子庄，而汉兴田何传东武人王同子仲，子仲传菑川人杨何，何以易元光元年征官至中大夫，齐人即墨成以《易》至城阳相，广川人孟但以《易》为太子门大夫，鲁人周霸、莒人衡胡、临菑人主父偃，皆以《易》至二千石。然要言易者，本于杨何之家。

唐陆德明《经典释文》记载：

自鲁商瞿子木受《易》于孔子，以授鲁桥庀子庸，子庸授江东馯臂子弓，子弓授燕周丑子家，子家授东武孙虞子乘，子乘授齐田何子庄。

及秦燔书，《易》为卜筮之书，独不禁，故传授者不绝。汉兴，田何以齐田徙杜陵，号杜田生，授东武王同子中及洛阳周王孙、梁人丁宽、齐服生，皆著《易传》。

汉初，言《易》者本之田生。同授淄川杨何，宽授同郡砀田王孙，王孙授施雠及孟喜、梁丘贺，由是有施、孟、梁丘之学焉。施雠传《易》，授张禹及琅邪鲁伯，禹授淮阳彭宣及沛戴崇。伯授太山毛莫如及琅邪邴丹。

后汉刘昆受《施氏易》于沛人戴宾，其子轶。

孟喜父孟卿善为《礼》《春秋》，孟卿以《礼经》多《春秋》烦杂，乃使喜从田王孙受《易》，喜为《易章句》，授同郡白光及沛翟牧。后汉洼丹、觟阳鸿、任安，皆传《孟氏易》。梁丘贺本从太中大夫京房受《易》，后更事田王孙，传子临，临传五鹿充宗及琅邪王骏，充宗授平陵士孙张及沛邓彭祖、齐衡咸。

后汉范升传《梁丘易》，以授京兆杨政。又颍川张兴传《梁丘易》，弟子著录且万人，子鲂传其业。京房受《易》梁人焦延寿。延寿云尝从孟喜问《易》，会喜死，房以《延寿易》即孟氏学，翟牧、白生不肯，曰非也。延寿尝曰"得我术以亡身者，京生也"。房为《易章句》，说长于灾异，以授东海殷嘉及河东姚平、河南乘弘，皆为郎博士，由是前汉多京氏学。

后汉戴冯、孙期、魏满并传之。费直传《易》授琅邪王璜，为费氏学本以古字，号《古文易》，无章句，徒以《彖》《象》《系辞》《文言》解说上下经。汉成帝时，刘向典校《书》，考《易》说，以为诸易家说皆祖田何、杨叔元、丁将军，大义畧同，唯京氏为异。向又以《中古文易经》校施、孟、丘三家之《易》，经或脱去"无咎""悔亡"。唯费氏经与古文同。

范晔《后汉书》云，京兆陈元、扶风马融、河南郑众、北海郑玄、颖川荀爽，并传《费氏易》，沛人高相治《易》，与费直同时，其《易》亦无章句，专说阴阳灾异，自自出丁将军，传至相，相授子康及兰陵母将永，为高氏学。汉初，立《易》杨氏博士，宣帝复立施、孟、梁丘之《易》，元帝又立《京氏易》，费、高二家不得立，民间传之。后汉，费氏兴而高氏遂微。永嘉之乱，施、梁丘之《易》亡，孟、京、费之《易》人无传者，唯郑康成、王辅嗣所注行于世，而王氏为世所重。

三国魏王弼本义理解说《周易》，其他各家易学逐渐式微，到了唐代已经形成了"唯魏世王辅嗣之《易》独见古今"的局面，所以孔颖达奉旨撰《周易正义》谓"先以辅嗣为本，去其华而取其实，欲使信有征"。今天，我们能够见到的最古《周易》完整本子就是王弼的《周易注》，而郑玄的易学，则多是后人整理而成。

今见《四库全书》经部易类第一本易学著作是《子夏易传》，然而四库馆臣已经考证说：

唐已前所谓《子夏传》已为伪本，晁说之《传易堂记》又称今号为《子夏传》者乃唐张弧之《易》，是唐时又一伪本并行。

有关汉代易学，幸有唐李鼎祚的《周易集解》搜集了许多汉儒是易学言论，对后人复兴《汉易》大有裨益。

北宋时期的易学，朱震于《进周易表》里面说：

国家龙兴，异人间出，濮上陈抟以《先天图》传种放，放传穆修，修传李之才，之才传邵雍，放以《河图》《洛书》传李溉，溉传许坚，坚传范谔昌，谔昌传刘牧，修以《太极图》传周敦颐，敦颐传程颐、程颢。是时张载讲学于二程、邵雍之间，故雍著《皇极经世》之书，牧陈天地五十有五之数，敦颐作《通书》，程颐述《易传》，载造《太和》三两等篇。或明其象，或论其数，或传其辞，或兼而明之，更唱迭和，相为表里，有所未尽，以待后学。

朱震此说，多有不实之处（胡适谓其"瞎说"）。《先天图》乃邵雍自得之图，《太极图》乃周敦颐自画之图，《河图》《洛书》是刘牧弟子黄黎献据"九宫算"和"天地生成数图"妄造之图，与陈抟毫无关系。按照《宋史》的记载："抟好读《易》，手不释卷。常自号扶摇子，著《指玄篇》八十一章，言导养及还丹之事。"

北宋的易学家，除了陈抟、胡瑗、刘牧、邵雍、周敦颐、张载、程颐、苏轼等人之外，值得一提的还有王安石。程颐曾经向学生推荐过王弼、胡瑗和王安石的易学著作，可惜王安石的易学著作已经失传，今日只能在《临川文集》中了解其片段内容了。

如果读者想进一步了解宋代的易学传承，可以阅读黄宗羲的《宋元学案》的有关内容。

**32.问：我们现在研究《周易》的有利条件是什么？**

答：著名学者王国维对于国学研究，曾经有过"二重证据法"的论述。

王国维于 1925 年说：

吾辈生于今日，幸于纸上之材料外，更得地下之新材料。由此种材料，我辈固得据以补正纸上之材料，亦得证明古书之某部分全为实录，即百家不雅训之言亦不无表示一面之事实。此二重证据法，惟在今日始得为之。

我国多年来出土了不少的竹书和帛书的《周易》文献，如楚竹书

《周易》、马王堆帛书《周易》、阜阳西汉竹简《周易》、王家台出土秦简"易卦"等，这就是我们研究《周易》的最大有利条件，也是我们比东汉以来诸多研究易学的人幸运的地方。

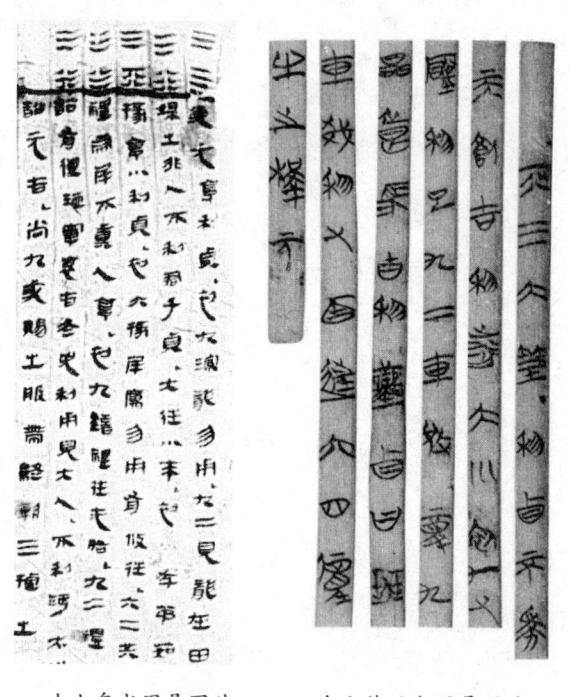

出土帛书周易图片　　出土楚竹书周易图片

比如，我们阅读1973年长沙马王堆出土的帛书《周易》之后，会弄明白许多问题。下面试举几个例子。

（1）今见通行本《周易》，基本上是东汉末年灵帝熹平年间经蔡邕书写刻石的《周易》的传世本。《易经》方面有六十四卦符号、彖辞（卦辞）、爻辞；《易传》方面有《彖传》（上下）、《大象传》（上下）、《小象传》《文言传》《系辞传》（上下）、《序卦传》《杂卦传》十篇，所以也称之为"十翼"。1973年长沙马王堆出土的帛书《周易》，是汉文帝年间根据战国竹简抄写的。其内容，在卦的符号、卦序、卦名、卦辞、爻辞以及"十翼"方面，都与今见通行本《周易》有着明显的差异。

（2）帛书《周易》卦序：

1—8 卦 上卦全是☰，下卦是 1☰ 2☷ 3☶ 4☵ 5☳ 6☴ 7☲ 8☱

9—16 卦 上卦全是☷，下卦是 1☷ 2☶ 3☵ 4☳ 5☴ 6☲ 7☱ 8☰

17—24 卦 上卦全是☶，下卦是 1☶ 2☵ 3☳ 4☴ 5☲ 6☱ 7☰ 8☷

25—32 卦 上卦全是☵，下卦是 1☵ 2☳ 3☴ 4☲ 5☱ 6☰ 7☷ 8☶

33—40 卦 上卦全是☳，下卦是 1☳ 2☴ 3☲ 4☱ 5☰ 6☷ 7☶ 8☵

41—48 卦 上卦全是☴，下卦是 1☴ 2☲ 3☱ 4☰ 5☷ 6☶ 7☵ 8☳

49—56 卦 上卦全是☲，下卦是 1☲ 2☱ 3☰ 4☷ 5☶ 6☵ 7☳ 8☴

56—64 卦 上卦全是☱，下卦是 1☱ 2☰ 3☷ 4☶ 5☵ 6☳ 7☴ 8☲

（3）帛书《周易》卦名与今通行本卦名比较表：

| 通行本 | 乾 | 否 | 遯 | 履 | 讼 | 同人 | 无妄 | 姤 |
|---|---|---|---|---|---|---|---|---|
| 帛书 | 键 | 妇 | 掾 | 礼 | 讼 | 同人 | 无孟 | 狗 |
| 通行本 | 艮 | 大畜 | 剥 | 损 | 蒙 | 贲 | 颐 | 蛊 |
| 帛书 | 根 | 泰蓄 | 剥 | 损 | 蒙 | 蘩 | 颐 | 箇 |
| 通行本 | 习坎 | 需 | 比 | 蹇 | 节 | 既济 | 屯 | 井 |
| 帛书 | 习赣 | 襦 | 比 | 蹇 | 节 | 既济 | 屯 | 井 |
| 通行本 | 震 | 大壮 | 豫 | 小过 | 归妹 | 解 | 丰 | 恒 |

| 帛书 | 辰 | 泰壮 | 余 | 少过 | 归妹 | 解 | 丰 | 恒 |
| --- | --- | --- | --- | --- | --- | --- | --- | --- |
| 通行本 | 坤 | 泰 | 谦 | 临 | 师 | 明夷 | 复 | 升 |
| 帛书 | 巛 | 泰 | 嗛 | 林 | 师 | 明夷 | 复 | 登 |
| 通行本 | 兑 | 夬 | 萃 | 咸 | 困 | 革 | 随 | 大过 |
| 帛书 | 夺 | 夬 | 卒 | 钦 | 困 | 勒 | 隋 | 泰过 |
| 通行本 | 离 | 大有 | 晋 | 旅 | 睽 | 未济 | 噬嗑 | 鼎 |
| 帛书 | 罗 | 大有 | 溍 | 旅 | 乖 | 未济 | 噬嗑 | 鼎 |
| 通行本 | 巽 | 小畜 | 观 | 渐 | 中孚 | 涣 | 家人 | 益 |
| 帛书 | 筭 | 少孰 | 观 | 渐 | 中复 | 涣 | 家人 | 益 |

（4）帛书《周易》除了《易经》之外，并没有现在通行本的"十翼"。出土帛书《周易》的整理者，把散见各篇的帛书文字按每篇开头文字命名，如"二三子""易之义""缪和""劭力"等，又把大部分内容与今见通行本《系辞》相同的一篇命名"系辞"。"二三子"篇阐述龙之德义及乾坤等十余卦的内容。"易之义"篇也有与今见通行本《说卦》与《系辞》相同的一些内容。"要"篇开头有类似《系辞》的一段内容，还有记"夫子老而好易"以及孔子谈论损益之道的内容。"缪和"篇则主要是以六则历史故事解说易卦爻辞的内容。"劭力"篇主要是"易又（有）卿大夫之义乎""易又（有）国君之义乎"的问答。由此看来，在汉文帝的时候还没有形成今见通行本的"十翼"，而今见的《系辞》和《说卦》的内容则是汉儒根据帛书的相关内容拼凑裁剪整理而成的。直至东汉末年，才有了"十翼"的全部内容。

从《易传》的成书过程，汉代的五经博士功不可没。所以，不能如同四库馆臣那样片面地说"汉儒言象数，去古未远"。其实，正是因为汉儒在"义理"方面的不断努力，《周易》才得以升到了"经"的地位。

（5）出土的帛书《周易》，对我们今天研究《周易》有许多帮助。

例如，历来皆句读作"天行健，君子以自强不息"，看过帛书《周易》，我们知道原来"健"是卦名，于是句读就改作"天行，健。君子以自强不息"；"地势坤，君子以厚德载物"的句读也就改作"地势，坤。君子以厚德载物"。又如历来句读"子曰：贵而无位，高而无民，贤人在下位而无辅，是以动而有悔也"，依照帛书《周易》"子曰：贵而无立，高而无民，贤人在亓下矣，位而无辅，是以动而有悔也"，句读就可以改作"子曰：贵而无位，高而无民，贤人在下，位而无辅，是以动而有悔也"。又如《说卦》"天地定位 山泽通气 雷风相薄 水火不相射"，帛书作"天地定位 山泽通气 雷风相薄 火水相射"，"射"音读"逸"，厌恶的意思。水克火，火燻水，怎能不相互厌恶？从四字对仗角度看，应该作"火水相射"。"不"字应该是后人错误理解"射"字的含义，画蛇添足加上的。

（6）对照历史文献，也可以发现对出土帛书《周易》某字的辨认错误。例如，帛书《周易》"缪和"篇有如下文字"当夏 太子辰归冰八管……注冰江中上游 与士饮亓下游 江水未加清 而士人大说"，意思是说吴王伐楚，时当夏天，太子辰从吴国带来了八管之"冰"。吴王为了"利用行师"，并不独自享用此"冰"，而是让人把这八管之"冰"倒入江的上游，让所有士兵站在江的下游喝从上游流下来的"冰"，结果士气大振，一举打败了楚国。

刘向《古列女传》里面有一则故事：

子发破秦而归，其母闭门而不内，使人数之曰："子不闻越王勾践之伐吴，客有献醇酒一器，王使人注江之上流，使士卒饮其下流，味不及加美，而士卒战自五也。"

大意是说：当初越王勾践讨伐吴国的时候，有人献上了一坛子美酒，越王让人把酒倒入江的上游，使士兵们在下游饮用。虽然没有什么酒的味道，但是士兵们却是以一当五地参加战斗啊。

从这个故事推断，吴王倒入江上游的应该是酒，既然说"注""饮其下流"，可能就是指八管之"酒"而言的。竹"管"可以装酒，却不能用来冻冰，况且"当夏"攻打楚国呢？所以，太子辰使人送来的不可能是"冰"。由此可以断定，《帛书周易》里的这个字应当是"酒"字。辨认作"冰"字是错误的。

以上仅仅举列说明出土帛书《周易》在易学研究中的重要作用，特别在文字训诂和句读方面有很大帮助。也充分证明王国维提倡的"二重证据法"特别管用。

至于其他的有利条件，还有很多。比如要充分发挥电脑的作用，充分利用电子版的历史文献。最好在你的电脑上安装电子版的《四库全书》和《四部丛刊》等大型类书，要尽可能地从网络上下载一下需要的电子版文献资料等等。

# 贰 基础篇

33.问:《周易》的八卦知识,都渗透到我国优秀传统文化的哪些方面?

答:你的这个问题很大,我可以配上图片概括说明八卦知识在一些文化领域的运用情况。

(1)八卦与戏剧艺术

京剧诸葛亮八卦戏服　　戏剧诸葛亮八卦冠

(2)八卦与建筑

杭州玉皇山南八卦田　　新疆特克斯八卦城

易学百问

兰溪诸葛八卦村 　　　　鼓浪屿八卦楼

福建洪坑八卦围楼 　　　粤北江尾镇八卦围

（3）八卦与八风

清代八风图 　　　八卦卦气图 　　　八卦应二十四气图

在气候方面，我国古代有"八风"之说，如《淮南子·天文训》说：何谓八风距日？冬至四十五日条风至，条风至四十五日明庶风至，明庶风至四十五日清明风至，清明风至四十五日景风至，景风至四十五日凉风至，凉风至四十五日阊阖风至，阊阖风至四十五日不周风至，不周风至四十五日广莫风至。

又如在东汉年间成书的《易纬通卦验》里面就说：

冬至"广莫风至"，立春"条风至"，雨水"猛风至"，春分"明庶风至"，立夏"清明风至"，立秋"凉风至"，秋分"昌盍风至"，立冬"不周风至。"

又有把八风与方位配合起来的说法，如宋司马光《类篇》说：

风，八风也，东方曰明庶风，东南曰清明风，南方曰景风，西南曰凉风，西方曰阊阖风，西北曰不周风，北方曰广莫风，东北曰融风。

又有把八风与"后天八卦"配合起来的说法，如宋王与之《周礼订义》说：

王昭禹曰，十有二风，风之生于十二辰之位者也。盖天地六气合以生风，艮为条风，震为明庶风，巽为清明风，离为景风，坤为凉风，兑为阊阖风，乾为不周风，坎为广莫风，八风本乎八卦。

（4）八卦与九宫

《周易乾凿度》说：

太一取其数以行九宫，四正四维皆合于十五。

东汉郑玄注：

太一者，北辰之神名也……四正四维，以八卦神所居，故亦名之曰宫。天一下行，犹天子出巡狩省方岳之事，每率则复太一。下行八卦之宫，每四乃还于中央。中央者，北神之所居，故因谓之九宫。天数大分以阳出以阴入，阳起于子，阴起于午。是以太一下行九宫从坎宫始，坎中男，始亦言无适也。自此而从于坤宫，坤母也。又自此而从震宫，震长男也。又自此而从巽宫，巽长女也。所行者半矣。还息于中央之宫。既又自此而从乾宫，乾父也。自此而从兑宫，兑少女也。又自此从于艮宫，艮少男也。又自此从于离宫，离中女也。行则周矣。

上游息于太一天一之宫，而反于紫宫。行从坎宫始，终于离宫。

从郑玄的注释，我们可知"九宫"与八卦之间有密切的联系。除"中宫"之外，其他八宫均以八卦命名。一为坎宫，二为坤宫，三为震宫，四为巽宫，六为乾宫，七为兑宫，八为艮宫，九为离宫。

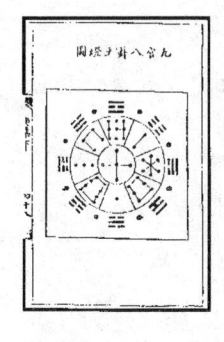

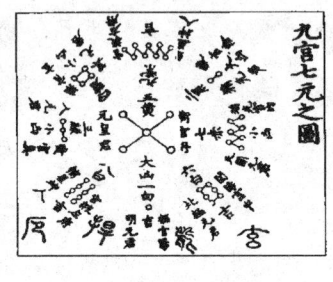

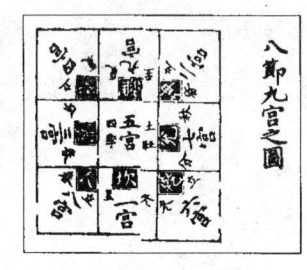

道藏九宫八卦图　　　道藏九宫七元图　　　道藏八节九宫图

汉徐岳《数术记遗》说：

九宫算，五行参数，犹如循环。

北周甄鸾注：

九宫者，即二四为肩，六八为足，左三右七，戴九履一，五居中央。五行参数者，设位之法依五行。

我们看上图九宫八卦圆内之黑点，坎一点，坤二点，震三点，巽四点，中宫五点，乾六点，兑七点，艮八点，离九点。上南下北，左东右西。正是以"后天八卦"配九宫之图。

甄鸾注"五行参数者，设位之法依五行"，震巽属木，离属火，坤属土，乾兑属金，坎属水，艮属土，中央土。可以按照五行属性，说"设位"的相生相克。

由此可知，早在汉代就有八卦配九宫的易图存在。我们之所以着重强调这一点，是因为后来朱熹把从九宫演变而来的黑白点数图改称作

"洛书"之后，又出现了许多所谓"紫白洛书""洛书八卦"等图，许多人几乎不知道其源头恰恰在《易乾凿度》"太一下行九宫"的说法。

（5）八卦与天地之数

《周易·系辞》里面说："天数五，地数五，五位相得而各有合。天数二十有五，地数三十，凡天地之数五十有五。"

我国古代的数，不是抽象的数。古人给一至十数，赋予了不少的文化内涵。我们统计诸子百家书籍中的说法，有以下的内涵：

| 生数： | 一 | 二 | 三 | 四 | 五 |
|---|---|---|---|---|---|
| 成数： | 六 | 七 | 八 | 九 | 十 |
| 五行： | 水 | 火 | 木 | 金 | 土 |
| 方位： | 北 | 南 | 东 | 西 | 中央 |
| 八卦： | 坎 | 离 | 震 | 兑 | |
| 颜色： | 黑 | 赤 | 青 | 白 | 黄 |
| 季节： | 冬 | 夏 | 春 | 秋 | |

如果把刘牧的《大衍之数》图的数字变成黑白点数图，那就是北宋李觏所谓的"洛书"，也就是朱熹所谓的"河图"。由此可见，所谓的"洛书"或"河图"是早已有之的"大衍之数"图的变种。所以李觏的"洛书"和朱熹的"河图"没有什么神奇之处，只不过变了个戏法而已。

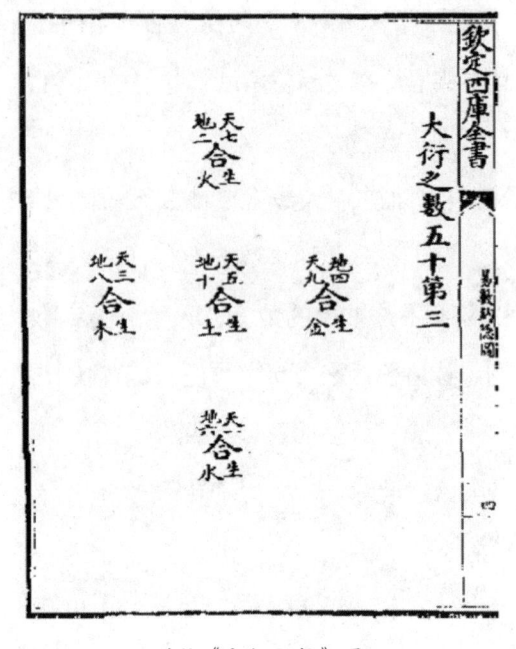

刘牧《大衍之数》图

（6）八卦与纳甲纳音

历史上"纳音"有三说，一是来自《黄帝内经》；一是来自扬雄《太玄》；一是来自葛洪《抱朴子》。唐瞿昙悉达《开元占经》里面的说法与《抱朴子》相同。

如唐瞿昙悉达《开元占经》说：

庚午、丙戌、戊申、戊寅、庚子、丙辰为阳宫，辛未、丁亥、己酉、己卯、辛丑、丁巳为阴宫。丙寅、戊子、甲辰、甲戌、丙申、戊午为阳征，甲申、壬辰、丙午、甲寅、丙子、壬戌为阳羽，乙酉、癸巳、丁未、丁丑、乙卯、癸亥为阴羽。丁卯、己丑、乙巳、乙亥、丁酉、己未为阴征。甲子、壬申、甲午、庚辰、壬寅、庚戌为阳商，乙丑、癸酉、辛亥、乙未、辛巳、癸卯为阴商。戊辰、庚寅、壬午、壬子、戊戌、庚辰为阳角，己巳、辛卯、癸未、癸丑、己亥、辛酉为阴角。

五音六属法：

五音：一言宫，三言徵，五言羽，七言商，九言角。

六属：庚属震，辛属巽，戊属坎，己属离，丙属艮，丁属兑。

子午属庚，丑未属辛，寅申属戊，卯酉属己，辰戌属丙，巳亥属丁。

乾主甲子、壬午。甲为阳日之始，壬为阳日之终。子为阳辰之始，午为阳辰之终。乾初在子则四在午，乾主阳，内子外午，内为始外为终也。

坤主乙未、癸丑。乙为阴日之始，癸为阴日之终。丑为阴辰之始，未为阴辰之终。坤初在未则四在丑，坤主阴，故内主未，外主丑。

震主庚子、庚午。震为长男，乾初九主甲，对于庚，故震主庚，以父授子，故主子午，与父同也。

巽主辛丑、辛未。巽为长女，坤初主乙，乙与辛对，故巽主辛，以母授女，故主丑未，与母同也。

坎主戊寅、戊申。坎主中男，故主中乾中辰。

离主己卯、己酉。离为中女，亦主中乾中辰。

艮主丙辰、丙戌。艮为少男，乾上主壬对丙，故主丙辰、丙戌，是第五配。

兑主丁巳、丁亥。兑为少女，坤上主癸对丁，故主丁巳、丁亥，是第六配。

以地十二辰合十乾，以十乾所属者命之。以其言数纳其音以主一日，日辰相配共得一音，此纳音之法也。

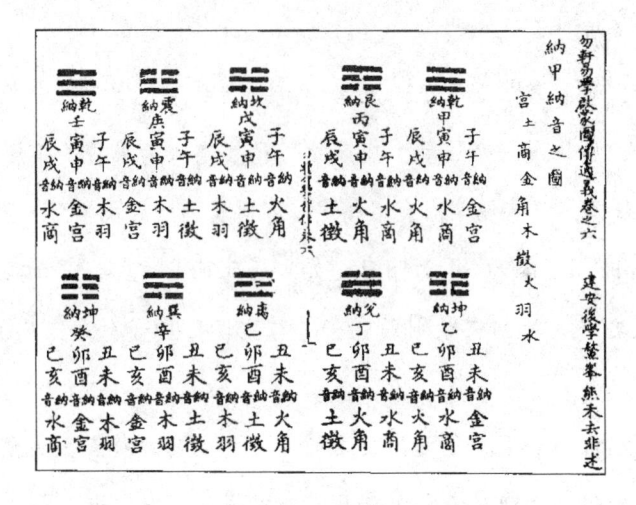

宋代熊禾纳甲纳音之图

南宋学者熊禾在《勿轩易学启蒙图传通义》书中列出了《纳甲纳音之图》，图中六属与《开元占经》所说相同：庚属震，辛属巽，戊属坎，己属离，丙属艮，丁属兑。另外还有甲、壬属乾，乙、癸属坤。六十甲子读法，如乾卦下一"甲"天乾统六"子、午、寅、申、辰、戌"地支，读如甲子、甲午、甲寅、甲申、甲辰、甲戌。看五行属性及纳音，如为五行金、五音宫者，则有甲子、甲午；乙丑、乙未；庚辰、庚戌；辛巳、辛亥；壬寅、壬申；癸卯、癸酉。

熊禾之图用十卦（八卦加重出的乾坤两卦）与六十甲子纳音配合，一卦分配六个乾支组合，下列五行及五音属性，可谓一目了然。其图是本着晋葛洪《抱扑子》及唐瞿昙悉达《开元占经》书中的说法而画。我们从中也可以了解，纳音法与纳甲法之间的关系：六十甲子纳音亦从纳甲而生。

有关求纳音的方法，明代朱载堉在《律历融通》书中说：

子午丑未，甲乙起宫，寅申卯酉，甲乙起商，辰戌巳亥，甲乙起角，丙丁而下例知。凡宫为土，商金，角木，徵火，羽水。迭为次第，终而复始，各以所生者为纳音。

在命理和风水的实践中，纳音法的应用非常广泛。所以一些术数书中，如《灵城精义》《六壬大全》《李虚中命书》《星命溯源》《星命总括》《星学大成》《三命通会》《遁甲演义》等也有许多这方面的阐述。

《三命通会》说：

至黄帝命大挠探五行之情，考天书三式，以十干、十二支衍而成六十，取纳音声而定之为纳音，即甲子乙丑海中金之类是也。

明朱载堉在《律历融通》书中则说：

若夫海中金、炉中火之类，斯乃术士俚语，编成歌括便于记诵耳。元无别义，不必强解也。

既然古人说纳音法"是或一道"，君子动则观变玩占，做一做命理游戏也未尝不可。

（7）八卦与律吕

《吕氏春秋》里面记载：

孟春之月 正月纪 其音角 律中太蔟 其数八

仲春之月 二月纪 其音角 律中夹钟 其数八

季春之月 三月纪 其音角 律中姑洗 其数八

孟夏之月 四月纪 其音徵 律中仲吕 其数七

仲夏之月 五月纪 其音徵 律中蕤宾 其数七

季夏之月 六月纪 其音徵 律中林钟 其数七

孟秋之月 七月纪 其音商 律中夷则 其数九

仲秋之月 八月纪 其音商 律中南吕 其数九

季秋之月 九月纪 其音商 律中无射 其数九

孟冬之月 十月纪 其音羽 律中应钟 其数六

仲冬之月 十一月纪 其音羽 律中黄钟 其数六

季冬之月 十二月纪 其音羽 律中大吕 其数六

我们依据《吕氏春秋》书中的这些记载，可以作出下表：

| 季节 | 月 | 五声 | 十二律 | 所当之数 |
|---|---|---|---|---|
| 孟春 | 正月 | 角 | 太蔟 | 八 |
| 仲春 | 二月 | 角 | 夹钟 | 八 |
| 季春 | 三月 | 角 | 姑洗 | 八 |
| 孟夏 | 四月 | 征 | 仲吕 | 七 |
| 仲夏 | 五月 | 征 | 蕤宾 | 七 |
| 季夏 | 六月 | 征 | 林钟 | 七 |
| 孟秋 | 七月 | 商 | 夷则 | 九 |
| 仲秋 | 八月 | 商 | 南吕 | 九 |
| 季秋 | 九月 | 商 | 无射 | 九 |
| 孟冬 | 十月 | 羽 | 应钟 | 六 |
| 仲冬 | 十一月 | 羽 | 黄钟 | 六 |
| 季冬 | 十二月 | 羽 | 大吕 | 六 |

后人根据这一说法画出了一些易图，比较典型的有宋代陈旸、朱震、杨甲和明代章潢所列出的易图。

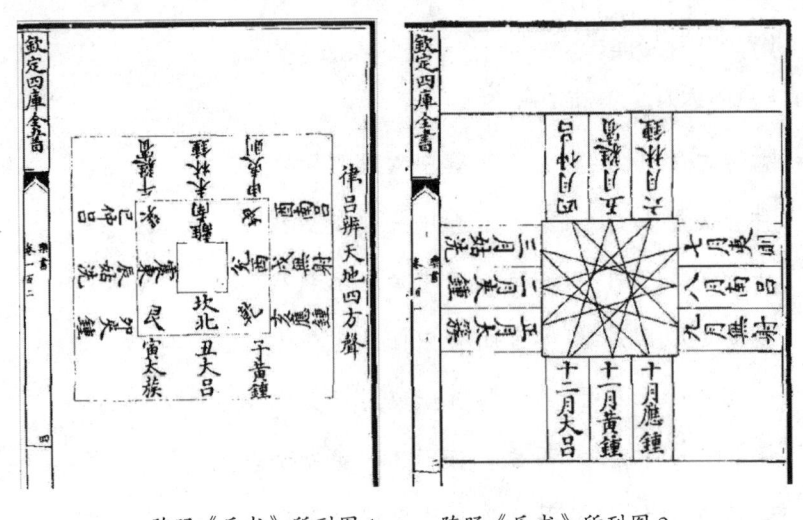

陈旸《乐书》所列图1　　陈旸《乐书》所列图2

图1表达了八卦与十二地支、十二律匹配的文化内涵。图2表达

了十二月与十二律匹配的文化内涵。

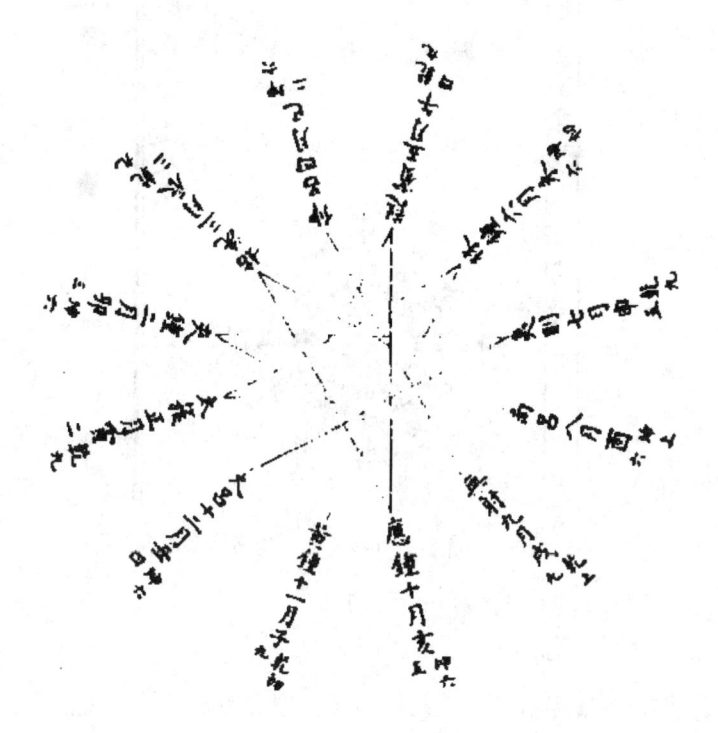

朱震《汉上易传》所列《十二律相生图》

东汉郑玄注《周礼·大师》说：

黄钟初九也，下生林钟之初六，林钟又上生大蔟之九二，大蔟又下生南吕之六二，南吕又上生姑洗之九三，姑洗又下生应钟之六三，应钟又上生蕤宾之九四，蕤宾又下生大吕之六四，大吕又上生夷则之九五，夷则又下生夹钟之六五，夹钟又上生无射之上九，无射又下生中吕之上六。

所谓"初九"至"上九"是指六爻乾卦而言，所谓"初六"至"上六"是指六爻坤卦而言。朱震的图，既是依据郑玄注这样说法而画。

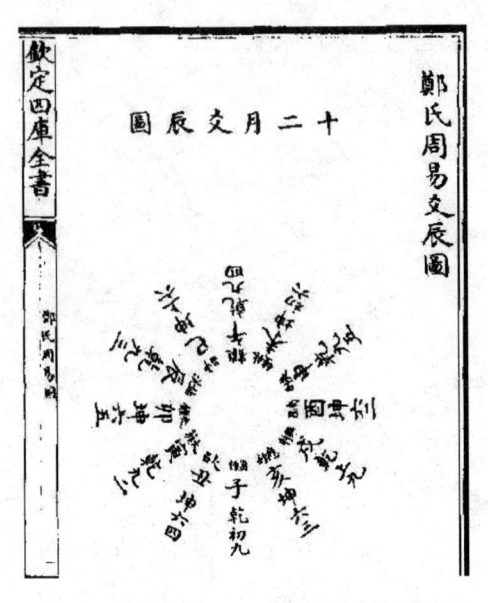

清惠栋所画《郑氏周易爻辰图》

上图是清代惠栋依据郑玄注在《增补郑氏周易》书中所列《郑氏周易爻辰图》，其实早在《周易乾凿度》里面就有这样的说法。

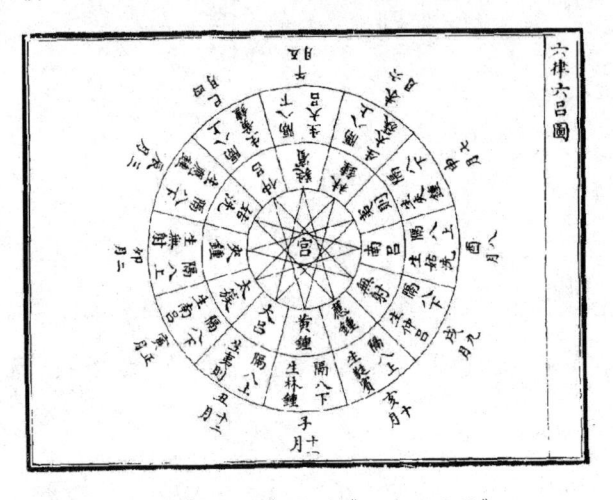

杨甲《六经图》所列《六律六吕图》

十二律又分作六阳律与六阴律（阳称律，阴称吕），黄钟、大蔟、姑洗、蕤宾、夷则、无射为六阳律；大吕、夹钟、仲吕、林钟、南吕、应钟为六阴律。

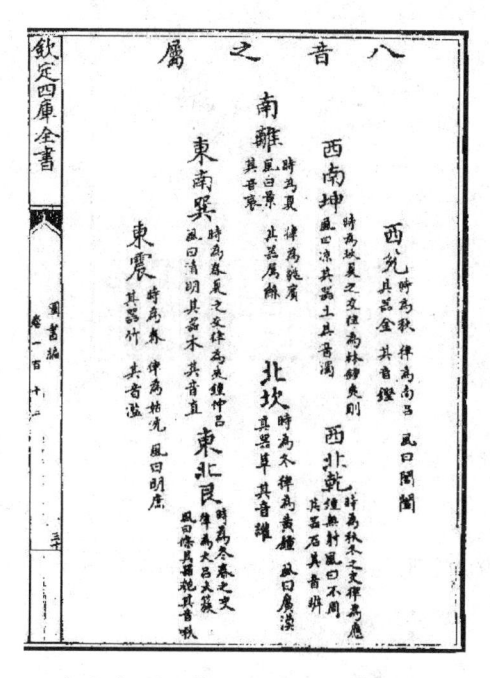

章潢《图书编》所列《八音之属》图

明代的章潢在《图书编》里面列出了《八音之属》图，他把八声（八器）、八音、八风、四季、十二律与八卦匹配在一图之中。应该说，这是一幅具有深刻文化内涵的易图。

我们注意到，《吕氏春秋》为五声、十二律所配的数只有八、七、九、六之四个数。此四数正是四季、五行配八卦震、离、坎、兑的四个数，也就是说在先秦的文化中，给八卦、四季、五行、五声、十二律所匹配的数就只有这四个数。如果依照郑玄的注释，用八卦与十二律匹配，也只有六爻的乾和六爻的坤两个卦。

### （8）八卦与太极图

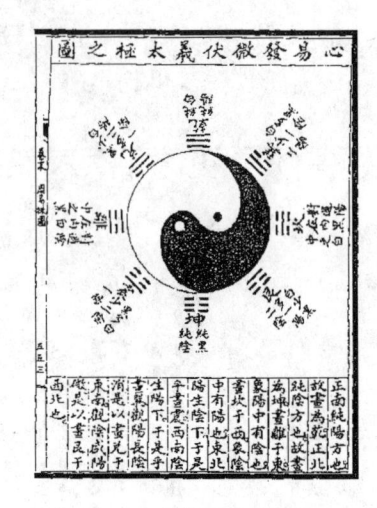

清代高雪君图

我们从下图可以看到八卦与"太极图"的关系。高雪君认为当初伏羲用此"太极图"画出"先天八卦"。而我们研究的结果却是：此样"太极图"是从"先天八卦"演变而来的。

具体演变过图程如下。

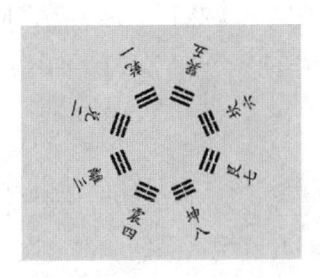

演变图1. 初爻画在外的八卦图　　演变图2. 演变过程之一

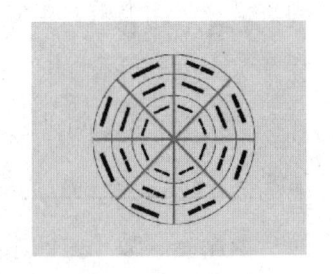

首先，把上爻画在内的"先天八卦图"放入"八分"的三个同心圆之中。

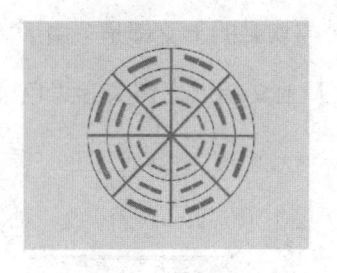

演变图 3. 变换八卦符号　　演变图 4. 布满各个空间

其次，把原本卦爻符号变作黑白（本讲示意图用红色替白色，蓝色替黑色）条形块，并逐渐展开布满各自的区域

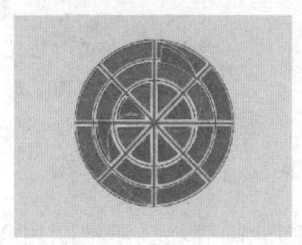

演变图 5. 用反"S"线中分　　演变图 6. 移动填补各个半爻

第三，用反"S"曲线中分巽卦初爻（初六），中分坎卦中爻（九二），中分艮卦上爻（上九），中分兑卦上爻（上六），中分离卦中爻（六二），中分震卦初爻（初九），如图 5 所示。然后，用巽初爻的半黑补震初爻的半白；用离卦中爻的半黑补坎卦中爻的半白；用兑卦上爻的半黑补艮卦上爻的半白。

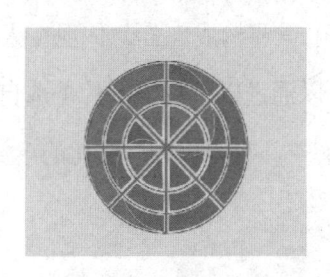

演变图 7. 得到扇形"鱼眼"图　　演变图 8. 变成圆形"鱼眼"图

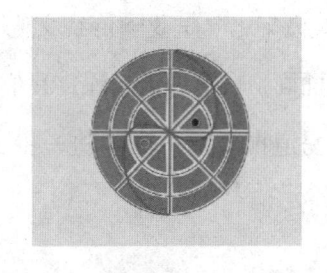

第四，看所得之演变图7，离卦与坎卦的上爻都是一扇形。把离卦上爻扇形变作空心白色圆形，把坎卦上爻扇形变作实心黑色圆点，如演变图8所示。

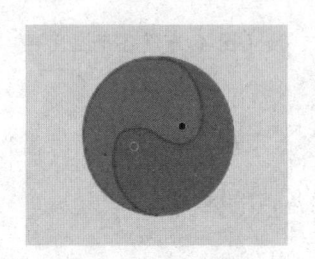

演变图9. 抹线后所得图

演变图9与《心易发微伏羲太极之图》形状完全相同

第五，抹去八分线与内圆、中圆的圆周线，所得图与"心易发微伏羲太极之图"的形状完全相同。

我们从演变过程了解到，所谓"古太极图"与所谓"先天八卦图"两者之间，有着密不可分的联系。从纯学术研究的角度看，我们就应该实事求是地说，所谓的"伏羲心易发微太极之图"是从"先天八卦图"演变而来的。我们之所以把这样黑白鱼形状之图称之为"八卦太极图"，是因为它是从八卦演变而来的。

"太极文化"是我国传统文化一个重要构成部分，体现在人们生活的方方面面，可谓博大精深。我们可以通过以下精美图片（选自马宝善先生《易道收藏》一书），进一步了解"八卦太极图"文化的广泛应用。

贰 基础篇

清代任伯年的《观易图》　　张大千的《五老观太极》图

大钟寺八卦钟　　康熙年间铸造的八卦钟

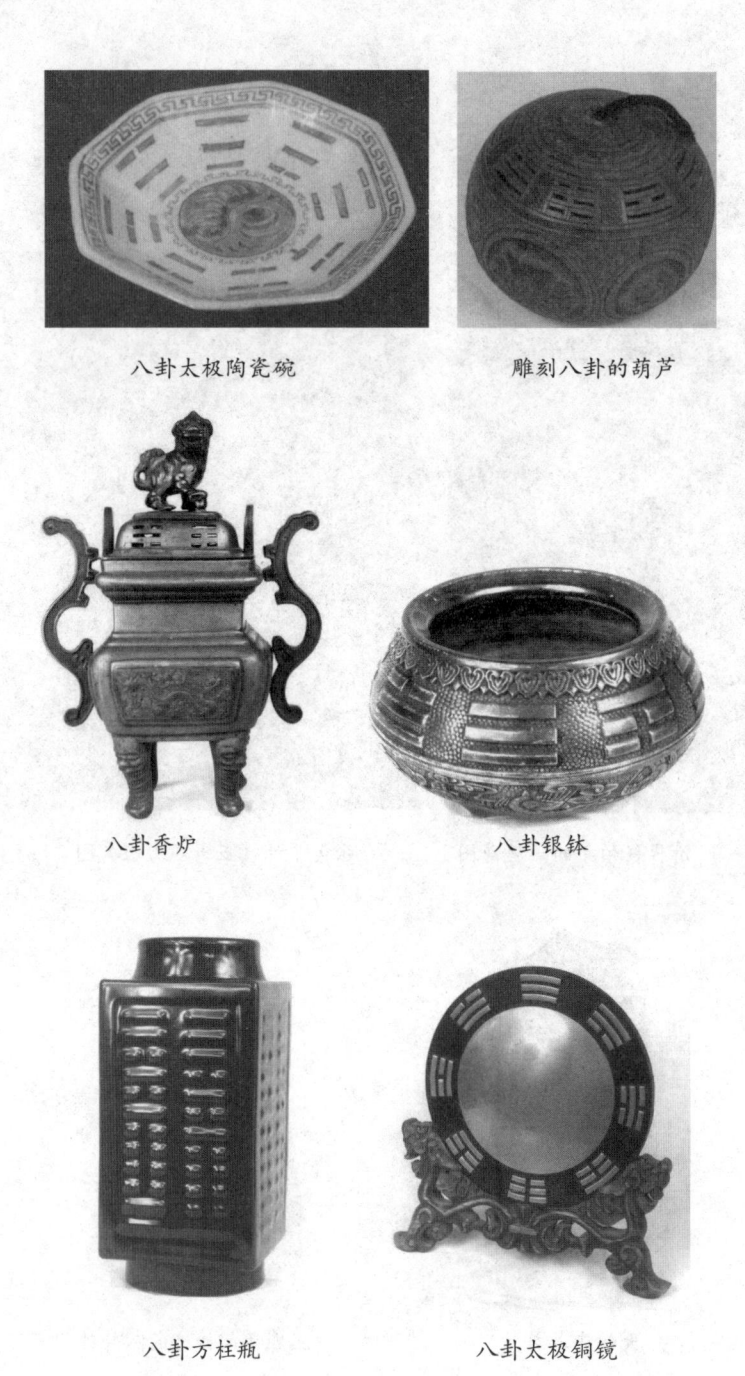

易学百问

八卦太极陶瓷碗　　　　　雕刻八卦的葫芦

八卦香炉　　　　　　　　八卦银钵

八卦方柱瓶　　　　　　　八卦太极铜镜

（9）八卦与方明

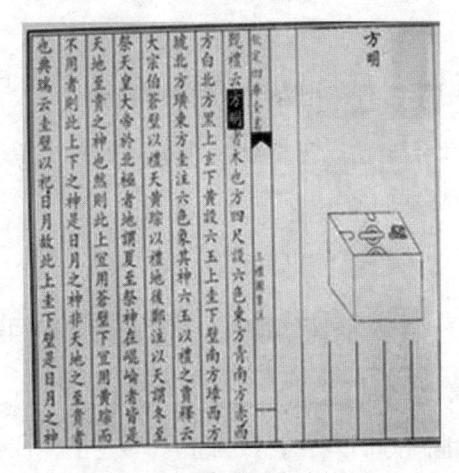

古代方明图

《觐礼》说：

方明者，木也，方四尺。设六色，东方青，南方赤，西方白，北方黑，上玄下黄。设六玉，上圭，下璧，南方璋，西方琥，北方璜，东方圭。诸侯觐于天子，为宫方三百步，四门，坛十有二，寻深四尺。盖壝土为坛，坛外为宫，每旁一门，则四门矣。加方明于坛上而祀焉。

我国古代有"方明"神器，是用槐木制成的长宽高各四尺的立方体。它有六个面，上象天下象地，天玄色，地黄色，东方青色象春，南方赤色象夏，西方白色象秋，北方黑色象冬。又在六面镶嵌六块玉，上天为苍璧，下地为黄琮，东为青圭，南为赤璋，西为白琥，北为黑璜。古代诸侯朝觐天子或进行祭祀大典的时候，要先请出方明神器，加于方明坛上，从而礼拜天地日月四方之神。

《周礼注疏》说：

凡邦国有疑，会同则掌其盟约之载及其礼仪，北面诏明神，既盟则贰之。注："有疑，不协也。"

由此可知，"加方明于坛上而祀"的用途是解决"邦国有疑"的问题。

古本《竹书纪年》有"祀方明"的明确记载：

（商太甲）元年辛巳，王即位，居亳，命卿士伊尹。伊尹放太甲于桐，乃自立。七年，王潜出自桐，杀伊尹……十年，大飨于太庙，初祀方明。

为什么"祀方明"就可以解决"邦国有疑"的问题？这是我们应该深入探讨的问题。

古人说"天地四方曰六合，四方上下谓之宇，往古来今谓之宙"，这就是说，方明神器具有宇宙的时空属性。

《周易·说卦》"观变于阴阳而立卦"，就告诉我们，"阴阳"是可观的，而且可以通过对阴阳变化的观察而设立出八卦。

既然说"观变于阴阳而立卦"，那就是通过观察日月运行的阴阳变化而设立出八卦。六合是三维，三维空间加上时间，就是四维。在特定的时间段内，三维空间有阳光照耀的面就是"阳"，没有阳光照耀的面就是"阴"。中国故宫东面的门称之为"朝阳门"，南门的门称之为"正阳门"，就是在特定时空下的命名。

在特定的时空条件下，方明神器的天、地、东、西、南、北六个面，天、东、南三个面为阳；地、西、北三个面为阴。我们将方明放入八象限中，贯穿天地中心的为X轴；贯穿东西中心的为Y轴；贯穿南北中心的为Z轴，这样一来方明的每一个面就分作四个面，方明的六个面就总共分作二十四个面。于是八象限的任意三个面就构成八卦中的一卦。

方明的三阳面图　　　　　　　　　方明的三阴面

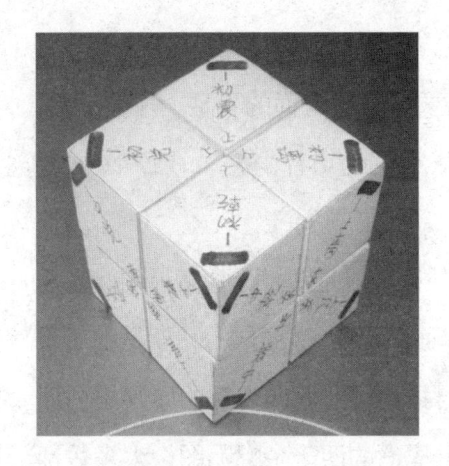

正是因为方明神器上面具有八卦，而且八卦具有占卜的功能，所以才能解决"邦国有疑"的问题。

古人说"道为太极""一为太极""心为太极"。八卦太极文化可谓博大精深，尤其在文化产业方面发挥着不可替代的作用。

我们通过以上九个方面阐述了八卦知识渗透于传统文化之中的大概情况。当然还有"八卦与数学八象限""八卦与天干地支""八卦与五声""八卦与十二辰""八卦与二十八宿""八卦与万物类象""八卦与罗经""八卦与天文""八卦与地理"等等，我们在这里就不一一介绍了。

34.问：为什么历代会从《周易》里面衍生出来那么多的"易图"？

答：南宋郑樵《通志总序》说：

河出图，天地有自然之象，图谱之学由此而兴；洛出书，天地有自然之文，书籍之学由此而出。图成经，书成纬，一经一纬，错综而成文。古之学者左图右书，不可偏废。

图有一目了然的作用，可以辅佐文字表达方面的不足。郑樵又说："即图而求易，即书而求难。舍易从难，成功者少。"如果"图文并茂"，那么就多有成功。

其实，《周易》的八卦与六十四卦符号就是图象。许多易图就是用这些符号为主要元素构成的。比如前面列出的《序卦图》，就是把《易经》里面的文字去掉，留下卦爻符号按照"非覆即变"的原则排列而成的。我们收集在《周易图说总汇》里面的四千余幅易图，大多数都是由易卦符号构成的图。正因为《易经》具有不同于他经的卦爻符号，所以由此而产生的易图才非常之多。

古代的书因为载体问题，往往是"弃图不录"。有些必要阐明的图，也多数是以文字表达。比如《说卦》"万物出乎震，震东方也，齐乎巽，巽东南也"至"艮东北之卦也"一段文字，就是描述了一幅很早存在的易图。人们依照《说卦》的描述，就可以复原此古图。

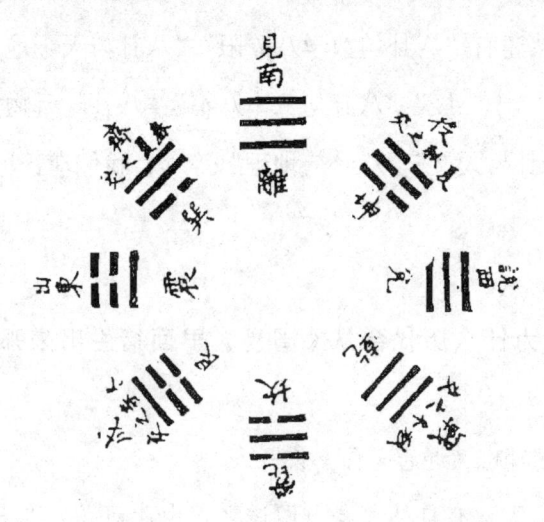

依照《说卦》相关内容画出的八卦方位图

大量易图的出现，构成了《周易》"十六种"学问的一个分支"易图学"。"易图学"属于"象数易学"范畴，初学者对此应该有所重视。往往通过对"易图学"的深入研究会澄清许多"义理"方面的问题。下面试举几例说明之。

（1）朱熹对《周氏太极图》内涵的误判

两宋间人朱震在《汉上易传卦图》里面列有《周氏太极图》。

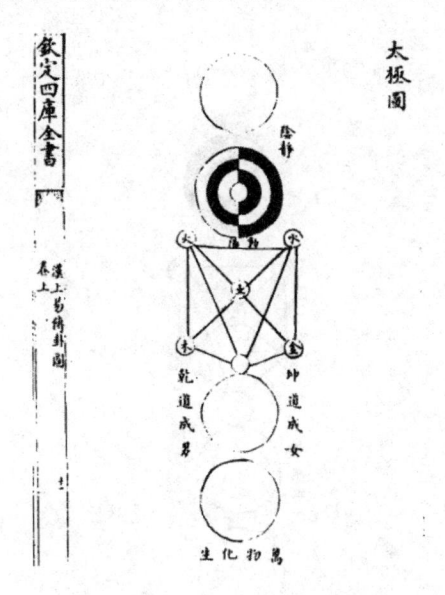

朱震《汉上易传》所列周敦颐《太极图》

周敦颐为了表明《周易系辞》"易有太极，是生两仪，两仪生四象，四象生八卦"一段内容的含义，画出了这样的《太极图》。其第一层图式表达"易有太极"；第二层图式表达"是生两仪"。

我们阅读周敦颐的《太极图易说》，可以明了朱震列出的《太极图》已经不是周敦颐原画之图。周敦颐说："太极动而生阳，动极而静，静而生阴。静极复动，一动一静互为其根，分阴分阳两仪立焉。"两仪"图下标有"动阳"二字，应该是"动而生阳"的缩写之意，那么图上表达"静而生阴"，就应该是"静阴"而字。汉儒说"阳生于子，阴生于午"，"两仪"图下为"子"位，图上为"午"位。所以，图上右方的"阴静"二字应该是"静阴"，而且其位置应该在"两仪"图之上的"午"位，如此就我们可以根据周敦颐《太极图易说》复原他原本的《太极图》。

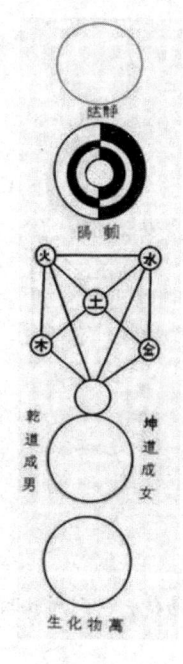

**周敦颐原图**

南宋朱熹把周敦颐推崇为"理学开山"，为了弘扬理学则极力表彰周敦颐的学问。然而他为了构建自己的理学系统，不惜肆意篡改《周氏太极图》。本来"两仪"图之下是"动阳"，之上是"静阴"（古时自右向左读），他却改作"阳动"与"阴静"，分别放在了"两仪"图的左右边。本来周敦颐第三层"两仪生四象"图式是遵从汉儒"分土王四季"的说法以六七八九为四象数（中央土数五，水的生数一加五得成数六，火的生数二加五得成数七，木的生数三加五得成数八，金的生数四加五得成数九），朱熹却改作"五行相生"，把"水"绕过"中土"与"木"相连，遂与周敦颐本意大相径庭。朱熹曾经说过"阴阳不会自动静"，然而他改造《周氏太极图》的时候却表达了"阴阳会自动静"的意思。

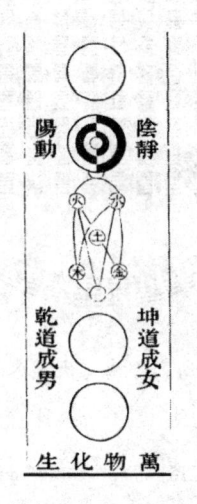

朱熹改造的太极图

周敦颐原图有四层图式，第三层表达"四象生八卦"，所以把"分土王四季"图式与"乾道成男，坤道成女"图式相连作一层图式，而朱熹则把"五行相生"图式与"是生两仪"图式相连，明显违背了周敦颐用《太极图》解释《系辞》"易有太极"一节含义的本意。

以上事实表明，我们从"易图学"的角度进行研究，就可以发现朱熹对周敦颐《太极图》误判的情况。

（2）朱熹对邵雍《先天图》的改造

易图可以分作"河洛""先天""太极"与"卦变"四大体系。前面已经叙述了朱熹对李觏"河洛图书"的易名改造以及对周敦颐《太极图》的改造，下面谈谈朱熹对邵雍《先天图》的改造。

邵雍《先天图》也是先见于朱震的《汉上易传卦图》。

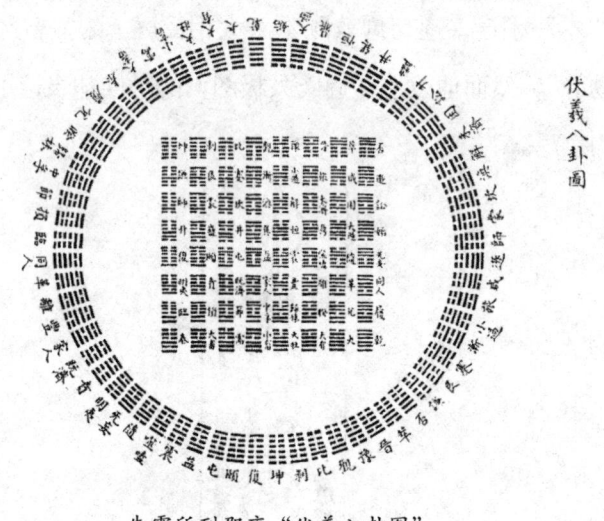

朱震所列邵雍"伏羲八卦图"

邵雍移居洛阳之前称上图为"伏羲八卦图"，移居洛阳之后遂改称此图为"先天图"。此图外六十四卦圆图象天，内六十四卦方图形地。所以他说："图虽无文，吾终日言而未尝离乎是。盖天地万物之理尽在其中矣。"

朱熹则主张把邵雍《先天图》之内的方图"移出放外"，以图中心为"太极"。《文公易说》："问'先天图阴阳自两边生，若将坤为太极，与太极图不同，如何？'曰：'他自据他意思说，即不曾契勘濂溪底。若论他太极，中间虚者便是。他亦自说图从中起，今不合被横图在中间塞却，待取出放外。'"又答学生问："先天图如何移出方图在下？先生云：是熹挑出。"由此可知，朱熹的《先天图》只有六十四卦圆图，而没有其中的六十四卦方图。于是，后来的俞琰本着朱熹的意思画出了所谓的"先天图"。

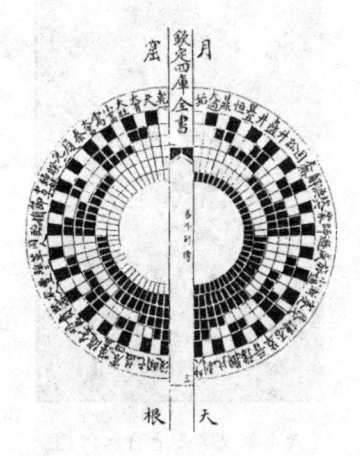

南宋俞琰易外别传所列先天图

如果我们不深入研究"易图学"，就不能轻易发现朱熹擅自改造三大易图（河洛图书、先天图和太极图）的历史事实。所以，研究"易图学"也是研究《周易》的主要组成部分。

笔者和李申先生用了将近十年的时间编纂了《周易图说总汇》一书，由华东师范大学出版社出版。书内收集了四千余幅易图和百余万字的图说内容，是易图研究的大型工具书，感兴趣的读者可以读一读。

35.问：古人如何说圣人法则《河图》画卦？

答：现在的学者已经研究明白八卦不是什么人"画出来"的，而是"观变于阴阳而立卦"，地球人都生活在八卦空间之内。历史上人们还没有弄明白八卦不是"画出来"的时候，则根据《周易·系辞》"河出图，洛出书，圣人则之"一句话，解释成为圣人法则"河图"画卦，法则"洛书"列卦。

明初赵㧑谦于《六书本义》卷首列出了一幅《天地自然河图》：

《六书本义·天地自然河图》

图说谓"世传蔡元定得于蜀之隐者"，是圣人则之"画八卦"的图像。并且说"虽朱子亦莫之见"。

朱熹以黑白点十数为《河图》，主张当初圣人伏羲"则之"画出了八卦，然而立说不明。到了清代的江永于《河洛精蕴》书中则发挥得淋漓尽致。

朱熹在《易学启蒙》里面说：

伏羲但据《河图》以作《易》，《河图》之虚五与十者，太极也。奇数二十，耦数二十者，两仪也。以一二三四为六七八九者，四象也。析四方之合以为乾坤离坎，补四隅之空以为兑震巽艮者，八卦也。

《朱文公易说》里面说：

熹窃以《大传》之文详之，《河图》《洛书》盖皆圣人所取以为八卦者。

在《河图》《洛书》各有定位，故圣人画卦自两仪而生，有画以见

## 贰 基础篇

其象，有位以定其次，有数以积其实，其为四象也久矣。

到了清代是学者江永则在朱熹的基础上，把伏羲圣人"则河图画卦""则洛书列卦"推导至极致。他在《河洛精蕴》一书中列出了下面的图。

**圣人则河图画卦图**

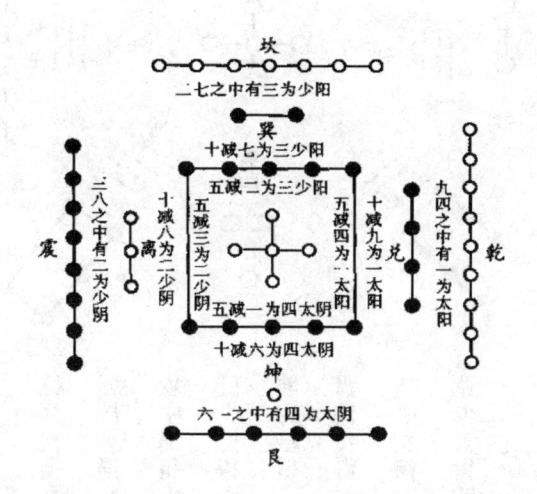

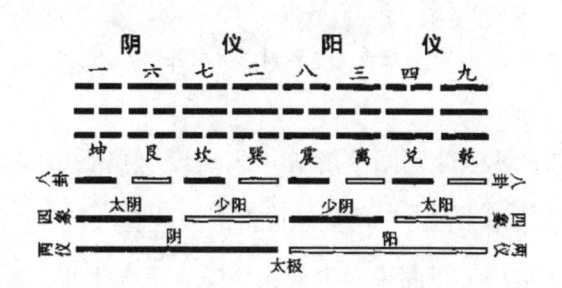

坎
二七之中有三为少阳

巽
十减七为三少阳
五减二为三少阳

离
十减八为二少阴

震
三八之中有二为少阴

兑
五减四为一太阳
十减九为一太阳

乾
九四之中有一为太阳

五减三为二少阴
五减一为四太阴
十减六为四太阴

坤
六一之中有四为太阴
艮

| 阴仪 | | | | 阳仪 | | | |
|---|---|---|---|---|---|---|---|
| 一 | 六 | 七 | 二 | 八 | 三 | 四 | 九 |
| 坤 | 艮 | 坎 | 巽 | 震 | 离 | 兑 | 乾 |
| 太阴 | | 少阳 | | 少阴 | | 太阳 | |
| 阴 | | | | 阳 | | | |
| | | | 太极 | | | | |

江永《圣人则河图画卦图》

## 圣人则洛书列卦图

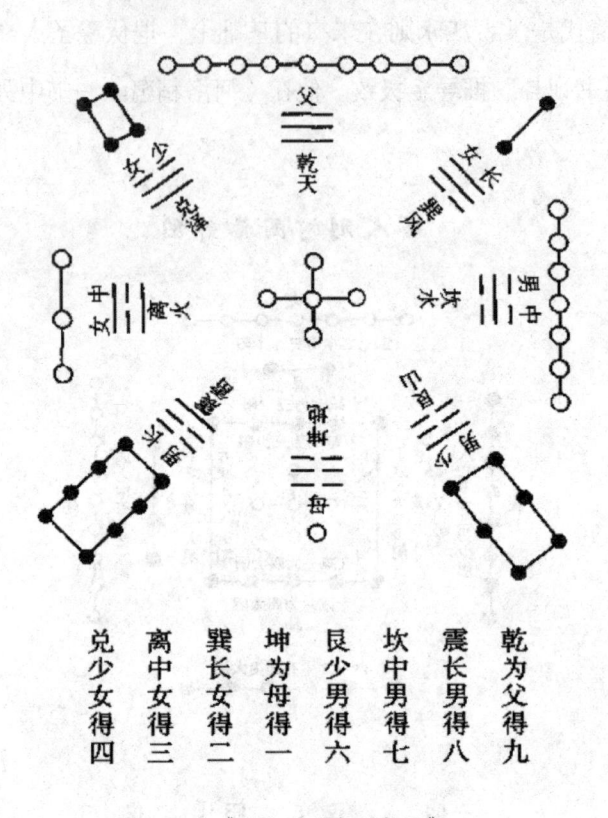

乾为父得九
震长男得八
坎中男得七
艮少男得六
坤为母得一
巽长女得二
离中女得三
兑少女得四

**江永《圣人则洛书列卦图》**

江永"以纵横分阴阳"解决了朱熹没有搞明白的问题，从而把"圣人则河图、洛书画卦"的问题说得头头是道。

《周易·系辞》里面说"古者包牺氏之王天下也，仰则观象于天，俯则观法于地，观鸟兽之文与地之宜，近取诸身，远取诸物，于是始作八卦""圣人设卦，观象系辞焉而明吉凶"；《周易·说卦》"参天两地而倚数，观变于阴阳而立卦"。这里说"作八卦""设卦"和"立卦"，从来没有说"圣人画卦"。

历史上，司马迁不说"画卦"，到了班固《前汉书》里面才说"虙羲画卦，书契后作"。难怪清代易学家李塨说"《易》入漆城已久"，认为易学自东汉以来就失传了。

现在的学者已经研究明白八卦不是什么人"画出来"的，而是"观变于阴阳而立卦"，地球人都生活在八卦空间之内。古人谓"四方上下谓之宇，往古来今谓之宙"，人类生活在天地四方的空间之内，是为"天地之心"。

仰观天是阳、东是阳、南是阳，于是八象限的这一块就是乾卦；俯察地是阴、西是阴、北是阴，于是八象限的这一块就是坤卦，是为"天地定位"。

仰观天是阳、南是阳、西是西，于是八象限的这一块就是兑卦；俯察地是阴、北是阴、东阳，于是八象限的这一块就是艮卦，是为"山泽通气"。

仰观天是阳、西是阴、北是阴，于是八象限的这一块就是震卦；俯察地是阴、东是阳、南是阳，于是八象限的这一块就是巽卦，是为"雷风相薄"。

仰观天是阳、北是阴、东是阳，于是八象限的这一块就是离卦；俯察地是阴、南是阳、西是阴，于是八象限的这一块就是坎卦，是为"火水相射"。

正因为如此，出土帛书《周易》方有"天地定立，山泽通气，火水相射，雷风相榑"之文；数学家方把西方数学之"八象限"翻译作"八卦限"。

**36.问**：既然黑白鱼形图像在明初称之为《天地自然河图》，那么是什么时候改称之为"太极图"的呢？

答：明英宗正统十年修纂《正统道藏》，其中《周易图》列有《太极图》。

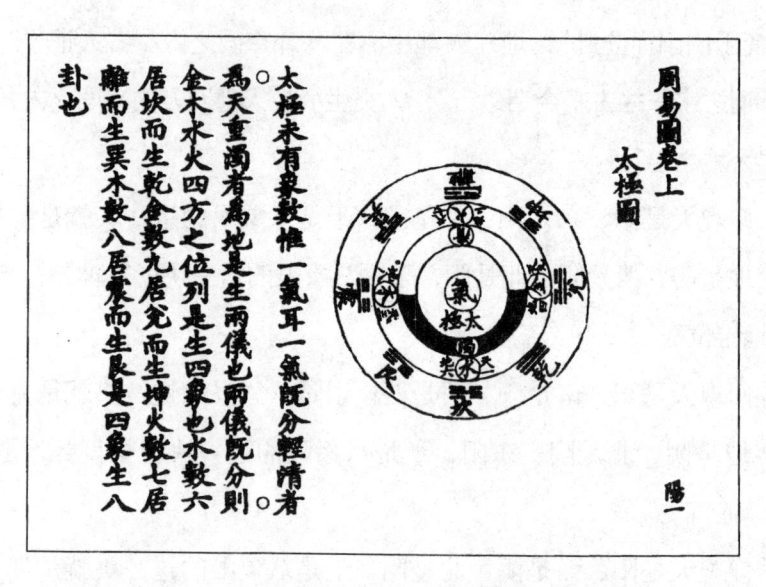

*《道藏·周易图》所列《太极图》*

除此之外，《道藏》里面还列有《周子太极图》（即四层图式的周敦颐《太极图》）。值得注意的是，《道藏》里面没有任何黑白鱼形状的易图。

我们阅读明代万历年间章潢的《图书编》，就会明了这是章潢的作为。

## 贰 基础篇

《图书编·古太极图》

章潢描述圣人则此"古太极图"画卦的过程说：

正南纯阳方也，故画为乾。正北纯阴方也，故画为坤。画离于东，象阳中有阴也。画坎于西，象阴中有阳也。东北阳生阴下，于是乎画震。

西南阴生阳下，于是乎画巽。观阳长阴消，是以画兑于东南。观阴盛阳微，是以画艮于西北也。

章潢说："惟是图也，不知画于何人，起于何代？因其传流之久，名为古太极图焉。"又说："或问：太极无古今也，而图以古名何欤？曰：言古以别夫今也。《周子太极图》圈象本空，下图阴阳互根，五行相生，又指其中空圈为太极，虽与此图互相发明，未若此图原画自古先圣帝，更浑涵耳。"此则充分证明是章潢把黑白鱼形图称之为"古太极图"。

今天我们去道教场所，无论从建筑方面或服饰方面，都能见到这样黑白鱼形的图像，而且一律称之为"太极图"。然而需要明确的是，《正统道藏》里面却没有这样的图像。

### 37.问：何谓"三陈九卦"？

答：《易传·系辞》说：

履德之基也，谦德之柄也，复德之本也，恒德之固也，损德之脩也，益德之裕也，困德之辩也，井德之地也，巽德之制也。

履和而至，谦尊而光，复小而辩于物，恒杂而不厌，损先难而后易，益长裕而不设，困穷而通，井居其所而迁，巽称而隐。

履以和行，谦以制礼，复以自知，恒以一德，损以远害，益以兴利，困以寡怨，井以辩义，巽以行权。

履、谦、复、恒、损、益、困、井、巽九卦，《系辞》作者从三个方面陈述了这九卦的道德含义，于是后人就称之为"三陈九卦"。

宋杨甲《六经图》所列《三陈九卦之图》

这"三陈九卦"包含的哲学意义非常深刻，是人们修德立身得道之本。如，南宋冯椅《厚斋易学》的解说是：

履德之基：人之成德以躬行为基，足履实地，立德之始也。

谦德之柄：所履必执谦以行之，则不自满，而德有进处。

复德之本：自此复于初心，而本立矣。

恒德之固：既复其初心，则当守之而不变，斯不可摇矣。

损德之修：德既有常，恐不能无过不及，损其偏而归于正，所以修德也。

益德之裕：德唯一而无过不及，则日益而日裕矣。裕，有余也。

困德之辩：辩，辨也。德至于裕，则既周于身矣，可以用于世矣。而穷通有命，岁寒然后知松柏之后凋，唯阨穷而不改其度，然后辨其为君子。

井德之地：虽困而不失其所，故其德井然不乱，有所居之地。

巽德之制：所遇必委曲以入之，故能制其轻重小大之宜，此涉世接物如此。

此一节言立德之序。

履和而至：和而后至兑，为和说至诣也。犹行者之至所至也，非优柔不迫，则力将不足，半途而止也。

谦尊而光：位愈尊而特谦，则德愈光矣。艮居下卦之上，尊也。其道光明，艮也。

复小而辨：于物善不善，贵辨之于其微小之时。五阴，小也。初九，阳物也。于小之中辨其物也。

恒杂而不厌：事物杂处，日用杂陈而有常，故不厌斁。

损先难而后易：始于用力之难，及其久则习熟而易于为力。盖损阳难，损阴易。下卦先上卦后也。

益长裕而不设：益德之裕，盖天理充长，自然优裕，不待人为施设也。震动于下，一阳上进，其道日长，不用相导。

井居其所而迁：井不改而长存，然后能汲以及物。居其所，改邑不改井之象。迁者，巽乎水而上水之象。

巽称而隐：称，犹"称物平施"之称。巽，隐伏之卦也。用巽必称物之轻重，而后隐藏于其间，则不为无星之衡矣。

履以和行：和其行则不违众，忤物当用履卦，则和而不流以用也。下皆做此。

谦以制礼：以礼接物，制其节文，当用谦卦，则有才美不骄，复以自知，不善必知之，当用复卦，则其失不远。

恒以一德：终始惟一之一，所谓德惟一，则动罔不吉者也。当用恒卦，则久而不已。

损以远害：远物之害，当用损卦。害物之弊，不能骤去。损之以渐，则害日消矣。

益以兴利：兴物之利，当用益卦。利物之事，不能顿兴，与日加益，则利日长矣。

困以寡怨：欲寡怨于人，则当用困卦自咎而不责人，则怨自寡矣。

井以辩义：义以方外，欲辩其宜，当用井卦。不易所守，则义自辩矣。

巽以行权：权事之宜以行之，当用巽卦。委曲避碍，则权可行矣。

李子思曰：孔子论作《易》者之忧患，而三陈九卦，以巽为终。八卦之中，独取此一卦，以其涉忧患之世，唯巽之德为宜也。

此一节，言用卦之义。与上二节不甚相蒙，又新意也。李仲永曰：九卦周于变，故皆含两意，不执一也。

38.问：朱熹《易学启蒙》说"惟刘牧臆见，以九为《河图》，十为《洛书》，托言出于希夷"，是历史事实吗？

答：笔者曾在《周易研究》上发表《易数钩隐图作者等问题辨》

一文，指出在三衢刘牧（1011—1064，字先之，尚书屯田郎中）之前，还有一位彭城刘牧（字长民，太常博士）。

《中兴书目》所记《易数钩隐图》一卷，是为前刘牧所撰。彭城刘牧没有得到什么"河洛图书"之传。按《东都事略》所记，陈抟于端拱二年（989）秋七月二十二日化形于莲花峰下张超谷中。彭城刘牧于宋真宗景德二年（1005）致仕，其时陈抟已仙逝17年。陈抟所传的象学，也并非"河洛图书"之内容；既然范氏之学传于南方，而范氏晚出，那么就不会传给其前之彭城刘牧。由此可知，范谔昌不可能为彭城刘牧之师，彭城刘牧并没有得到什么"河洛"图书之传承。

本《中兴书目》所记，考定彭城刘牧原著《易数钩隐图》为一卷本，按其自序（见于《道藏·易数钩隐图》卷首，胡渭《易图明辨》、朱彝尊《经义考》亦引用之），有"原其本，则形由象生，象由数设，舍其数则无以见四象所由之宗""两仪变易而生四象，四象变易而生八卦""今采撮天地奇偶之数，自太极生两仪而下至于复卦，凡五十五位，点之成图，丁逐图下各释其义"等说，依此可知，彭城刘牧主张八卦是由太极步步生出来的。以自序对照今见《易数钩隐图》前二卷，其所"钩隐"之图则是从"太极第一"至"七日来复第四十六"，其中并没有涉及黑白点"河图"与"洛书"。一卷本《易数钩隐图》的作者是本《系辞》"易有太极"一节之义而阐明其"象由数设"意图的。特别指出"河出图，洛出书"为"圣人《易》外别有其功，非专《易》内之物"，彭城刘牧一语道破并八卦之画与"河出图，洛出书"之间没有什么关系。如果彭城刘牧主张八卦是圣人则"河出图，洛出书"而画，那就是说"河出图，洛出书"应该为《易》内之物，他便不会有如此相反之说。

彭城刘牧既然说"河出图，洛出书"非《易》内之物，并不主张八卦是圣人则"河图"（或"洛书"）而画，而是主张八卦是由太极步步生出来的。

《中兴书目》言"本朝太常博士刘牧撰《易数钩隐图》一卷，吴秘表进，田况序。牧字长民，彭城人，仁宗时言数者皆宗之"，所谓"言数者皆宗之"，并非谓"言河出图者皆宗之"。从今见《易数钩隐图》卷上的内容看，彭城刘牧主张"象由数设"，自太极生两仪至四象生八卦，皆以天地生成之数"凡五十五位"点之成图，的确在当时自成一家之言，庆历初（1041）吴秘献其书于朝，优诏奖之之后，言数者皆宗之也是情理中事。以倪天隐述其师胡瑗《周易口义》为例，仁宗时之胡瑗释《易传·系辞》"河出图，洛出书，圣人则之"时，则曰："义曰，按此河图，是天之大瑞也。"于此可见胡氏并没有宗《易数钩隐图》下卷之说，以黑白点数之图释"河出图，洛出书"。至释"两仪生四象"时则曰："义曰，言天地之道阴阳之气，自然而然生成四象，四象者，即木金水火是也。故上文谓天一下配地六生水，地二上配天七生火，如此之类，是天地阴阳自然相配，生成金木水火之象。然此止言四象而不言土者，盖天地既判生为五行，然二气既分，则自然生而为木金水火，则地之道本于土而成，但言四象则土从可知矣。"及释"易有四象所以示也"则曰："义曰，按此四象有二说，一说以谓天地自然相配，水火金木以为之象，所以示也；又一说吉凶者，失得之象也，悔吝者，忧虞之象也，变化者，进退之象也，刚柔者，昼夜之象也，是言大易之道有此四象，所以示人之吉凶。疏庄氏谓，六十四卦之中有实象，有假象，有义象，有用象，则非也。又何氏以为天生神物圣人则之，天地变化圣人效之，天垂象见吉凶圣人象之，河出图洛出书圣人则之，亦非也。"于此我们却从中见到胡氏"宗之"《易数钩隐图》卷上之说的痕迹。

康定元年（1040），宋咸作《王刘易辨》，自序中有"近世刘牧既为《钩隐图》以画象数，尽刊王文，直以己意代之"语。此"近世刘牧"当指彭城刘牧而言，而三衢刘牧时当30岁，仍健在，宋咸不会针对三衢刘牧而有是语。又宋咸所辨是针对"《钩隐图》以画象数"，并没有辨什么"河洛"图书。以此推之，宋咸所见《易数钩隐图》，似当为彭城刘牧著之一卷本，书中并没有"河洛图书"的内容。一年之后，庆历初（1041）黄黎献弟子吴秘献《易数钩隐图》等书于朝，此时已经是彭城刘牧赴边任武官15年之后。

庆历七年丁亥(1047)，李觏作《删定刘牧易图序》，存其易图者三：河图（"九宫数"戴九履一图）、洛书（合生数、成数二图为一）、八卦图（《说卦》所言方位）。由此可见，吴秘所进《易数钩隐图》不再是一卷本，其中已有今见三卷本卷下之"河洛"诸图。这就是说，此时彭城刘牧原一卷本之《易数钩隐图》已经"颇增多诞谩"。如此，我们可以推断，彭城刘牧原本《易数钩隐图》只是有"自太极生两仪而下至于复卦"的易图四十六幅的一卷本，其中并无"河图""洛书"等图，而今见三卷本之卷下之"河图第四十九""河图天地数第五十""河图四象第五十一""河图八卦第五十二""洛书五行生数第五十三""洛书五行成数第五十四""十日生五行并相生第五十五"等图，诚如李觏所言，的确是"观之则甚复重"："河图天地数第五十"既是卷上之"天地数十有五第四"；"河图四象第五十一"既是卷上之"两仪生四象第九"；"河图八卦第五十二"既是卷上"四象生八卦第十"；"十日生五行并相生第五十五"既是卷上"二仪得十成变化第十一"。至谓"颇增多诞谩",则"河图第四十九""洛书五行生数第五十三""洛书五行成数第五十四"三图乃是不合于一卷本作者自序本意之图。从文字上看,卷下有"河图、洛书出于牺皇之世""龙图其位有九,四象、八卦皆所包缊。且其图纵横皆合天地自然之数,则非后人能假伪而设之也。夫龙图呈卦,非圣人不能画之""河图相传于前代,其数自一至九,包四象、八卦之义,而兼五行之数,洛书则惟五行生成数也,然牺皇但画卦以垂教,则五行之数未显,故禹更陈五行而显九类也"等说,显然有悖于卷上原作者自序之初衷。

是何人增多彭城刘牧原一卷本之《易数钩隐图》,并加入所谓"河图"与"洛书"之图与图说?以彭城刘牧弟子黄黎献著有《续钩隐图》一卷的情况来看,似乎吴秘所进之书为合彭城刘牧原著与黄黎献之续著为一书。倘若如此,则"河图"与"洛书"(有"洛书五行生数"与"洛书五行成数"两幅图)的始作俑者,就是黄黎献无疑了。无论如何,"河图"与"洛书"诸图不出自彭城刘牧之书,这是毫无疑问的。

三衢刘牧(1011—1064)于景祐元年(1034)登进士榜,累官至荆湖北路转运判官、尚书屯田郎中。王安石所作墓志铭谓其"学《春秋》于孙复,与石介为友",叶适谓其"当时号能古文"。今见其遗文有《待月亭记》《送张损之赴任定府幕职序》(以上见《宋文鉴》)、五言排律《仙李洞》(见《廣西通志》)。三衢刘牧没有专门易学著作存留于世。

南宋陈振孙《直斋书録解题》针对三衢刘牧后裔刘敏士刻于浙右庾司,前有欧阳公序之《易数钩隐图》提出了疑问,曰:"其书三卷,与前本大同小异。案,敏士序称伯祖屯田郎中,临川先生志其墓。今观志文所述,但言学《春秋》于孙复而已,当庆历时,其易学盛行，不应略无一语及之。"如果三衢刘牧果真著有"仁宗时言数者皆宗之"颇有影响之《易数钩隐图》，那么深明易学之王安石怎么会作墓志时"无一语及之"呢？事实上，恰是从王安石所作《荆湖北路转运判官尚书屯田郎中刘君墓志铭并序》中看出，《易数钩隐图》一书本不出自三衢刘牧之手。南渡后三衢刘敏士重刻三卷本《易数钩隐图》，并明注为其伯祖三衢刘牧撰，又伪造欧阳修之"序"，遂使见此书者误将三衢刘牧当做彭城刘牧，此则刘敏士之徒，实是引起后世之疑的肇事者。前此《中兴书目》早已明言"本朝太常博士刘牧撰《易数钩隐图》一卷……牧字长民，彭城人，仁宗时言数者皆宗之"，至南宋陈振孙始见刘敏士之刻本，因而《直斋书录解题》方有如此之疑问。此误之传，愈传愈真，愈传愈广。至明道士白云霁撰《道藏目录详注》，除谓《易数钩隐图》三卷，《易数钩隐图遗论九事》一卷，皆为"三衢刘牧撰"而外，又谓《大易象数钩深图》三卷，亦"三衢刘牧撰"。实则此三书皆非"三衢刘牧撰"。《易数钩隐图》一卷本为彭城刘牧撰，《易数钩隐图遗论九事》原名《先儒遗事》，南宋郑樵《通志》记或谓陈纯臣撰，是书中有《易数钩隐图》中数幅图，刘牧岂能自称"先儒"？"大易象数钩深图"为《六经图》中之《易经》图总名（其他五经亦各有总名，分别是：尚书轨范撮要图，毛诗正变指南图，周礼文物大全图，礼记制度示掌图，春秋笔削发微图），是书即不是三衢刘牧撰，也不是元张理撰，本为南宋杨甲撰，毛邦翰增补，叶仲堪重编之《易经》图版本。至清初，黄宗羲著《宋元学案》，于《泰山学案》中谓泰山孙复弟子三衢刘牧著有《易数钩隐图》及《易数钩隐图遗论九事》，乾隆间四库馆臣亦深然白云霁之"详注"，《四库全书》提要中照样谓《易数钩隐图》与《易数钩隐图遗论九事》二书，皆为"三衢刘牧撰"，而又误考白云霁之注，谓《大易象数钩深图》为元张理撰。

三衢刘牧与一卷本及三卷本《易数钩隐图》毫无关系；朱震等所言"河洛图书"的传承代次，多是瞎说（胡适语），不可再引以为据；华山陈抟及范谔昌所传"象学"，并非"河洛图书"之内容；黑白点"河图"与"洛书"出现于彭城刘牧著一卷本《易数钩隐图》之后，是其弟子黄黎献所为，而且有三幅图。到了仁宗年间，李觏合为二幅，九数黑白点为《河图》，十数黑白点为《洛书》。历史事实证明，恰恰是朱熹易置了李觏的"图书"。所以《易学启蒙》谓"惟刘牧臆见，以九为《河图》，十为《洛书》，托言出于希夷"之说，纯粹是无稽之谈。朱熹和蔡元定根本不了解北宋有二位刘牧的历史事实，也不顾李觏书中列有九数《河图》和十数《洛书》的历史事实，甚至污蔑刘牧"易置图书"。此种作学问的态度，实不足取。

### 39.问：《周易》与计算机的发明和发展有渊源吗？

答：《周易》有64卦，到目前为止，只有这个64数字与计算机内存有关系，比如64，128，256，512，1024等等。至于说《周易》的八卦已经具有二进制数，从而说《周易》是计算机发明的鼻祖，那完全是没有根据的臆说。

当初，17世纪的德国数学家、哲学家莱布尼兹（Gottfried Wilhelm Leibniz，1646—1716）看到了白晋（Joachim Bouvet，1656—1730）从中国带回去的朱熹"八卦小横图"（见图75），便把阳爻符号（白块）当作1，阴爻符号（黑块）当作0，于是推出二进制数：乾111、兑110、离101、震100、巽011、坎010、艮001、坤000（变作十进制数：乾7、兑6、离5、震4、巽3、坎2、艮1、坤0），从而认为与自

## 贰 基础篇

已发明的"二进制数学"相吻合。

**朱熹八卦横图**

我们知道八卦爻位是自下向上排列的，倘若变作二进制，初爻应该是个位，中爻应该是二位，上爻应该是四位。如果真想演变作二进制，其数则是：乾111、兑011、离101、震001、巽110、坎010、艮100、坤000（变作十进制数则是：乾7、兑3、离5、震1、巽6、坎2、艮4、坤0）。

倘若以黑块当作1，白块当作0，则又有不同的二进制数：乾000、兑100、离010、震110、巽001、坎101、艮011、坤111（变作十进制数则是：乾0、兑4、离2、震6、巽1、坎5、艮3、坤7）。

邵雍给《先天图》八卦赋予的数，圆图逆数是：震1、离兑2、乾3、巽4、坎艮5、坤6；方图顺数是：乾1、兑2、离3、震4、巽5、坎6、艮7、坤8。邵雍从来没有逢二进一的二进制数。

由此可知，《周易》的八卦与莱布尼兹的"二进制数学"没有渊源关系，莱布尼兹的推导仅仅是巧合而已。也同时可知，朱熹的黑白块大小二横图与计算机运用的二进制数学之间也没有丝毫关系。

## 叁 文献篇

**40.问：现存《周易》古籍善本都有哪些?**

答：现存《周易》古籍，如果不计出土的竹书和帛书《周易》，我国现存最早的《周易》古籍应该算敦煌石室的唐代写本《周易》和《周易音义》残卷，还有西安碑林的唐石经《周易》和《周易略例》。能够流传至今的纸印善本，则多数是宋代的刻本。下面简要介绍宋代的几种《周易》善本。

（1）宋刻周易巾箱本

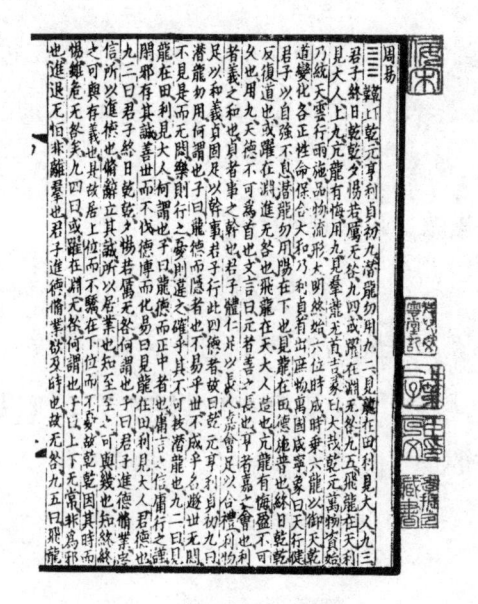

宋刻八经巾箱本周易图片之一

此《周易》善本，为宋刊"八经巾箱本"之一。细黑口，左右双边，双鱼尾，总计二十二叶，半叶二十行，行二十七字。版心下方有刻工名字。卷首有康熙御史季沧苇印记一："季振宜藏书"，还有袁世凯二子袁克文印记四："佞宋""侍儿文云掌记""上第二子""臣克文印"。

此书原为袁克文"皕宋书藏"楼收藏。袁世凯死后不久，袁克文寓居上海，因生活日渐拮据，遂把藏书卖出。民国十五年（1926）涉园曾经影印宋刻巾箱本八经白文，一函六册，今藏山东师范大学图书馆。

此书没有注与疏，只有周易白文，因而也称之为"单经本"。内容方面，屯卦、贲卦、睽卦、震卦的"媾"字、《系辞》的"构"字和《杂卦》的"遘"字皆缺笔；坤卦、需卦、颐卦、旅卦、未济卦和《系辞》的"慎"字皆缺笔，此为避高宗、孝宗讳。临卦、复卦、艮卦和《系辞》的"敦"字皆不缺笔，则不避光宗讳。由此可知，此书应该是南宋孝宗年间递修本。

（2）南宋国子监刻十二行周易注附音义本

此《周易注》九卷，王弼、韩康伯注，间附陆德明《周易音义》。《略例》一卷，王弼撰，邢璹注。共十卷。半叶十二行，行二十一字，注文二十八字双行，白口，双鱼尾，左右双边。

卷首有"毛晋""宋本""甲"；"瞿氏鉴藏金石记""菰里瞿镛""乾学""徐健菴"；"汪士钟印""阆原父用""平阳汪氏藏书印""秦蕙田印""味经"等印记。卷第十末有文征明"玉兰堂图书记""子晋""汲古主人""绍基秘籍""瞿氏鉴藏金石记""瞿氏珍藏图书""汪士钟印""阆原父用""味经窝藏书印""瞿秉清印""铁琴铜剑楼""蕙田之印""大司寇章"等印记。书后有明代董其昌、文嘉、文震孟、文从简和清代秦蕙田识跋。

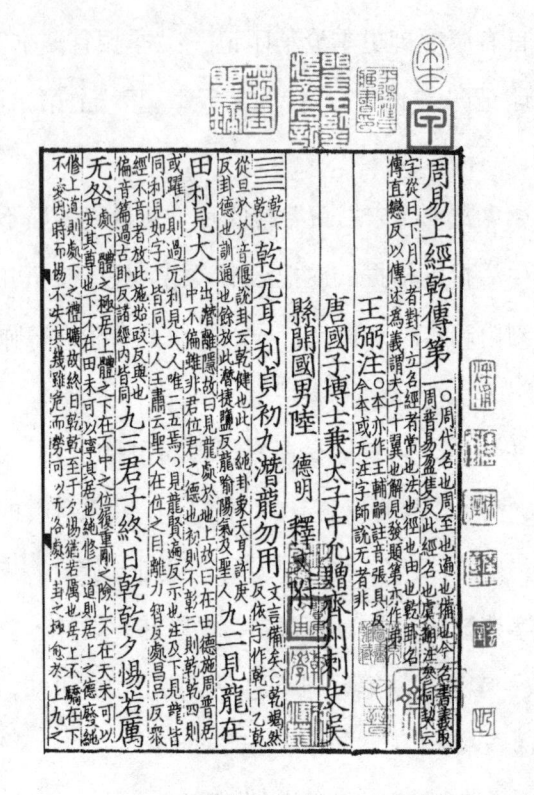

**南宋周易单注附音义刻本首叶**

《钦定天禄琳琅书目》列"周易一函五册"。记:"上下经六卷,魏王弼注,系辞以下三卷,晋韩康伯注,周易略例一卷,王弼著,唐邢璹注,俱唐陆德明音义共十卷。是书不载刊刻年月,而字法圆活,刻手精整,且于宋光宗以前讳皆缺笔,又每卷末详记经注音义字数。宋版多此式,其为南宋刊本无疑。琴川毛晋藏书类以甲乙为次,是书于宋本印记之下复加甲字印,乃宋椠之最佳者。"由此可知,所谓"乃宋椠之最佳者"即是指此书而言。

此书屯卦、贲卦、睽卦、震卦"媾"字与《系辞》"构"字、《杂卦》"遘"字皆缺笔；坤卦、需卦、颐卦、旅卦、未济卦与《系辞》"慎"字皆缺笔，临卦、复卦、艮卦与《系辞》"敦"字皆不缺笔。是书不避南宋光宗讳，证明刻于南宋孝宗时期，根本不是"北宋佳本"。此书今藏国家图书馆，2003 年 6 月北京图书馆出版社再造五百部，八开本，每部三册，卷第一至卷第三为第一册，卷第四至卷第六为第二册，卷第七至卷第十第三册。

（3）南宋刻十行周易单注本

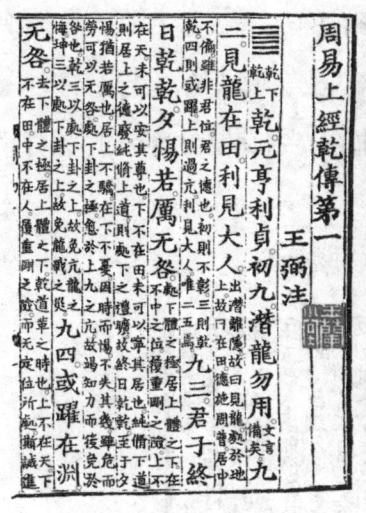

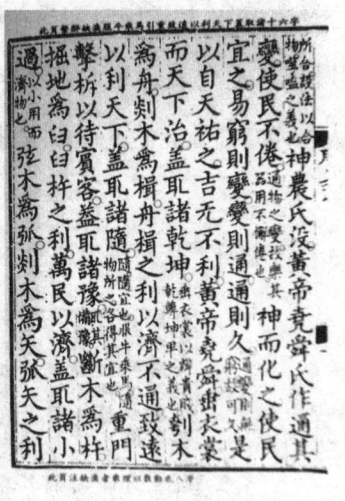

宋周易注刻本图片　　　　　　宋周易注误刻图片

《周易注》九卷，魏王弼、晋韩康伯注。《略例》一卷，魏王弼撰，唐邢璹注。是书半叶十行，每行大字十六，小字双行，每行二十四。白口，四周双阑。版心双鱼尾，上刻大小字数，中记某岁刊或重刊字样，下记刻工姓名，有严思明、刘明、严思敬、李子章等。卷一有明代文征明"玉兰堂"印记；卷五之首有清代康熙御史季沧苇"季振宜藏书"印记。

此书雕版于高宗绍兴十二年（1142），至光宗绍熙四年（1193）曾经补版"重刊"印刷，至宁宗开禧乙丑（1205）曾经补换一版印刷，又至宁宗嘉定五年（1212）则大规模补版"重刊"印刷。此书最大的缺点，丢刻《系辞》"涣服牛乘马引重致远以利天下盖取诸"十六字，还丢刻注"涣者乘理以散动也"八字。

王应麟《玉海》记："绍兴九年九月七日诏下诸郡，索国子监元颁善本，校对镂板。"以此推断，此书最早雕版应该是南宋高宗时国子监的"校对镂板"，其镂版时间当在绍兴十二年。是书十个大字和十一个小字"慎"、七个大字和六个小字"敦"皆缺笔，避皇帝讳一直到光宗。从避讳方面看，也能证明是书在光宗时期曾经有过"重刊"的事实。

（4）北宋国子监刻南宋递修本周易正义

宋周易正义刻本图

## 叁 文献篇

《周易正义》十四卷，唐孔颖达撰，宋刻递修本。是书半叶十五行，行二十六字。白口，双鱼尾，左右双边。版心记刊工姓名。卷首及卷末有"俞氏家藏""石涧书印""石涧""俞琰玉吾""林屋山人""读易楼图书记""易学传家""林屋洞天"（以上南宋俞琰钤记）；王世贞"仲雅""贞元"（以上清王世贞钤记）；"季振宜读书""御史之章""季振宜印""沧苇""御史振宜之印"（以上清季振宜钤记）；"祁阳陈澄中藏书记""庄虎孙印""传之子孙""高松堂鉴定书画印""洗心室"（以上无考）；"双鉴楼""双鉴楼藏书印""双鉴楼主人珍藏宋本""傅增湘""藏园""藏园秘籍""傅增湘印"（以上民国傅增湘钤记）；卷一末有翁方纲对"星伯"之小字回书，下有"翁方纲""覃谿"钤记。十四卷末有"吴郡唐寅藏书"字样及翁方纲题识一行。书后附有傅增湘识跋一篇。

《旧唐书》记："周易正义十四卷孔颖达撰。"《新唐书》记："周易正义十六卷国子祭酒孔颖达、颜师古、司马才章、王恭、太学博士马嘉运、太学助教赵乾叶、王谈、于志宁等奉诏撰。四门博士苏德融、赵弘智覆审。"《钦定续通志》记："太宗以孔颖达五经正义刊板，诏孔维与觉等校定。"按此书末叶所记，孔维是刻本的督勘官及督校官，雕版完成于宋太宗端拱元年（988）戊子十月。

《玉海》记："端拱（988）元年三月，司业孔维等奉敕校勘孔颖达五经正义百八十卷，诏国子监镂板行之。《易》则维等四人校勘，李说等六人详勘又再校，十月板成以献，书亦如之。"又记："绍兴九年（1139）九月七日，诏下诸郡，索国子监元颁善本校对镂板。十五年（1154）闰十一月，博士王之望请群经义疏，未有板者令临安府雕造。二十一年（1159）五月，诏令国子监访寻五经三馆旧监本刻板。上曰其他阙书亦令次第镂板，虽重有所费，亦不惜也。繇是经籍复全"。既然王应麟有"索国子监元颁善本校对镂板""未有板者令临安府雕造""诏令国子监访寻五经三馆旧监本刻板"的记载，我们可以断定今见《周易正义》一书应该是据"南渡递修"板印刷。

（5）南宋初两浙东路茶盐司刻八行周易注疏本

南宋初年两浙东路茶盐司刻本周易注疏图片

《周易注疏》十三卷，南宋初两浙东路茶盐司刻本。是书半叶八行，每行大字十九，小字双行，每行十九字。白口，双鱼尾。左右双边。版心下面多有刻工姓名。所有"媾""构""姤"字均缺笔，为避高宗讳，而"慎"字均不缺笔，则不避孝宗讳。由此证明，是书雕版于高宗年间。

是书原藏于日本足利学校，1973年足利学校后援会再造三百部。

南宋初《周易注疏》刻本，我国自明代钱求赤以来就没有完整收藏，清代阮元修十三经注疏也没有看到此书，所以他只好用宋刻十行《周易兼义》作底本修"周易注疏"。到了陈鳣整理的所谓宋本《周易注疏》，也只好用钱求赤保存的写本补足第一卷。陈氏又以为《周易注疏》原本十四卷，于是把《周易正义》前面的进表、序和八论补作一卷。同样四库馆臣也把"注疏"混同于"正义"，于《四库全书》里面把书名称之为"周易注疏"，而提要则称之为"周易正义"。于卷数则特有"考证"曰："按此孔颖达所著《正义》十四卷之首卷也。通论《易》义不在经疏传疏之列，故《馆阁书目》不数之，谓止十三卷。并此则为十四，非书有缺也。"显然，此皆不得见真正南宋《周易注疏》十三卷刻本所导致的误识。

现在，日本足利学校后援会再造的南宋初刻本《周易注疏》已经流传回我国。我们有幸得见是书之"庐山真面目"，由此在《周易》文献研究方面如鱼得水，一些历史上混淆的问题，也会因此迎刃而解了。

（6）清代陈鳣补修的南宋刻本周易注疏

《周易注疏》十三卷，魏王弼、晋韩康伯注，唐孔颖达疏，清陈鳣补修本。卷第一之前有唐长孙无忌所上《五经正义表》、孔颖达《周易正义序》和《八论》，合为十四卷。是书每半叶十行，每行大字十九，小字双行，每行亦十九字。左右双边，白口，版心之上记雕版字数，之下记刻工姓名。

真正南宋两浙东路茶盐司所刻《周易注疏》原本十三卷，没有陈鳣所补卷一前面的内容。陈鳣从吴骞处所得宋板《周易注疏》只有十二卷（卷二至卷十三，原为明孙景芳藏书），原缺之第一卷是他据钱求赤所藏抄本补刻。卷一共补刻三十一板，一律没有刻工姓名。

清代陈鳣所补《周易注疏》图片

陈鳣言："书中避敬、恒、贞等字，而不避慎字。间有避慎字者，审系修版，疑即《沿革例》所谓绍兴初监本，其刷印则在乾道、淳熙间也。"真正南宋刻《周易注疏》大小"慎"字总计八十一处，没有一字缺笔。陈氏所得《周易注疏》本的确有七处"慎"字缺笔。对比真正南宋刻《周易注疏》本，发现此七处"慎"字缺笔之叶全是后来补版。

陈鳣修补的《周易注疏》今藏国家图书馆。1994年启动的《续修四库全书》把此书影印收入经部易类之中。2003年4月北京图书馆出版社"中华再造善本唐宋编经部"纳入陈氏此书，第一版再造了500部。惜乎我国当时没有得到日本足利学校后援会1973年再造的真正南宋初年《周易注疏》刻本，也只好勉强用陈氏补刻本了。

## 叁 文献篇

（7）南宋刻十行本周易兼义

编纂"十三经注疏"始于南宋，两浙东路茶盐司的《周易注疏》就是单注和单疏的合璧，没有什么《五经正义表》等内容。清嘉庆二十一年阮元校刻"十三经注疏"，其《周易注疏》的目录开始就是"周易正义卷第一"，他之所以与四库馆臣一样地混淆不清，也是没有看到过真正南宋初年所刻的《周易注疏》的缘故。

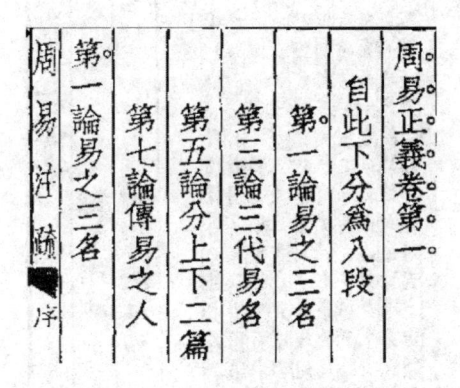

阮元十三经注疏之周易注疏图片（部分）

清代阮元以之编纂周易注疏的底本，是宋刻十行《周易兼义》本。陆心源记："周易兼义十卷音义一卷 宋刻本 魏王弼注 唐国子祭酒上护军曲阜县开国子臣孔颖达撰正义。是陆氏当时曾经收藏过此"宋刻本"，此刻本今日国内已经不见，大概在日本收藏。而陆氏所藏宋刻十行《周易兼义》，原先为阮元收藏。

据相关考证，宋刻十行《周易兼义本》九卷，附音义一卷、略例一卷。每半叶十行，每行大字十八，小字二十四。对比阮元《周易注疏校勘记》，明代所刻九行《周易兼义》本九卷，附释文一卷、略例一卷。每半叶九行，每行大字二十，小字双行四十，与宋刻十行《周易兼义》本，内容方面大致上没有什么差别。明代九行《周易兼义》刻本大概是南宋十行《周易兼义》刻本的元刻明修版。

明正德刻十行本《周易兼义》之后，无论嘉靖中之闽刻本，或万历中之监刻本，或崇祯中之汲古阁刻本，内容大都与十行兼义本同，只是版式略有不同和个别文字有所差别。

明代嘉靖闽刻周易兼义图片

41.问：何谓《周易》的"章句"之学？

答：东汉许慎《说文解字》解"章"曰"乐竟为一章，从音从十。十，数之终也"；解"句"曰"曲也，从口"。梁刘勰《文心雕龙》说："夫人之立言，因字而生句，积句而为章，积章而成篇。篇之彪炳，章无疵也；章之明靡，句无玷也；句之清英，字不妄也。"通俗来说，就是古文方面的离章和句读。当然还有专指"钩乙"停顿，"义尽"终止者；还有专指汉代讲解古书，串讲句意者；还有专以章句为书名者。

郑樵《通志·艺文略》经类列《易》有十六种:"古易""石经""章句""传""注""集注""义疏""论说""类例""谱""考正""数""图""音""谶纬""拟易"。其中"章句"之书有《周易十卷》汉魏郡太守京房章句、《周易十卷》汉曲台长孟喜章句、《周易四卷》汉费直章句、《周易十卷》汉南郡太守马融章句、《周易五卷》汉荆州牧刘表章句、《周易十卷》汉司空荀爽章句。由此可见,郑樵所谓《周易》的章句之学,是指汉代学者专门分章串讲《周易》句意的书籍而言。

今天人们对于《易传》的"离章"方面多遵从朱熹,而于"句读"方面则因有出土资料佐证,则多有与前人不同之处,比如前面已经介绍过的"天行,健""地势,坤"的句读等。

42.问:何谓《周易》的"谶纬"之学?

纬书《周易乾凿度》

答:四库馆臣于《四库全书总目·易纬坤灵图》中说:

儒者多称谶纬,其实谶自谶,纬自纬,非一类也。谶者,诡为隐语,预决吉凶。《史记·秦本纪》称"卢生奏录图书"之语,是其始也。纬者,经之支流,衍及旁义。《史记自序》引《易》"失之毫厘,差之千里",《汉书·盖宽饶传》引《易》"五帝官天下,三王家天下",注者均以为《易纬》之文是也。

由此可知,"谶"与"纬"各有所指。郑樵《通志》所列易类"谶纬"之书有《乾坤凿度》二卷伏羲文黄帝演仓颉修注、《乾凿度》二卷郑元注、《易纬稽览图》七卷郑元注、《京房易钞》一卷。

《四库全书》经部易类录有《乾坤凿度》二卷、《易纬稽览图》二卷、《易纬辨终备》一篇、《周易乾凿度》二卷、《易纬通卦验》二卷、《易纬乾元序制记》一篇、《易纬是类谋》一篇、《易纬坤灵图》一篇。

《隋书·经籍一》记:

《易》曰"河出图,洛出书",然则圣人之受命也,必因积德累业,丰功厚利,诚着天地泽被,生人万物之所归往,神明之所福飨,则有天命之应,盖龟龙衔负出于河洛以纪易代之征。其理幽昧,究极神道。先王恐其惑人,祕而不传。说者又云孔子既叙六经以明天人之道,知后世不能稽同其意,故别立纬及谶以遗来世。其书出于前汉,有《河图》九篇,《洛书》六篇。云自黄帝至周文王所受本文,又别有三十篇,云自初起至于孔子,九圣之所增演……至宋大明中始禁图谶,梁天监已后又重其制。及高祖受禅,禁之踰切。炀帝即位,乃发使四出搜天下书籍,与谶纬相涉者皆焚之,为吏所纠者至死。自是无复其学,祕府之内亦多散亡。

由此可知,历来"谶纬"之学与经学无涉,真正研究《周易》者不会青睐那些东西。

43.问:何谓《周易》的"数学"?

答:《四库全书》子部七 术数类一 数学之属 录有:

（1）扬雄撰晋范望注《太玄经》十卷。

（2）明叶子奇撰《太玄本旨》九卷。

（3）北周卫元嵩撰《元包经传》五卷附《元包数总义》二卷。

（4）宋邵雍撰《皇极经世书》十四卷。

（5）宋张行成撰《皇极经世索隐》二卷。

（6）宋张行成撰《皇极经世观物外篇衍义》九卷。

（7）宋张行成撰《易通变》四十卷。

（8）宋祝泌撰《观物篇解》五篇附《皇极经世解起数诀》一卷。

（9）清王植撰《皇极经世书解》十四卷。

（10）宋王湜撰《易学》一卷。

（11）宋蔡沈撰《洪范皇极内篇》五卷。

（12）宋丁易东撰《大衍索隐》三卷。

（13）元张理撰《易象图说内篇》三卷《外篇》三卷。

（14）明黄道周撰《三易洞玑》十六卷。

以上十四部书，全是与《周易》有关的书籍。四库馆臣是把"数学"与"图学"合作一处，归入"子部术数类数学之属"。然而却把宋杨甲撰毛邦翰补的《六经图》《大易象数钩深图》、宋吴仁杰的《易图说》、宋雷思齐的《易图通变》、元钱义方的《周易图说》、清胡渭的《易图明辨》等录入经部。看来，其分类并不严谨。特别是一边把邵雍《皇极经世》录入"术数类"，还一边说"是《经世》一书，虽明天道而实责成于人事。洵粹然儒者之言，固非谶纬术数家所可同年而语也"。特别值得一提的是，"儒家类"的《纂性理精义》卷三就是《皇极经世》内容。由此可见，搞好"目录学"也不是一件容易的事。

广泛地从数学角度研究《周易》，特别是给六十四卦赋予具体的数，是从邵雍开始的。当时邵雍运用算筹算得之数，实在令人惊奇。下面是用今天的数学表示邵雍六十四卦数的表格。

| 一生二為夬當十二之數也 二生四為大壯當四千三百二十之數也四生八為泰當 …… 三十二生六十四為坤當無極之數也是謂長數也長小為大皆自下而上故以陰數當 | 分數 | | 長數 | |
|---|---|---|---|---|
| | 乾一 | 1 | 夬二 | 12 |
| | 大有三 | $1×360^1$ | 大壯四 | $12×360^1$ |
| | 小畜五 | $1×360^2$ | 需六 | $12×360^2$ |
| | 大畜七 | $1×360^3$ | 泰八 | $12×360^3$ |
| | 履九 | $1×360^4$ | 兌十 | $12×360^4$ |
| | 睽十一 | $1×360^5$ | 歸妹十二 | $12×360^5$ |
| | 中孚十三 | $1×360^6$ | 節十四 | $12×360^6$ |
| | 損十五 | $1×360^7$ | 臨十六 | $12×360^7$ |
| | 同人十七 | $1×360^8$ | 革十八 | $12×360^8$ |
| | 離十九 | $1×360^9$ | 豐二十 | $12×360^9$ |
| | 家人二十一 | $1×360^{10}$ | 既濟二十二 | $12×360^{10}$ |
| | 賁二十三 | $1×360^{11}$ | 明夷二十四 | $12×360^{11}$ |
| | 无妄二十五 | $1×360^{12}$ | 隨二十六 | $12×360^{12}$ |
| | 噬嗑二十七 | $1×360^{13}$ | 震二十八 | $12×360^{13}$ |
| | 益二十九 | $1×360^{14}$ | 屯三十 | $12×360^{14}$ |
| | 頤三十一 | $1×360^{15}$ | 復三十二 | $12×360^{15}$ |
| | 姤三十三 | $1×360^{16}$ | 大過三十四 | $12×360^{16}$ |
| | 鼎三十五 | $1×360^{17}$ | 恆三十六 | $12×360^{17}$ |
| | 巽三十七 | $1×360^{18}$ | 井三十八 | $12×360^{18}$ |
| | 蠱三十九 | $1×360^{19}$ | 升四十 | $12×360^{19}$ |
| | 訟四十一 | $1×360^{20}$ | 困四十二 | $12×360^{20}$ |
| | 未濟四十三 | $1×360^{21}$ | 解四十四 | $12×360^{21}$ |
| | 渙四十五 | $1×360^{22}$ | 坎四十六 | $12×360^{22}$ |
| | 蒙四十七 | $1×360^{23}$ | 師四十八 | $12×360^{23}$ |
| | 蹇四十九 | $1×360^{24}$ | 咸五十 | $12×360^{24}$ |
| | 旅五十一 | $1×360^{25}$ | 小過五十二 | $12×360^{25}$ |
| | 漸五十三 | $1×360^{26}$ | 蹇五十四 | $12×360^{26}$ |
| | 艮五十五 | $1×360^{27}$ | 謙五十六 | $12×360^{27}$ |
| | 否五十七 | $1×360^{28}$ | 萃五十八 | $12×360^{28}$ |
| | 晉五十九 | $1×360^{29}$ | 豫六十 | $12×360^{29}$ |
| | 觀六十一 | $1×360^{30}$ | 比六十二 | $12×360^{30}$ |
| | 剝六十三 | $1×360^{31}$ | 坤六十四 | $12×360^{31}$ |

天起于一而終于七秭九千五百八十六萬六千一百一十萬九千九百四十六萬四千一百九十八京八千四百四十九兆起于十二而終于七秭九千五百

乾為一乾之五爻分而為大有以當三百六十之數也乾之四爻分而為小畜以當一萬二千九百六十之數也乾之三爻分而為履以當一百六十七億九千六百一十六萬之數也乾之二爻分而為同人以當二萬八千二百一十一兆六百九十萬七千四百

……

乾之初爻分而為姤以當七

……

是謂分數也分大為小皆自上而下故以陽數當之

**邵雍說易卦加一倍數圖**

郭彧制《邵雍说易卦加一倍数图》

《周易》里面说"极数知来之谓占""参伍以变错综其数""极其数遂定天下之象""参天两地而倚数"。涉及的数主要是"天地之数""大衍之数"以及揲筮的四象之数，还有六十四卦阳爻数九和阴爻数六，还有六个爻位之数。为什么后来的研究者可以从中演变出来那么多那么大的数？这个问题发人深思。

《春秋左传》杜预注：

物生而后有象，象而后有滋，滋而后有数。

程颐则说：

有理而后有象，有象而后有数，易因象以知数，得其义则象数在其中矣。必欲穷象之隐微，尽数之毫忽，乃寻流逐末，术家所尚，非儒者之务也。管辂、郭璞之学是已。

邵雍是"尽数之毫忽"之数学家，然而他却说：

天下之数出于理，违乎理则入于术，世人以数而入术，故失于理也。

在邵雍看来，管辂、郭璞是因数"违乎理"才入于术的。所以，不可把邵雍与世俗的术家同年而语。

**44.问：历代《周易》的石经之学如何？**

答：历代《周易》石经，按南宋王应麟《困学纪闻》记："石经有七：汉熹平则蔡邕；魏正始则邯郸淳；晋裴頠；唐开成中唐玄度；后蜀孙逢吉等；本朝嘉祐中杨南仲等；中书高庙御书。"下面，我们主要介绍一下东汉熹平石经和唐开成石经。

（1）东汉熹平石经

东汉熹平年间（172—178）将儒学经典《周易》《尚书》《鲁诗》《仪礼》《公羊传》《论语》《春秋》由蔡邕用隶书体书写，刻石于太学，世称"熹平石经"。

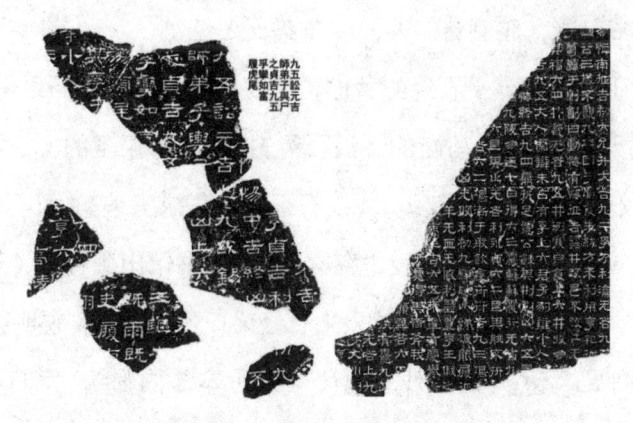

熹平石经易经残石拓片

熹平石经文言残石拓片　　　熹平石经说卦残石拓片

郑樵在《通志》里面说：

按：石经之学，始于蔡邕始也。秦火之后，经籍初出诸家所藏，传写或异，笺传之儒，皆冯所见，更不论文字之讹谬。邕校书东观，奏求正定六经文字，灵帝许之。乃自为书而刻石于太学门外，后儒晚学咸所取正。

奈当汉之末祚，所传未广，而兵火无存。后之人所得者，亦希矣。今之所谓石经者，但刻诸石耳，多非蔡氏之经。

现在研究汉代熹平石经的著作，主要有顾炎武的《石经考》、万斯同的《汉魏石经考》、马衡的《汉石经辑存》、罗振玉的《汉石经残字集录》《汉石经残字集录续编》《汉石经残字集录三编》《汉石经残字集录四编》、马无咎的《汉石经集存》、北京图书馆出版社的《历代石经研究资料辑刊》、赵秋成《恢复熹平石经梁丘贺本〈系〉说明》等。

以熹平石经《周易》残字对比今通行本《周易》，我们可以明了许多问题。比如，"坤"卦名作"巛"；乾坤《文言》在《系辞》之后

《说卦》之前等等。

（2）唐开成石经

《旧唐书·文宗本纪》：

国子祭酒郑覃进石壁九经一百六十卷，时上好文，郑覃以经义启导，稍折文章之士。遂奏置五经博士，依后汉蔡伯喈刊碑列于太学，创立石壁九经。

王应麟《玉海》记：

太和七年二月五日，敕唐玄度覆定石经字体。十二月敕于国子监讲论，堂两廊创立石九经。开成二年冬十月国子监石经成。

唐石经始刻于唐文宗大和七年（833），至开成二年（837）完成，立于国子监太学。其中《周易》九卷、王弼《周易略例》一卷。今存西安碑林，为七种石刻经文之中唯一保持最为完整的一种。

西安碑林唐开成石经　　　　皕忍堂景刊唐开成石经周易图片

研究石经《周易》，有助于对《周易》文献的版本校勘、文字训诂以及目录学方面的比对。比如今通行本《系辞》"法象，莫大乎天地；变通，莫大乎四时；县象着明，莫大乎日月；崇高，莫大乎富贵；备物致用，立成器以为天下利，莫大乎圣人；探赜索隐，钩深致远以定天下之吉凶,成天下之亹亹者,莫大乎蓍龟"一段,一律是"莫大乎",然而说"探赜索隐,钩深致远以定天下之吉凶,成天下之亹亹者,莫大乎蓍龟",就把"蓍龟"的卜筮作用夸大其词,与实际情况有所脱节。按陆德明《经典释文》"莫大乎蓍龟"原作"莫善乎蓍龟"。又如熹平石经《周易》分上下经和"十翼",而今见唐石经王弼《周易注》则把《文言》《彖》上下、大小《象》一律参入在上下经之内。还有,通过比对可以发现卦符号、卦爻辞文字方面的一些差异等等。

### 45.问:何谓《周易》的"注"和"义疏"之学?

答:一般所谓的"注",就是对《周易》本文所加的"注释"。当然,一旦认可某人的注释加入了《周易》,也就成为书的名称,比如王弼的《周易注》。"义疏"分为"正义"和"疏"。"疏"主要是为了进一步解释疏通经"注"而作,所以古人有"疏不破注"之说。当然,有时也不局限于此,比如有人就直接为经作"小疏"等。"正义"则与"疏"略有不同,顾名思义,"正义"是归正经和注的言辞以求本义的文字。比如唐代孔颖达的《周易正义》并不忌讳"疏不破注",甚至还要"节略"引用经与注之文。

有时"注疏"皆出于一人,如清代惠栋的《周易述》就是自注自疏,当然,其"疏"不会"破注"。

清代乾隆年间"御制重刻十三经",《周易注疏》则用王弼注加唐孔颖达正义;《尚书注疏》则用孔安国传加唐孔颖达正义;《毛诗注疏》则用毛亨传郑玄笺加唐孔颖达正义;《春秋左传注疏》则用杜预注加孔颖达正义;《周礼注疏》则用郑玄注加唐贾公正义等。由此可知,四库馆臣视"正义"与"疏"是一码事。

从研究《周易》的角度看，唐代有孔颖达的《周易正义》十四卷，南宋初年则有《周易注疏》十三卷。其实《周易正义》与《周易注疏》是两本不同编纂体例的书，不可混为一谈。

下面，举例说明之。

乾九二"见龙在田，利见大人。注：出潜离隐，故曰见龙，处于地上，故曰在田。德施周普，居中不偏，虽非君位，君之德也。初则不彰，三则乾乾，四则或跃，上则过亢。利见大人，唯二五焉。"此为王弼之"注"。

孔颖达《周易正义》："九二'见龙'至'大人'。阳处二位，故曰'九二'。阳气发见，故曰'见龙'。田是地上可营为有益之处，阳气发在地上，故曰'在田'。且初之与二俱为地道，二在初上，所以称'田'。'见龙在田'是自然之象，'利见大人'以人事托之，言龙见在田之时，犹似圣人久潜稍出，虽非君位而有君德，故天下众庶利见九二之大人。"此为孔颖达直接解释经文之"正义"，无关于王弼之注，也无关于"疏不破注"之说。

"注云'出潜'至'五焉'。正义曰'处于地上，故曰在田'者，先儒以为重卦之时……观辅嗣之注意唯取地上称田，诸儒更广而称之，言田之耕稼，利益及于万物盈满有益于人，犹若圣人益于万物，故称田也"，以下还有疏解"德施周普"者、"虽非君位"者、"君之德"者、"初则不彰"者、"唯二五焉"者之文。其中有孔颖达"于别卦言之，非唯二五而已""故但自明当爻之理，为此与临复不同"之言，看来孔颖达疏通王弼"注"之文，并非"疏不破注"。

孔颖达于《周易正义序》中说："今既奉勅删定，考按其事，必以仲尼为宗，义理可诠。先以辅嗣为本，去其华而取其实，欲使信而有征。"既然孔颖达言"去其华而取其实",则明白他不会遵循"疏不破注"的惯例。

南宋还有《周易兼义》刻本,其编纂体例则是"兼并"《周易正义》节略引用孔颖达之说,大概就是把孔颖达"破注"的文字予以剔除。

**46.问:何谓《周易》的"版本""校勘"和"训诂"之学?**

答:在文献学里面,都要涉及"版本""目录""校勘""训诂"和"理校"等内容。同样,在《周易》的古籍整理方面,也要涉及这些文献学方面的内容。

历代都要对古籍进行整理重刊,而现代句读还要求加上通用标点符号。所以,古籍的校勘工作就显得十分重要。比如现在北京大学儒藏中心编纂《儒藏》精华编,就有许多擅长文献学的专家参与校勘工作。笔者有幸参与了"经部易类"大部分选目的编审工作,同时还出版了《易文献辩估》一书。下面举几个实例说明校勘工作的重要性。

(1)《周易》古籍的校勘

①《四库全书》二字合作一字之误

《周易》大畜卦九三爻辞"良马逐,利艰贞,曰闲舆卫,利有攸往",朱震《汉上易传》说"茂陵中书武功爵十三级曰闲舆卫有取于此",校点者句读作"茂陵中书武功爵十,三级曰闲舆卫,有取于此"。据《四库全书》原文句读,似应该如此。

再查《四库全书》,宋冯椅《厚斋易学》和清纳喇性德《合订删补大易集义粹言》里面皆作"茂陵中书武功爵十三级曰闲舆卫"。按此想来,当初汉武帝卖官鬻爵把武功爵位分作十级,其第三级的官名叫做

"闲舆卫"。其实，事实则与此大相径庭。

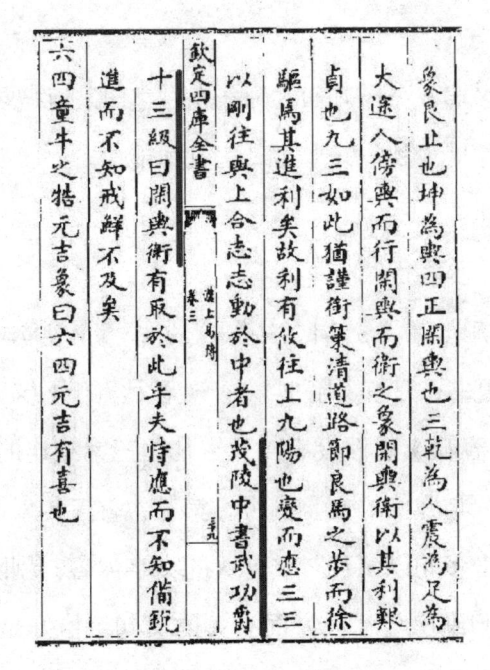

复印《四库全书》图片

《史记》记载：

议令民得买爵及赎禁锢免减罪，请置赏官，命曰武功爵级。

《集解》：

瓒曰：茂陵中书有武功爵，一级曰造士；二级曰闲舆卫；三级曰良士；四级曰元戎士；五级曰官首；六级曰秉铎；七级曰千夫；八级曰乐卿；九级曰执戎；十级曰左庶长；十一级曰军卫。此武帝所制，以宠军功。

原来汉武帝所制武功爵有十一级，其第二级"曰闲舆卫"。

依据《史记集解》，我们发现《四库全书》在三本《周易》书籍中皆把"一"字与"二"字合作一个"三"字。而朱震原文当作"茂陵中书武功爵十一二级曰闲舆卫有取于此"，句读后应该作"茂陵中书武功爵十一,二级'曰闲舆卫'有取于此"。

② 春秋五十凡

《周易述》:"春秋五十凡曰凡师能左右之曰以臣擅君命是以其国君凶也。"校点作:"《春秋》五十凡曰:'凡师能左右之曰以',臣擅君命,是以其国君凶也。"

宋王应麟《小学绀珠》:

"春秋五十凡"。称凡者五十,其别四十有九,释例母弟二,凡其义不异。

首先,查史书,只有《隋书》记"《春秋五十凡义疏》二卷"。其次,查五经,《春秋》里面没有"五十凡"三字相连的内容,更没有五十句以"凡"字开头的文字内容。第三,查三传,最后在《左传》里面找到了六十多句以"凡"字开头的文字内容。剔除了"某某曰"的内容,最后归纳出与礼仪方面有关的文句,恰好是五十处,其第二十七处是"凡师能左右之曰以"。

原来,"春秋五十凡"是左丘明传《春秋》就礼仪方面说的五十句以"凡"字开头的话。据此,如果"春秋五十凡"五字标点作"《春秋》五十凡曰",则初学者会误会出于《春秋》之经,会令人误会《春秋》内有"五十凡",还可能误会"五十凡"是某人。如果仿《春秋五十凡义疏》例,或可勉强作:"《春秋五十凡》曰:'凡师能左右之曰以',臣擅君命,是'以其国君凶'也。"

③ 盖取与无妄

《周易述》:"两象易者本诸《系辞》下传大壮大过夬三盖取与无妄中孚履两象易此汉法也"

校点者作:"两象易者,本诸《系辞》下传。大壮、大过、夬三,盖取与无妄、中孚、履。两象易,此汉法也。"

按《系辞下》：

上古穴居而野处，后世圣人易之以宫室，上栋下宇，以待风雨，盖取诸大壮；古之葬者，厚衣之以薪，葬之中野，不封不树，丧期无数，后世圣人易之以棺椁，盖取诸大过；上古结绳而治，后世圣人易之以书契，百官以治，万民以察，盖取诸夬。

此一段文字里面有三处"盖取"，是谓之"三盖取"。所以，正确的句读应该是："两象易者，本诸《系辞下》传。大壮、大过、夬三"盖取"，与无妄、中孚、履两象易，此汉法也。"

④ 六四辛未土

《周易述》：彼注云财爻与人同制之爻故以聚人火珠林巽属木六四辛未土巽之财也故云以四阴作财与下三阳共之为富以其邻也

校点者作：彼注云："财爻与人同，制之爻故以聚人，"《火珠林》："巽属木，六四辛，未土，巽之财也。"故云以四阴作财，与下三阳共之为富，以其邻也。

正确的句读应该是：彼注云"财爻与人同制之爻，故以聚人"，《火珠林》"巽属木，六四辛未土，巽之财也"，故云"以四阴作财，与下三阳共之"，为"富以其邻"也。

此处错误在于不明白"六四辛未土"和"富以其邻"的出处。

⑤ 贤人在下位而无辅

《周易·系辞》说："子曰贵而无位高而无民贤人在下位而无辅是以动而有悔也。"从来句读作："子曰：贵而无位，高而无民，贤人在下位而无辅，是以动而有悔也。"

《帛书周易》："子曰贵而无立高[而无民]贤人在亓下矣立而无辅是以动而有悔也。"（《帛书易传》第二篇16行）

此句读作:"子曰:贵而无立,高[而无民],贤人在亓下矣,立而无辅,是以动而有悔也。"

由此可见,今通行本《系辞》及《文言》中的这一句话,应该断作:

子曰:贵而无位,高而无民,贤人在下,位而无辅,是以动而有悔也。

《系辞》曰"圣人之大宝曰位",圣人有位而贤人无位。所以谓贤人有"下位",是不对的。近来,吉林大学有一位学者批评笔者这样句读有错误,大概是没有深入研究的缘故吧?

(2)《周易》古籍内容的训诂

"训诂"的作用,四库馆臣于《钦定四库全书总目·凡例》中说:

说经主于明义理,然不得其文字之训诂,则义理何自而推?

可见,若要推得正确的义理,其前提是要有准确的"文字训诂"。准确地解释古语或方言,或可以称之为"训诂"。"训诂"又可分作"形""音""义"三个方面。

① 音训

如《周易》大畜卦《大象》"君子以多识前言往行","识"通"志",音"志"。

如《周易·系辞》说"古之聪明叡知神武而不杀者夫","知"读作"智","杀"读作"衰"。

如《周易·系辞》说"夫乾其静也专","专"通"抟",音"团"。

如《周易·系辞》说"往者屈也,来者信也,屈信相感","信"通"伸",音"伸"。

② 形训

是"彖"还是"《彖》"?

如王夫之《周易内传》卷一，校点者作"舍《彖传》以说《彖》辞""凡《彖传》于释《彖》之余，皆以人事终之""《系传》之所谓辞，文王、周公《彖》爻所系之辞也""篇中五序《彖》爻之辞""《彖》辞虽为吉占而有戒意""《彖》先言吉而后言亨也，《彖传》于此二卦畅言天地万物消长通塞之机"。此是见"彖"就加书名号。

"彖"字形同而义不同。孔子为"彖"作传称之为《彖传》，而"彖"乃指"卦辞"而言。所以，正确的校点当作"舍《彖传》以说彖辞""凡《彖传》于释彖之余，皆以人事终之""《系传》之所谓辞，文王、周公彖爻所系之辞也""篇中五序彖爻之辞""彖辞虽为吉占而有戒意""彖先言吉而后言亨也，《彖传》于此二卦畅言天地万物消长通塞之机。"所以，不能见"彖"字就加书名号。

是"已"还是"巳"？

如《周易》革卦："革，已日乃孚"。有作"革，巳日乃孚"者，巳、午为火，如宋张浚《紫岩易传》"离为日，自初进四革道乃成，为巳日"之说。还有作"革，己日乃孚"者，如朱震《汉上易传》说："己日，先儒读作已事之已，当读作戊己之己。十日至庚而更，更，革也。自庚至己，十日浃矣。己日者，浃日也。"

王弼《周易注》："故革之为道，即日不孚，已日乃孚也。孚然后乃得元亨利贞悔亡也。已日而不孚，革不当也。"孔颖达《正义》曰："'已日乃孚'者，夫民情可与习常，难与适变；可与乐成，难与虑始。故革命之初，人未信服，所以即日不孚，已日乃孚也。"唐史征《周易口义诀》曰："已，竟也。"宋胡瑗《周易口义》曰："已日，则事已成之日。"宋郑刚中《周易窥余》曰："已，当从先儒读作已事之已。已日乃孚，谓革易其故体，不能即日孚也，惟革事之日已矣，然后人始孚而信之。"显然，注与疏皆作"已日"，为革命已经结束的意思。

今《儒藏》精华编经部易类，即收录《周易注》《周易正义》，又收录《汉上易传》。毫无疑问，前两书本着注疏者的意思，革卦经文要作"革，已日乃孚"。然而，后一部书将如何处理？

可惜，《帛书周易》此卦（卦名作"勒"）二"已日"字皆缺失。从香港购回的楚竹书《周易》卦名作"革"，二"已日"皆作"改日"。因此经文的不确定性，所以"不擅自修改经文"的原则亦不适用于此。看来，尊重原注疏者的本意，各自作"已日"或"己日"，可能是一折中可行的办法。

是"曰"还是"日"？

如《杨氏易传》："大畜卦九三：良马逐，利艰贞，曰闲舆衛，利有攸往。"查《子夏易传》、王弼《周易注》、孔颖达《周易正义》、唐史征周《易口诀义》、宋胡瑗《周易口义》、宋司马光《温公易说》、宋张载《横渠易说》、宋苏轼《东坡易传》、宋耿南仲《周易新讲义》、宋张浚《紫岩易传》、宋李光《读易详说》、宋沈该《易小传》、宋朱震《汉上易传》、宋都絜《易变体义》、宋郭雍《郭氏家传易说》、宋李衡《周易义海撮要》、宋赵彦肃《复斋易说》、宋赵善誉《赵氏易说》、宋方闻一《大易粹言》、宋易祓《周易总义》、宋李过《西谿易说》、宋赵以夫《易通》、宋魏了翁《周易要义》、宋郑汝谐《郑东谷易翼传》、宋赵汝《周易辑闻》、宋方实孙《淙山读周易记》、宋董楷《周易传义附录》、宋俞琰《周易集说》、宋丁易东《周易象义》等皆作"曰闲舆卫"。

宋王应麟编《周易郑康成注》：

大畜……日闲舆卫，日习车徒。

宋本《经典释文》"曰"下释：

音越，刘云"曰"犹言也。郑，人寔反，云"日习车徒"。

敦煌石室《经典释文》残卷陆德明释"曰"字：

越音。又人质反，犹言。郑云"日习车徒"也。

出土《帛书周易》泰蓄九三：

良马逐，利根贞。曰阑车[卫]，利有攸往。

帛书"昭力"篇：问"阑舆"之义。子曰：

上正卫国以德，次正卫国以力，下正卫[国]以兵。卫国以德者，必和亓君臣之节，不耳之所闻，败目之所见，故权臣不作，同列子右，欲以固亓观赏。百姓之□，以禁□教，察人所挨，不作奇心。是故大国属力焉，而小国归德焉。城郭弗修，五兵弗实，而天下皆服焉。《易》曰"阑舆之卫，利有攸往"，若舆且以阑然卫之，况以德乎？可不共之又？

由此可知，"曰阑舆卫"，是盼咐用栏干把战车护卫起来的意思。郑玄"日习车徒"之释，则与之大相径庭。

是"云"还是"㐬"？

四库本《周易述》：

《说文》曰：云，不顺忽出也。从倒子，或从㐬，即古文《易》突字。

《说文》注"云"字曰：

不顺忽出也，从到子。《易》曰"云如其来如"，不孝子云出，不容于内也。凡云之属皆从云。

注"㐬"字曰：

或从到古文子，即《易》"云"字。

由此可知，"云"字即"去"或"充"之误。

③ 义训

义训"大"与"善"

如《周易·系辞》说"探赜索隐，钩深致远以定天下之吉凶，成天下之亹亹者，莫大乎蓍龟"，此把"蓍龟"的卜筮作用夸大其词，与实际情况有所脱节。出土帛书《周易》以及唐魏征《周易治要》、陆德明《经典释文》皆作"莫善乎蓍龟"，由此可知，"大"是"善"之误。

义训"冠"与"见"

如《四库全书·周易注疏》"唯魏世王辅嗣之注独冠古今"，说王弼对《周易》的注释冠古又冠今，与实际情况不合，也不合乎道理。孔颖达《周易正义》说"唯魏世王辅嗣之注独见古今"才有道理。王弼《周易注》出现于"魏世"，而至唐代仍然可见。由此可知，"冠"字乃后人妄改。

义训"凡"与"九"

如《周易兼义》"业资凡圣"，"凡圣"之义不可解。孔颖达《周易正义》说"业资九圣"才有道理。晋葛洪《抱朴子内篇》说："九圣共成易经，足以弥纶阴阳，不可复加也。"由此可知，"凡"字乃后人妄改。

义训"鞶带"与"服"

讼上九曰："或锡之鞶带，终朝三褫之。"《象》曰："以讼受服，亦不足敬也。"先儒大多释作"玉带""衣服"或"服命"。如胡瑗曰"夫鞶带者，宠异之服也"；程颐曰"受服命之赏"；张浚曰"鞶带，所以束身而用"；朱熹曰"鞶带，命服之饰……故有锡命受服之象"。唯王夫之《周易稗疏》曰："带，无鞶名。鞶者，鞶缨，车饰也。带，所以

叁 文献篇

系佩繸及苾者。《书》曰'车服，以庸车之等视其服'，故再命赐服，不言赐车，言服则车在其中。《象》传徒言'受服'以此。"

《诗·叔于田》"两服上襄，两骖雁行""两服齐首，两骖如手"。"服"乃驾辕之良马。王三锡命，一命爵，二命服，三命车，如此方"终朝三褫之"。观象，乾为良马，坎为车轮，互离为"终日"，伏兑为"毁折"。所以，王夫之义训到位，实为正解。

（3）《周易》古籍的理校

易学古籍中有些文字发生嬗变，多是好事者自作聪明以己意窜改。这就需要从义理角度进行考证。

①"考案"与"考察"的义理

北宋椠《周易正义》："今既奉勅删定，考案其事，必以仲尼为宗。"至南宋宋十行兼义本及清阮元《周易注疏》皆作："今既奉勅删定，考察其事，必以仲尼为宗。"

从文义分析，"考案"是敬辞，唐、宋人多用之。如宋程大昌《禹贡山川地理图》曰："左氏古书先乎秦世，而言及汉水者，考案其地皆隶古荆。"知南宋时已经改"考案"作"考察"，日本山井鼎所校底本为至明嘉靖中福建刻九行兼义本，亦沿袭宋十行兼义本作"考察"。

刘承乾"嘉业堂本"来自日本足利学校藏单疏写本，亦作"考案"。可知，改作"考察"是南宋出现"兼义本"时的事。从义理上分析，作"考案"善。

②"比潜龙"与"此潜龙"的义理

宋椠单疏本《周易正义》原文是："比潜龙始起在建子之月，于义恐非也。"阮元《周易注疏》作"此比潜龙始起在建子之月"，可知南宋十行《周易兼义》本已经改"比"作"此"。明嘉靖中福建刻九行兼义本自然同于宋十行兼义本。

考孔颖达曰"比潜龙在建子之月",是从晋乾宝解乾卦初九爻辞之义用复卦说。复卦"一阳来复",卦气当"建子"十一月。孔氏"正义"引刘邦做泗水亭长事,申"小人道盛"时君子应该躲避"勿用"之意,而驳斥"诸儒"之"舜始渔于雷泽"比喻之非,强调尧时非"小人道盛"之时,因而将舜之事比喻为"在潜龙建子之月",不符合易理。"比"字有比拟、比喻意思,如"比物丑类"等。比喻舜佃渔时为"潜龙"始起在建子之月,于义恐怕不相符合。所以,作"比"字善。

③ "二"与"五"的义理

宋椠单疏本《周易正义》比卦:"二以其显比亲者伐所不加也判者必欲征伐也。"

阮元《周易注疏》改"二"为"五",作:"五以其显比,亲者伐所不加也,判者必欲征伐也。"

首先,日本足利写本皆作"二",与宋椠单疏本相同。其次,比卦九五与六二为正应,九五为比主。六二爻辞曰"比之自内",是言九五"显比"于内卦之六二。九五为"心既中正"之王,所以"征伐有常",六二,以其是九五之"显比亲者",所以"伐所不加"。

阮本改作"五以其"显比,亲者伐所不加也",则语意不通。所以,不可改"二"为"五"。明嘉靖中福建刻九行兼义本改"二"作"五",此是沿袭宋刻元递修之十行兼义本而来。由此可知,阮元刻本所据之南宋十行兼义本已经改"二"为"五"。

④ "今"与"令"的义理

宋椠《周易注》随卦《象》注"为随而今大通利贞",南宋刻《周易注疏》、南宋刻单注附音义本作和日本庆长中古活字印本皆作"为随而令大通利贞"。

宋刻本《周易正义》曰:"若能大通利贞,是得时也。若不能大通利贞,是失时也。时异而不随,否之道者,凡所遇之时,体无恒定,或值不动之时,或值相随之时,旧来恒往,今须随从。"

注云"为随而不大通"与"为随而令大通",正是为了表达"逆于时"与"得于时"。而孔颖达曰"今须随从",是为了表达顺从"或值相随之时"。所以,南宋刻《周易注》改"令"作"今"是妄改。

由此可见,理校之所以重要就在于它是任何章句、训诂及校勘的根本依据。

(4)《周易》古籍的选目

《四库全书》的《周易》书籍门目,"经部易类"选择著录的有七卷,末记:"右易类一百五十九部一千七百四十八卷,附录八部十二卷。"存目不录的有四卷,末记:"右易类三百十七部二千四百卷内四十九部无卷数,附录一部一卷,皆附存目。"由此可见,四库馆臣当时对各地进献及馆藏易学书籍是否编入《四库全书》是有所取舍的。

如今北京大学编纂《儒藏》精华编,也要对易学典籍有所取舍。如"经部易类"就选取了如下易学典籍:

| 1 | 京氏易传(京房) | 20 | 易纂言(吴澄) |
|---|---|---|---|
| 2 | 周易郑注(王应麟 丁杰 等) | 21 | 周易本义通释(胡炳文) |
| 3 | 汉魏二十一家易注(孙堂) | 22 | 易经蒙引(蔡清) |
| 4 | 周易注(王弼 韩康伯) | 23 | 周易集注(来之德) |
| 5 | 周易正义(孔颖达) | 24 | 易学象数论(黄宗羲) |
| 6 | 周易集解(李鼎祚) | 25 | 周易内传(王夫之) |
| 7 | 周易口义(胡瑗) | 26 | 周易外传(王夫之) |
| 8 | 易童子问(欧阳修) | 27 | 易图明辨(胡渭) |

| | | | |
|---|---|---|---|
| 9 | 温公易说（司马光） | 28 | 周易述（惠栋） |
| 10 | 横渠易说（张载） | 29 | 周易述补（江藩） |
| 11 | 伊川易传（程颐） | 30 | 周易述补（李林松） |
| 12 | 汉上易传（朱震） | 31 | 易汉学（惠栋） |
| 13 | 诚斋先生易传（杨万里） | 32 | 御纂周易折中 |
| 14 | 易学启蒙（朱熹） | 33 | 周易虞氏义（张惠言） |
| 15 | 周易本义（朱熹） | 34 | 雕菰楼易学（焦循） |
| 16 | 杨氏易传（杨简） | | |
| 17 | 易学启蒙通释（胡方平） | | |
| 18 | 周易本义附录纂注（胡一桂） | | |
| 19 | 周易启蒙翼传（胡一桂） | | |

能够如此选目者，必定是对所有现存易学典籍心中有数者。必定会全面考虑典籍内容的可取与可舍程度，以至于符合"精华编"的要求。令人遗憾的是，当时南宋初年两浙东路茶盐司所刻《周易注疏》一书还没有从海外流传回我国，所以没有入选"精华编"。笔者有幸编审了其中大部分易学著作，又承担了北京大学《儒藏》儒家思想与儒家经典研究丛书的课题，出版了《易文献辨诂》一书。七年多的编审工作，在周易文献学方面也是一次补课和学习的机会。

**47. 问：现有的一些类书里面，都收录了哪些《周易》书籍？**

答：主要有《四库全书》《续修四库全书》《正统道藏》《道藏辑要》《四库全书》"存目"、《皇清经解》《四部丛刊》和严灵峰《无求备斋易经集成》等。

下面，列举其中主要的书目。

《四库全书》易类的书目是：

子夏易传十一卷 内府藏本 旧本题卜子夏撰

周易郑康成注 1 卷 通行本 宋王应麟编

新本郑氏周易 3 卷 江苏巡抚采进本 清惠栋编（注：著录时书名增补郑氏周易）

陆氏易解 1 卷 浙江吴玉墀家藏本 明姚士粦所辑吴陆绩周易注

周易注 10 卷 浙江巡抚采进本 上下经注及略例魏王弼撰 系辞传说卦传序卦传杂卦传注晋韩康伯撰（注：第十卷为周易略例）

周易正义 10 卷 内府刊本 魏王弼晋韩康伯注 唐孔颖达疏（注：实际著录 13 卷，后又录有周易略例 1 卷，合 14 卷）

周易集解 17 卷 内府藏本 唐李鼎祚撰

周易口诀义 6 卷 永乐大典本 唐史征撰

周易举正 3 卷 浙江巡抚采进本 旧本题唐郭京撰

易数钩隐图 3 卷附遗论九事 1 卷 浙江吴玉墀家藏本 题宋刘牧撰

周易口义 12 卷 浙江吴玉墀家藏本 宋倪天隐述其师胡瑗之说

温公易说 6 卷 永乐大典本 宋司马光撰 注：著录时书名易说。

横渠易说 3 卷 内府藏本 宋张载撰

东坡易传 9 卷副 都御史黄登贤家藏本 宋苏轼撰

易传 4 卷 直隶总督采进本 宋伊川程子撰 注：著录时书名伊川易传

易学辨惑 1 卷 永乐大典本 宋邵伯温撰

了翁易说 1 卷 浙江吴玉墀家藏本 宋陈瓘撰

吴园易解 9 卷 湖北巡抚采进本 宋张根撰（注：著录时书名吴园周易解）

周易新讲义 10 卷 浙江巡抚采进本 宋耿南仲撰（注：实际著录为 6 卷）

紫岩易传 10 卷 两江总督采进本 宋张浚撰

读易详说 10 卷 永乐大典本 宋李光撰

易小传 6 卷 直隶总督采进本 宋沈该撰

汉上易集传 11 卷卦图 3 卷丛说 1 卷 两江总督采进本 宋朱震撰

周易窥余 15 卷 永乐大典本 宋郑刚中撰

易璇玑 3 卷 两江总督采进本 宋吴沆撰

易变体义 12 卷 永乐大典本 宋都絜撰

周易经传集解 36 卷 浙江朱彝尊家曝书亭藏本 宋林栗撰

易原 8 卷 永乐大典本 宋程大昌撰

周易古占法 1 卷古周易章句外编 1 卷 两淮盐政采进本 宋程迥撰

原本周易本义 12 卷附重刻周易本义 4 卷并 内府刊本 宋朱熹撰

郭氏传家易说 11 卷 浙江郑大节家藏本 宋郭雍撰

周易义海撮要 12 卷 两淮马裕家藏本 宋李衡撰

南轩易说 3 卷 内府藏本 宋张栻撰

复斋易说 6 卷 两江总督采进本 宋赵彦肃撰

杨氏易传 20 卷 浙江吴玉墀家藏本 宋杨简撰

周易玩辞 16 卷 两江总督采进本 宋项安世撰

易说 4 卷 永乐大典本 宋赵善誉撰

诚斋易传 20 卷 江西巡抚采进本 宋杨万里撰

大易粹言 10 卷 苏州蒋曾莹家藏本 宋方闻一编（注：实际著录 73 卷）

易图说 3 卷 两江总督采进本 宋吴仁杰撰

古周易 1 卷 两江总督采进本 宋吕祖谦编

易传灯 4 卷 永乐大典本 旧署宋徐总乾撰

易裨传 2 卷 两江总督采进本 宋林至撰

厚斋易学 52 卷 永乐大典本 宋冯椅撰

童溪易传 30 卷 直隶总督采进本 宋王宗传撰

周易总义 20 卷 副都御史黄登贤家藏本 宋易祓撰

西溪易说 12 卷 浙江吴玉墀家藏本 宋李过撰

丙子学易编 1 卷 两江总督采进本 宋李心传撰

易通 6 卷 江苏巡抚采进本 宋赵以夫撰

易象意言 1 卷 永乐大典本 宋蔡渊撰（注：实际著录时此书在周易经传训解之后）

周易经传训解 2 卷 浙江吴玉墀家藏本 宋蔡渊撰

周易要义 10 卷 副都御史黄登贤家藏本 宋魏了翁撰

东谷易翼传 2 卷 两江总督采进本 宋郑汝谐撰（注：著录时书名易翼传）

朱文公易说 23 卷 编修励守谦家藏本 宋朱鉴编（注：著录时书名文公易说）

易学启蒙小传 1 卷附古经传 1 卷 两江总督采进本 宋税与权撰

周易辑闻 6 卷附易雅 1 卷筮宗 1 卷 内府藏本 宋赵汝楳撰

用易详解 16 卷 永乐大典本 宋李杞撰

淙山读周易记 21 卷 山东巡抚采进本 宋方实孙撰

周易传义附录 14 卷 两江总督采进本 宋董楷撰

易学启蒙通释 2 卷 内府藏本 宋胡方平撰（注：书后有刘泾与熊禾跋）

三易备遗 10 卷 内府藏本 宋朱元升撰

周易集说 40 卷 内府藏本 宋俞琰撰

读易举要 4 卷 永乐大典本 宋俞琰撰

周易象义 16 卷 永乐大典本 宋丁易东撰（注：书后有丁易东后

序）

易图通变 5 卷 易筮通变 3 卷 两江总督采进本 宋雷思齐撰

读易私言 1 卷 两江总督采进本 元许衡撰

易本义附录纂疏 15 卷 内府藏本 元胡一桂撰（注：著录时书名易附録纂注）

易学启蒙翼传 4 卷 内府藏本 元胡一桂撰（注：著录时书名周易啓蒙翼传）

易纂言 10 卷 内府藏本 元吴澄撰（注：实际著录 12 卷）

易纂言外翼 8 卷 永乐大典本 元吴澄撰

易原奥义 1 卷 周易原旨 6 卷 内府藏本 元宝巴撰（注：周易原旨实际著录 8 卷）

周易程朱传义折衷 33 卷 浙江吴玉墀家藏本 元赵采撰

周易衍义 16 卷 浙江吴玉墀家藏本 元胡震撰

易学滥觞 1 卷 两淮盐政采进本 元黄泽撰

大易象数钩深图 3 卷 内府藏本（注：实际著录在周易本义集成之后）

大易缉说 10 卷 内府藏本 元王申子撰（注：实际著录在易学滥觞之后）

周易本义通释 12 卷 编修励守谦家藏本 元胡炳文撰

周易本义集成 12 卷 两江总督采进本 元熊良辅撰

学易记 9 卷 两江总督采进本 元李简撰

周易集传 8 卷 浙江巡抚采进本 元龙仁夫撰

读易考原 1 卷 两淮马裕家藏本 元萧汉中撰

易精蕴大义 12 卷 永乐大典本 元解蒙撰

周易会通 14 卷 内府藏本 元董真卿撰

易学变通 6 卷 永乐大典本 元曾贯撰（注：实际著录在周易会通之前）

周易图说 2 卷 浙江吴玉墀家藏本 元钱义方撰

周易爻变义缊 4 卷 浙江吴玉墀家藏本 元陈应润撰

周易参义 12 卷 浙江巡抚采进本 元梁寅撰

周易文诠 4 卷 两淮马裕家藏本 元赵汸撰

周易大全 24 卷 内府藏本 明胡广等奉勅撰（注：实际著录时书名周易传义大全）

易经蒙引 12 卷 江苏巡抚采进本 明蔡清撰

读易余言 5 卷 副都御史黄登贤家藏本 明崔铣撰

易学启蒙意见 5 卷 浙江汪启淑家藏本 明韩邦奇撰

易经存疑 12 卷 福建巡抚采进本 明林希元撰

周易辨录 4 卷 山东巡抚采进本 明杨爵撰

易象钞 4 卷 两淮盐政采进本 明胡居仁撰（注：实际著录 18 卷，乃钱一本之书）

周易象旨决录 7 卷 浙江巡抚采进本 明熊过撰

易象钩解 4 卷 两淮马裕家藏本 明陈士元撰

周易集注 16 卷 浙江巡抚采进本 明来知德撰

读易纪闻 6 卷 浙江吴玉墀家藏本 明张献翼撰

八白易传 16 卷 湖北巡抚采进本 明叶山撰

洗心斋读易述 17 卷 两江总督采进本 明潘士藻撰（注：实际著录时书名读易述）

像象管见 9 卷 内府藏本 明钱一本撰

周易札记 3 卷 山东巡抚采进本 明逯中立撰

周易易简说3卷 江苏巡抚采进本 明高攀龙撰

易义古象通8卷 浙江巡抚采进本 明魏濬撰

周易像象述5卷 浙江吴玉墀家藏本 明吴桂森撰（注：实际著录为10卷）

易用5卷 福建巡抚采进本 明陈祖念撰（注：实际著录为6卷）

易象正16卷 福建巡抚采进本 明黄道周撰

兒易内仪以6卷兒易外仪15卷 浙江巡抚采进本 明倪元璐撰

卦变考畧1卷 浙江巡抚采进本 明董守谕撰（注：实际著录2卷）

古周易订诂16卷 浙江巡抚采进本 明何楷撰（注：书末有解经处答客问）

周易玩辞困学记15卷 山东巡抚采进本 明张次仲撰

易经通注9卷 湖北巡抚采进本 清顺治十三年傅以渐曹本荣奉勅撰

日讲易经解义18卷 康熙二十二年圣祖仁皇帝御定

御纂周易折中22卷 康熙五十四年圣祖仁皇帝御纂

御纂周易述义10卷 乾隆二十年傅恒等奉勅撰

读易大旨5卷 浙江巡抚采进本 清孙奇逢撰

周易稗疏4卷附考异1卷 湖南巡抚采进本 清王夫之撰

易酌14卷 直隶总督采进本 清刁包撰

田间易学12卷 副都御史黄登贤家藏本 清钱澄之撰（注：实际著录10卷）

易学象数论6卷 浙江巡抚采进本 清黄宗羲撰

周易象辞21卷附寻门余论2卷图书辨惑1卷 浙江巡抚采进本 清黄宗炎撰

周易筮述8卷 陕西巡抚采进本 清王宏撰撰

仲氏易 30 卷 浙江巡抚采进本 清毛奇龄撰

推易始末 4 卷 浙江巡抚采进本 清毛奇龄撰

春秋占筮书 3 卷 浙江巡抚采进本 清毛奇龄撰

易小帖 5 卷 浙江巡抚采进本 清毛奇龄撰

乔氏易俟 18 卷 山东巡抚采进本 清乔莱撰

读易日钞 6 卷 山东巡抚采进本 清张烈撰（注：实际著录 8 卷）

周易通论 4 卷 两江总督采进本 清李光地撰

周易观彖 12 卷 浙江巡抚采进本 清李光地撰

周易浅述 8 卷 内府藏本 清陈梦雷撰（注：卷八之后为周易浅述图）

易原就正 12 卷 直隶总督采进本 清包仪撰

大易通解 4 卷 直隶总督采进本 清魏荔彤撰

易经衷论 2 卷 浙江巡抚采进本 清张英撰

易图明辨 10 卷 浙江巡抚采进本 清胡渭撰

合订删补大易集义粹言 80 卷 两江总督采进本 旧本题清纳喇性德编

周易传注 7 卷附周易筮考 1 卷 直隶总督采进本 清李塨撰

周易玩辞集解 10 卷 浙江巡抚采进本 清查慎行撰

周易札记 2 卷 两江总督采进本 清杨名时撰

周易传义合订 12 卷 江西巡抚采进本 清朱轼撰

易说 6 卷 陕西巡抚采进本 清惠士奇撰

周易函书约存 24 卷约注 18 卷别集 8 卷 刑部尚书胡季堂家藏本 清胡煦撰

易笺 8 卷 山东巡抚采进本 清陈法撰

楚蒙山房易经解 16 卷 江西抚巡采进本 清晏斯盛撰

周易孔义集说 20 卷 编修周永年家藏本 清沈起元撰

易翼述信 12 卷 直隶总督采进本 清王又朴撰

周易浅释 4 卷 江苏巡抚采进本 清潘思榘撰（注：书后有沈大成之周易浅释跋）

周易洗心 9 卷 编修励守谦家藏本 清任启运撰（注：实际著录 7 卷）

丰川易说 10 卷 两江总督采进本 清王心敬撰

周易述 23 卷 浙江吴玉墀家藏本 清惠栋撰

易汉学 8 卷 光禄寺卿陆锡熊家藏本 清惠栋撰

易例 2 卷 桂林府同知李文藻刊本 清惠栋撰

易象大意存解 1 卷 编修程晋芳家藏本 清任陈晋撰

大易择言 36 卷 两江总督采进本 清程廷祚撰

周易辨画 40 卷 安徽巡抚采进本 清连斗山撰

周易图书质疑 24 卷 安徽巡抚采进本 清赵继序撰

周易章句证异 11 卷 江苏巡抚采进本 清翟均廉撰（注：实际著录 12 卷）

乾坤凿度 2 卷 永乐大典本

易纬稽览图 2 卷 永乐大典本

易纬辨终备 1 卷 永乐大典本

周易乾凿度 2 卷 永乐大典本

易纬通卦验 2 卷 永乐大典本

易纬乾元序制记 1 卷 永乐大典本

易纬是类谋 1 卷 永乐大典本

易纬坤灵图 1 卷 永乐大典本

右易类一百五十九部一千七百四十八卷，附录八部十二卷，皆文渊阁著录。

或按：《四库全书总目》对经部易类部数与卷数统计有误。法式善《陶庐杂录》记文渊阁著录之书详载于宫史者，经部易类一百五十九部一千七百四十四卷，附录八部十二卷。任松如《四库全书问答》一书统计，经部易类一百五十八部一千七百三十七卷，附录八部十二卷。

《四库全书》易类存目的书目是：

关氏易传 1 卷 (北魏) 关朗撰 (唐) 赵蕤注 明嘉靖四明范氏天一阁刻范氏奇书本

关氏易传 1 卷 (唐) 赵蕤注 明嘉靖四明范氏天一阁刻范氏奇书本

晦庵先生校正周易系辞精义 2 卷 (宋) 吕祖谦撰 清光绪遵义黎庶昌辑古逸丛书影刻元至正刻本

水村易镜 1 卷 (宋) 林光世撰　　　清康熙十九年通志堂刻本

易序丛书 10 卷 (宋) 赵如楳撰 清初钞本

周易订疑 15 五卷首一卷易学启蒙订疑四卷 (清) 董养性撰 清正谊堂刻本

易学启蒙订疑 4 卷 (周易订疑) (清) 董养性撰 清正谊堂刻本

太易钩玄 3 卷 (元) 鲍恂撰清钞本

周易旁注前图 2 卷周易旁注 2 卷卦传 10 卷 (明) 朱升撰 明刻本

八卦余生 18 卷 (明) 邓梦文撰 清乾隆四十二年文会堂刻本

周易图释 12 卷 (明) 刘定之撰 清乾隆咸丰间永新刘氏刻刘文安全集本

易学象数举隅 2 卷 (明) 汪敬撰 明嘉靖十八年汪奎刻本

易图识漏 1 卷 (明) 黄芹撰 明正德刻本

泾野先生周易说翼 3 卷 (明)吕柟撰 明嘉靖三十二年谢少南刻泾野先生五经说本

周易议卦 2 卷 (明)王崇庆撰　　清道光十一年六安晁氏木活字学海类编本

莲谷先生读易索隐 6 卷 (明)洪鼐撰 明嘉靖二十六年吴御顺裕堂刻本

古易考原 3 卷 (明)梅鷟撰 明万历刻续道藏本

周易赞义 17 卷 (明)马理撰　　明嘉靖三十五年郑絅刻本

易笺问 1 卷 (明)舒芬撰　明万历四十八年刻梓溪文钞本

易学四同 8 卷别录四卷 (明)季本撰 明嘉靖四十年刻本

图书质疑 1 卷 (明)薛侃撰 明万历四十五年薛茂杞刻本

陈紫峰先生周易浅说 5 卷 (明)陈琛撰 清乾隆五十四年刻本

易象解 4 卷　　 (明)刘濂撰　清道光十六年爱莲斋钞本

周易不我解 6 卷 (明)徐体乾撰 明万历刻本

周易义丛 16 卷首一卷　　(明)叶良佩撰 明嘉靖刻本

古易世学 17 卷 (明)丰坊撰　　明钞本

易象大旨 8 卷 (明)薛甲撰 明嘉靖四十年刻本

胡子易演 18 卷 (明)胡经撰　　明钞本

易经中说 44 卷 (明)卢翰撰 明刻本

九正易因不分卷 (明)李贽撰　　明刻本

今文周易演义 12 卷首 1 卷(明)徐师曾撰 明隆庆二年董汉策刻本

周易传义补疑 12 卷 (明)姜宝撰 明万历十四年古之贤新安郡斋刻本

淮海易谈 4 卷 (明)孙应鳌撰 明隆庆刻本

易经渊旨 3 卷 (明)归有光撰 清乾隆归朝煦玉钥堂刻本

周易古今文全书 21 卷 (明)杨时乔撰　　明万历刻本

易疑 2 卷 (明)陈言撰 明万历四十六年刻本

易学 12 卷 (明)沈一贯撰 明万历刻本

大象观 2 卷 (明)刘元卿撰 明万历杨时祥刻本

周易象义 4 卷 (明)唐鹤征撰 明万历三十五年纯白斋刻本

易象管窥 15 卷 (明)黄正宪撰明刻本

新镌十名家批评易传阐庸 100 卷 (明)姜震阳撰 明刻本

义经十一翼 5 卷首 1 卷 (明)傅文兆撰 明书林李潮刻本

周易象通 8 卷 (明)朱谋㙔撰 明万历刻本

重订易经疑问 12 卷 (明)姚舜牧撰 明万历六经堂刻五经疑问本

重刻易测 10 卷 (明)曾朝节撰 明万历刻本

生生篇 7 卷　　　(明)苏濬撰 清道光二十二年苏廷玉刻本

重镌苏紫溪先生易经儿说 8 卷 (明)苏濬撰 清乾隆五十五年陈绍翔实俭堂刻本

易会 8 卷 首 1 卷 (明)邹德溥撰 清同治九年袁州府学副斋活字本

像抄 6 卷 (明)钱一本撰 明万历刻本

四圣一心录 6 卷 (明)钱一本撰 清钱济世兰雪堂刻本

易筌 6 卷附论一卷 (明)焦竑撰 明万历刻本

周易正解 20 卷读易 1 卷 (明)郝敬撰万历四十三年至四十七年郝千秋等刻郝氏九经

易领 4 卷 (明)郝敬撰明万历崇祯间郝洪范刻山草堂集增修本

周易旁注会通 14 卷 (明)姚文蔚撰 明万历刻本

周易古本全书汇编 17 卷 (明)李本固撰 明万历刻本

易经通论 12 卷 (明)曹学佺撰 明末刻本

周易可说 7 卷总论 1 卷 (明)曹学佺撰 明崇祯刻本

易经澹窝因指 8 卷 (明)张汝霖撰 明万历三十年史继辰刻本

周易古文钞 4 卷 (明)刘宗周撰 清初姜希辙刻本

周易宗义 12 卷 (明)程汝继撰 明万历三十七年自刻本

周易象义不分卷读易杂记 4 卷 (明)章潢撰 明钞本

周易会通 12 卷(明)汪邦柱撰 (明)江柟撰明万历四十五年江氏生馆刻本

周易会通 12 卷 (明)江柟撰　　明万历四十五年江氏生馆刻本

易芥 8 卷 (明)陆振奇撰 清乾隆十六年刻本

易经勺解 3 卷 (明)林欲楫撰 清同治六年馨兰馆刻本

易略 3 卷 (明)陆梦龙撰 明崇祯元年顾懋樊刻本

易窥不分卷　　　(明)程玉润撰　明钞本

易学管见 4 卷 (明)洪启初撰 明万历刻本

周易揆 12 卷　　(明)钱士升撰　清顺治赐余堂刻本

周易时论合编图象几表 8 卷周易时论合编 15 卷 (明)方孔炤撰清顺治十七年白华堂

伏羲图赞 2 卷附杂卦传古音考 1 卷 (明)陈第撰 明万历会山楼刻一斋集本

杂卦传古音考 1 卷(伏义图赞附) (明)陈第撰 明万历会山楼刻一斋集本

周易古本 1 卷附周易古本辨周易古本记疑 1 卷 (明)华兆登辑 清求是斋刻本

周易古本辨周易古本记疑 1 卷(周易古本附) (明)华兆登辑 清求是斋刻本

易经增注 10 卷附易考 1 卷(明)张镜心撰　清张璇等刻本

系辞十篇书 10 卷 (明)陈仁锡撰 明神默斋刻本

易佣 14 卷附 2 卷 (明)文安之撰 明崇祯刻本

周易纂 6 卷 (明)朱之俊撰 清顺治砚卢刻本

周易爻物当名 2 卷 (明)黎遂球撰 明崇祯刻本

雪园易义 4 卷首 1 卷附补 3 卷 (明)李奇玉撰 (明)李公柱撰 明崇祯刻本

雪园易义 4 卷首 1 卷附补 3 卷 (明)李公柱撰 清顺治刻本

易疏 5 卷图说 1 卷 (明)黄端伯撰 明崇祯刻本

周易广义 4 卷首 1 卷 (明)郑敷教撰 清康熙二十三年刻本

尺木堂学易志 3 卷 (明)马权奇撰 明崇祯尺木堂刻本

十愿斋全集易说 1 卷十愿斋全集易笺 2 卷 (明)吴钟峦撰 清康熙刻本

十愿斋全集易笺 2 卷(十愿斋全集易说附) (明)吴钟峦撰 清康熙刻本

易经说意 7 卷 (明)陈际泰撰 明末刻本

易辰九卷首 1 卷 (明)贺登选撰 清康熙六年贺氏家刻本

易序图说 2 卷 (明)秦镛撰 清江南制造总局刻本

读易略记 4 卷 (明)朱朝瑛撰 清钞七经略记本

读易隅通 2 卷 (明)来集之撰 明崇祯十七年黄正色刻本

卦义一得 2 卷 (明)来集之撰 清顺治来氏倘湖小筑刻来子谈经本

易图亲见 1 卷 (明)来集之撰 清顺治来氏倘湖小筑刻来子谈经本

读易绪言 1 卷 (明)钱棻撰 清道光吴江沈氏世楷堂刻昭代丛书本

易宪四卷首 1 卷 (明)沈泓撰 清乾隆九年补堂刻本

说易 12 卷 (明)乔中和撰 明崇祯刻跻新堂集本

桂林点易丹 16 卷图说 1 卷易解诸儒姓氏考 1 卷 (明)顾懋樊撰 明

崇祯二年刻本

易解诸儒姓氏考 1 卷(桂林点易丹附) (明) 顾懋樊撰　明崇祯二年刻本

石镜山房周易说统 12 卷 (明)张振渊撰　明万历四十三年石镜山房刻本

石渠阁重订周易去疑 11 卷首 1 卷 (明)舒弘谔撰(明)蒋先庚增补　清顺治蒋时机刻本

易发 8 卷 (明)董说撰　清初刻本

新刻易旨一览 4 卷 (明)蒋时雍撰　明末刻本

周易补义 4 卷图说 1 卷 (明)方芬撰　清康熙新安时术堂刻本

射易淡咏 2 卷　不着撰者　清刻本

读易搜 12 卷　　(清)郑赓唐撰　清康熙刻本

大易则通 15 卷闰 1 卷　　(清)胡世安撰　清顺治刻本

易学著贞 4 卷 (清)赵世对撰　清顺治刻本

周易六十四卦辨疑 2 卷 (清)李开先撰　清乾隆二十四年刻本

易存 1 卷 (清)萧云从撰　清钞本

周易说略 8 卷 (清)张尔岐撰　清康熙五十八年泰山徐氏真合斋磁版印本

龙性堂易史参录 4 卷 (清)叶矫然撰　清乾隆刻本

周易滴露集 4 卷 (清)张完臣撰　清康熙二十八年张拭刻本

周易疏略 4 卷首 1 卷 (清)张沐撰　清康熙刻五经四书疏略本

读易近解 4 卷 (清)汤秀琦撰　清钞本

郁溪易纪 16 卷 (清)郁文初撰　清钞本 经

不菴易赘 2 卷(存卷一) (清)王艮撰　　清顺治刻本

易大象说录 2 卷首 1 卷 (清) 舒凫撰　　清刻本

易图定本 1 卷 (清) 邵嗣尧撰 清道光十年长州顾氏刻赐砚堂丛书新编本

易经述不分卷 (清) 陈诜撰 清康熙信学斋刻本

周易广义 6 卷首 1 卷 (清) 潘元懋撰 清康熙刻本

易原 2 卷首 1 卷 (清) 赵振芳撰 清顺治蕉白居刻易原易或合集本

易或 10 卷 (清) 徐在汉撰 清顺治蕉白居刻易原易或合集本

易经辨疑 7 卷 (清) 张问达撰 清康熙十九年金阊陈君美刻本

周易通 10 卷　　(清) 浦龙渊撰　清康熙十年敬日堂刻本

周易辩 24 卷首 2 卷 (清) 浦龙渊撰 清康熙刻本

身易实义 5 卷 (清) 沈廷劢撰 清康熙沈氏洗心楼刻本

河图洛书原舛编 1 卷 (清) 毛奇龄撰 清康熙刻西河合集本

易宗 12 卷首 1 卷　(清) 孙宗彝撰　清康熙刻本

周易述蕴 4 卷首 1 卷 (清) 姜兆锡撰 清乾隆寅清楼刻九经补注本

砚北易钞 12 卷 (清) 黄叔琳撰 清初钞本

滋德堂汇纂周易浅解 4 卷 (清) 张步瀛撰 清康熙三十年张氏刻本

易经详说 50 卷 (清) 冉觐祖撰 清同治八年刻本

易学参说内编 1 卷外编 1 卷 (清) 冯昌临撰 清刻本

读易管窥 5 卷 (清) 吴隆元撰 清乾隆刻本

读易约编 4 卷 (存卷一卷三卷四) (清) 朱江撰 清康熙三十六年刻本

孔门易绪 16 卷首 1 卷　　(清) 张德纯撰　稿本

周易阐理 4 卷 (清) 戴虞皋撰 清刻藻堂钞本

易荡 2 卷 (清) 方鲲撰 清康熙五年姚文然姚文刻本

易说要旨 2 卷 (清) 李寅撰 清康熙刻本

周易象义合参 12 卷首 1 卷　(清)吴德信撰　清康熙五十三年俞卿刻本

先天易贯 5 卷 (清)刘元龙撰 清雍正居易斋刻本

周易本义拾遗 6 卷周易拾遗 1 卷首 1 卷　(清)李文炤撰清四为堂刻李氏成书本

易经释义 4 卷 (清)沈昌基撰(清)盛曾撰 清四为堂刻李氏成书本

易经释义 4 卷 (清)盛曾撰 清雍正八年鹤琴书屋刻本

易经碎言 2 卷首 1 卷　　(清)应麟撰 清乾隆宜黄应氏刻屏山草堂稿本

易互 6 卷 (清)杨陆荣撰 清乾隆十三年刻杨潭西先生遗书本

成均课讲周易 12 卷 (清)崔纪撰　清乾隆活字本

索易臆说 2 卷 (清)吴启昆撰 清康熙怀新阁刻本

陆堂易学 10 卷首 1 卷　　(清)陆奎勋撰　清康熙乾隆间刻陆堂经学丛书本

易义随记 8 卷 (清)杨名时撰 (清)夏宗澜撰 清乾隆刻本

易义随记 8 卷 (清)夏宗澜撰 清乾隆刻本

易卦札记 4 卷附六十四卦诗 (清)夏宗澜撰 清钞本

易通 14 卷 (清)程廷祚撰 清乾隆十二年道宁堂刻本

学易阐微 4 卷 (清)罗登标撰 清乾隆八年松学清署刻本

读易质疑 20 卷首 1 卷　　(清)汪璲撰 清康熙汪氏仪典堂刻本

大易阐微录 12 卷图说 1 卷(清)刘琯撰 清乾隆二十三年刻本

周易详说 18 卷 (清)刘绍攽撰 清乾隆刻本

周易原始 6 卷 (清)范咸撰 清乾隆刻本

周易拨易堂解 20 卷首 2 卷末 2 卷 (清)刘斯组撰 清乾隆刻本

易贯 14 卷首 2 卷　(清)张叙撰 清乾隆二十一年宋宗元刻本

周易解 9 卷 (清)牛运震撰 清嘉庆二十三年空山堂全集本

周易剩义 2 卷 (清)童能灵撰 清乾隆冠豸山刻本

易学图说会通 8 卷 (清)杨方达撰 清乾隆复初堂刻本

易经一说不分卷 (清)王淑撰 清乾隆十六年系籍轩刻本

大易参订折中讲义补象 10 卷 (清)朱用行撰 清乾隆二十七年澹宁居刻本

周易粹义 5 卷 (清)薛雪撰 清钞本

易经贯 122 卷 (清)金诚撰 清乾隆和序堂刻本

易读 4 卷 (清)宋邦绥撰 清嘉庆九年宋思仁刻本

易经增删来注 8 卷首 1 卷 (清)张祖武撰 清刻本

易深 11 卷首 3 卷 (清)许伯政撰 稿本

周易析疑 15 卷前图 1 卷 (清)张兰皋撰 清乾隆九年梅花书屋刻本

易说存悔 2 卷 (清)汪宪撰 清钞本

周易集解增释 80 卷 (清)张仁浃撰 稿本

周易晓义不分卷 (清)唐一麟撰 稿本

周易井观不分卷 (清)周大枢撰 清钞本

周易观澜不分卷 (清)乔大凯撰 清钞本

周易观玩篇 12 卷首 1 卷 (清)朱宗洛撰 清钞本(卷十一卷十二配乾隆刻本)

易解拾遗 7 卷附周易读本 4 卷 (清)周世金撰 清嘉庆二十四年刻本

周易读本 4 卷(易解拾遗附) (清)周世金撰 清嘉庆二十四年刻本

易准 4 卷 (清)曹庭栋撰 清乾刻本

易见 9 卷首 1 卷附易见启蒙 2 卷 (清)贡渭滨撰 清乾隆二十四年脉

望书楼刻本

　　易见启蒙 2 卷(易见附)　　　(清)贡渭滨撰 清乾隆二十四年脉望书楼刻本

　　增辑易象图说 2 卷 (清) 吴脉鬯撰 清初法若眞刻本

　　周易告蒙 4 卷图注 3 卷 (清) 赵世迥撰 清乾隆四德堂刻本

　　古三坟 1 卷 不着撰者 明天启刻快阁藏书本

《续修四库全书》易类的书目是：

　　马王堆帛书周易经传释文 廖名春释文

　　周易郑注 12 卷 宋王应麟辑 清丁杰后定 清张惠言订正　叙录 1 卷 清臧庸辑

　　敦煌周易残卷 魏王弼注

　　关氏易传 1 卷 题后魏关朗 唐赵蕤注

　　周易经典释文残卷　唐陆德明

　　周易正义 14 卷　唐孔颖达

　　周易注疏 13 卷 魏王弼 晋韩康伯注 唐孔颖达疏

　　易经解不分卷 宋朱长文

　　周易新讲义 10 卷 宋龚原

　　晦庵先生校正周易系辞精义 2 卷 宋吕祖谦编

　　古易音训 2 卷 宋吕祖谦撰 清宋咸熙辑

　　泰轩易传 6 卷 宋李中正

　　易经训解 4 卷 宋熊禾训解

　　勿轩易学启蒙图传通义 7 卷 宋熊禾述

　　周易通义 8 卷发例 2 卷识蒙 1 卷或问 3 卷 元黄超然

　　太易钧玄 3 卷 元鲍恂

周易订疑 15 卷首 1 卷 题元董养性

周易经疑 3 卷 元涂溍生

周易 4 卷 元董中行注

周易旁注 2 卷卦传 10 卷前图 2 卷 明朱升

易经旁训 3 卷 明李恕

八卦余生 18 卷 明邓梦文

周易通略 1 卷 明黄俊

易学象数举隅 2 卷 明汪敬

易经图释 12 卷 明刘定之

玩易意见 2 卷 明王恕

周易赞义 17 卷 存 7 卷 卷 1 至卷 7 明马理

泾野先生周易说翼 3 卷 明吕柟

周易议卦 2 卷 明王崇庆

莲谷先生读易索隐 6 卷 明洪鼐

学易记 5 卷 明金贲亨

易学四同 8 卷 明季本

易学四同别录 4 卷 明季本

读易记 3 卷 明王渐逵

周易义丛 16 卷首一卷 明叶良佩辑

周易不我解 6 卷 存 1 卷 卷 1 明徐体乾

胡子易演 18 卷 存 8 卷 卷 9 至卷 16 明胡经

读易纂易 5 卷首 1 卷 明张元蒙

易经正义 6 卷 明鄢懋卿

周易传义补疑 12 卷 明姜宝

易象彙解 2 卷 明陈士元

今文周易演义 12 卷首 1 卷 明徐师曾

周易象义 6 卷读易杂记 4 卷 明章潢

九正易因 不分卷 明李贽

易原 8 卷 明陈锡

易学 12 卷 明沈一贯

易意参疑首编 2 卷外编 10 卷 明孙从龙

生生篇 7 卷 明苏濬

易筌 6 卷附论 1 卷 明焦竑

易象管窥 15 卷 明黄正宪

新刻易测 10 卷 明曾朝节

周易正解 20 卷读易 1 卷 明郝敬

石镜山房周易说统 12 卷 明张振渊

周易古本全书彙编 17 卷 明李本固

周易象通 8 卷 明朱谋㙔

周易可说 7 卷 明曹学佺

周易揆 12 卷 明钱士升

周易古文钞 4 卷 明刘宗周

周易宗义 12 卷 明程汝继辑

周易疏义 4 卷 明程汝继

易经增注 10 卷易考 1 卷 明张镜心

周易时论合编 23 卷 明方孔炤

易说 1 卷 明王育

周易禅解 10 卷 明释智旭

周易爻物当名 2 卷 明黎遂球

九公山房易问 2 卷 明郝锦

说易 12 卷 明乔中和

易经解醒 4 卷 明洪守美 郑林祥辑着

大易则通 15 卷闰 1 卷 清胡世安

易图亲见 1 卷 清来集之

卦义一得 2 卷 清来集之

读易隅通 2 卷 清来集之

周易本义爻征 2 卷 清吴曰慎

周易说略 8 卷 清张尔岐

周易大象解 1 卷 清王夫之

周易内传 6 卷内传发例 1 卷周易外传 7 卷 清王夫之

易内传 12 卷易传外篇 1 卷 清金士升

易触 7 卷 清贺贻孙

周易疏略 4 卷 清张沐

陆堂易学 10 卷首 1 卷 清陆奎勋

周易本义拾遗 6 卷周易序例 1 卷周易拾遗 1 卷 清李文炤

周易本义注 6 卷 清胡方

易经征实解 1 卷 清胡翔瀛

易图解 1 卷 清德沛

读易便解 2 卷 清卢见曾

读易管见 1 卷 清程廷祚

易通 14 卷 清程廷祚

易经如话 12 卷首 1 卷 清汪绂

易互 6 卷 清杨陆荣

周易本义辨证 6 卷 清惠栋

易学图说会通 8 卷续闻 1 卷 清杨方达

周易解 9 卷 清牛运震

观象居易传笺 12 卷 清汪师韩

周易详说 18 卷 清刘绍攽

畏斋周易客难 1 卷 清龚元玠

古易汇诠 4 卷 清刘文龙

彖传论 2 卷 清庄存与

彖象论 1 卷 清庄存与

系辞传论 2 卷 清庄存与

八卦观象解二篇卦气解一篇 清庄存与撰

周易象考 1 卷周易辞考 1 卷周易占考 1 卷 清茹敦和

周易证签 4 卷 清茹敦和

周易二闾记 3 卷 清茹敦和

重订周易小义 2 卷 清茹敦和 清李慈铭订

易经揆 14 卷易学启蒙补 2 卷 清梁锡璵

易守 32 卷易卦总论 1 卷 清叶佩荪

学易慎余录 4 卷 清叶佩荪　清钱大昕批、王鸣盛批并跋

周易篇第 3 卷首 1 卷 清李荣陛

易考 2 卷易续考 2 卷 清李荣陛

子夏易传释存 2 卷 清吴骞

退思易话 8 卷 清王玉树

周易卦象汇参 2 卷 清谭秀

易卦图说 1 卷 清崔述

周易略解 8 卷 清冯经

孙氏周易集解 10 卷 清孙星衍

周易引经通释 10 卷 清李钧简

周易恒解 5 卷首 1 卷 清刘沅

周易述补 5 卷 清李林松

易图存是 2 卷 清辛绍业

易说 12 卷便录 1 卷 清郝懿行

周易虞氏义 9 卷 清张惠言

周易虞氏消息 2 卷 清张惠言

虞氏易言 2 卷 清张惠言

虞氏易言补 1 卷 清刘逢禄

虞氏易礼 2 卷 清张惠言

虞氏易事 2 卷 清张惠言

虞氏易候 1 卷 清张惠言

周易郑荀 3 卷 清张惠言

易图条辨 1 卷 清张惠言

周易述补 4 卷 清江藩

易章句 12 卷 清焦循

易通释 20 卷 清焦循

易图略 8 卷 清焦循

周易补疏 2 卷 清焦循

易话 2 卷 清焦循

易广记 3 卷 清焦循

李氏易解賸义 3 卷 清李富孙辑

易经异文释 6 卷 清李富孙

学易五种 14 卷 清王龥

周易半古本义

周易象纂

周易图賸

周易辩占

周易校字

卦本图考 1 卷 清胡秉虔

乾常侍易注疏证 1 卷集证 1 卷 清方成珪

虞氏易消息图说 1 卷 清胡祥麟

周易虞氏略例 1 卷 清李锐

周易择言 6 卷 清鲍作雨

周易考异 2 卷 清宋翔凤

周易通解 3 卷释义 1 卷 清卞斌

易例辑略 1 卷 清庞大堃

六十四卦经解 8 卷 清朱骏声

易学管窥 15 卷易文言传 1 卷 清俞檀

易用 5 卷 清毛一丰辑

方氏易学五书 5 卷 清方申

诸家易象别录

虞氏易象汇编

周易卦象集证

周礼互体详述

周易卦变举要

周易集解纂疏 10 卷 清李道平

易释 4 卷 清黄式三

易古训 1 卷 清刘宝楠

周易姚氏学 16 卷 清姚配中

周易通论月令 2 卷 清姚配中

姚氏易敩阐元 1 卷 清姚配中

周易汉学通义 8 卷略例 1 卷 清黄瓒

周易述翼 5 卷 清黄应麒

周易诸卦合象考 1 卷 清任云倬

周易互体卦变考 1 卷 清任云倬

周易述传 2 卷续录 1 卷 清丁晏

周易解故 1 卷 清丁晏

易经象类 1 卷 清丁晏

周易推 6 卷 清狄子奇

周易属辞 12 卷通例 5 卷通说 2 卷 清萧光远

卦气表 1 卷卦气证 1 卷 清蒋湘南

周易虞氏义笺 9 卷 清曾钊

周易考异不分卷 清徐堂

郑氏爻辰补 6 卷 清戴棠

易象通义 6 卷 清秦笃辉

易经本意 4 卷首 1 卷末 1 卷 清何志高

周易倚数录 2 卷附图 1 卷 清杨履泰

陈氏易说 4 卷附录 2 卷 清陈寿熊

读易汉学私记 1 卷 清陈寿熊

周易释爻例 1 卷 清成蓉镜

周易旧疏考正 1 卷 清刘毓崧

易贯 5 卷 清俞樾

艮宧易说 1 卷 清俞樾

周易互体征 1 卷 清俞樾

卦气直日考 1 卷 清俞樾

周易爻辰申郑义 清何秋涛

还砚斋周易述 4 卷 清赵新

还砚斋易汉学拟旨 1 卷 清赵新辑

周易本义辨证补订 4 卷 清纪磊辑

周易消息 15 卷 清纪磊

虞氏逸象考正 1 卷续纂 1 卷 清纪磊

九家逸象辨证 1 卷 清纪磊

虞氏易义补注 1 卷附录 1 卷 清纪磊

汉儒传易源流 1 卷 清纪磊

易象集解 10 卷 清黄守平辑

需时眇言 10 卷 清沈善登

周易注疏媵本 1 卷 清黄以周

周易故训订 1 卷 清黄以周

十翼后录 24 卷（上）卷 1 至卷 10 清黄以周

十翼后录 24 卷（下）卷 11 至卷 24 清黄以周

李氏易传校 1 卷 清陆心源辑

周易通义 16 卷 清庄忠棫

周易经典证略 10 卷末 1 卷 清何其杰

易学节解 5 卷 清丁泽安

知非斋易注 3 卷首 1 卷末 1 卷 清陈懋侯

知非斋易释 3 卷 清陈懋侯

易说 2 卷 清吴汝纶

郑易小学 1 卷郑易马氏学 1 卷郑易京氏学 1 卷 清陶方琦

周易易解 10 卷周易示儿录 3 卷周易说余 1 卷 清沈绍勋

周易注 2 卷 清李士鉁

易汉学考 2 卷 清吴翊寅

易汉学师承表 1 卷 清吴翊寅

周易消息升降爻例 1 卷 清吴翊寅

周易集义 8 卷 清强汝谔

周易汉读考 3 卷 清郭阶

周易述闻 1 卷 清林庆炳

周易补注 41 卷周易例表 10 卷 清段复昌

易汉学举要 1 卷订误 1 卷 清张鼎

周易说 11 卷 王闿运

周易释贞 2 卷　王树枏

费氏古易订文 12 卷 王树枏

易经古本 1 卷 廖平

重订周易费氏学 8 卷首 1 卷叙录 1 卷 马其昶

河图洛书原舛编 1 卷 清毛奇龄

易纬略义 3 卷 清张惠言

易纬通义 8 卷 清庄忠棫

周易繁露 5 卷 清庄忠棫

古三坟书 3 卷

《道藏》易类的书目是：

大易象数钩深图三卷

刘牧易数钩隐图三卷

梅鷟古易考原三卷

焦延寿易林二卷

雷思齐易筮通变二卷

雷思齐易图通变五卷

张理易象图说内篇三卷

张理易象图说外篇三卷

周易图三卷

李贽九正易因六卷

鲍云龙天原发微十八卷

严灵峰《无求备斋易经集成》书目是：

（1）正文

周易 一卷 宋刊八经巾箱本

（2）传注

周易注 十卷 魏王弼 宋刊本 附唐陆德明音义 并孟森校勘记

系辞传 晋韩康伯 宋刊本

说卦序卦杂卦 晋韩康伯 清乾隆四十八年武英殿刊仿宋相台本

附略例 一卷 唐邢璹注 台本 每卷末附校勘记

周易治要 一卷 唐魏征 日本天明七年尾张国校刊本

周易正义 十四卷 唐孔颖达 宋刊本

附校勘记 二卷 明崇祯十二年汲古阁刊"十三经注疏"本

民国三年刘承乾刊"嘉业堂丛书"本

附刘承乾校勘记二卷

周易集解 十七卷 唐李鼎祚 清乾隆二十一年雅雨堂刊本 附唐陆德明音义

附音义 一卷 唐陆德明 清同治十二年粤东书局刊"古经解汇函"本

易说 二卷 唐吕岩 清光绪三十二年成都二仙庵刊"道藏辑要"本

附图解 一卷 唐吕岩

周易口诀义 六卷 唐史征 清同治十二年粤东书局刊"古经解汇函"本

横渠先生易说 三卷 宋张载 清康熙十九年"通志堂经解"原刊本

温公易说 六卷 宋司马光 清乾隆四十六年"武英殿聚珍丛书"本

周易程氏传 六卷 宋程颐 清光绪十年"古逸丛书"景元至正九年积德堂刊本

附周易系辞精义 二卷 宋履祖谦

东坡先生易传 九卷 宋苏轼 明万历二十五年刊"两苏经解"本

复斋易说 六卷 宋赵彦肃 清康熙十九年通志堂原刊本

周易新讲义 十卷 宋龚原 清光绪八年刊"佚存丛书"本

了斋易说 一卷 宋陈瓘 清乾隆四十三年钞本

吴园周易解 九卷 宋张根 其同治七年钱仪吉刊"经苑"本

附录 一卷

汉上易传 十一卷 宋朱震 宋刻钞补本

周易义海撮要 十二卷 宋李衡 清同治十二年粤东书局刊"古经解汇函"本

郭氏传家易传 十一卷 宋郭雍 清乾隆三十九年"武英殿聚珍丛书"本

东谷易翼传 二卷 宋郑汝谐 清同治十二年粤东书局刊本

诚斋易传 二十卷 宋杨万里 清乾隆四十六年"武英殿聚珍丛书"本

周易本义 十二卷 宋朱熹 清光绪九年景宋咸淳刻本

泰轩易传 六卷 宋李中正 清光绪八年刊"佚存丛书"本

童溪易传 三十卷 宋王宗传 清康熙十九年通志堂原刊本

俞氏易集说 十三卷 宋俞琰 清康熙十九年通志堂原刊本

周易本义附录纂注十五卷 元胡一桂 清康熙十九年通志堂原刊本

易纂言 十二卷 元吴澄 清康熙十九年通志堂原刊本

附首 一卷

周易本义通释 十二卷 元胡炳文 清同治十二年粤东书局刊本

大易缉说 十卷 元王申子 清康熙十九年通志堂原刊本

学易记 九卷 元李简 清同治十二年粤东书局刊本

周易集解 八卷 元龙仁夫 清咸丰元年刻"别下斋藏书"本

周易会通 十四卷 元黄真卿 清康熙十九年通志堂原刊本

周易大全 二十卷 明胡广 陈仁锡 明建阳坊刊"五经大全"本

易经蒙引 十二卷 明蔡清 明重刊补"四库全书"钞本

易象钩解 四卷 明陈士元 清道光二十四年刊"守山阁丛书"本

易因 六卷 明李贽 明万历三十五年刊"续道藏"本

易经注疏大全合纂 六十八卷 明张溥 明正雅堂刊本

周易来注 十六卷 明来知德 清朝爽堂重刊本

周易禅解 十卷 明释智旭 民国四年金陵刻经处刊本

易说醒 四卷 明洪守美 清同治十一年重刻本

易经增注 十卷 明张镜心 清光绪五年刊"畿辅丛书"本

附易考 一卷

古周易订估 十六卷 明何楷 清乾隆十七年文林堂刊本

周易爻物当名 二卷 明黎遂球 清道光三十年刊"岭南遗书"本

御定易经通注 四卷 清胡以渐 曹本荣 清光绪十七年刊"湖北丛书"本

周易说略 四卷 清张尔岐 清宣统元年善成堂刊本

周易内传 十二卷 清王夫之 清道光二十二年守经堂刊本

仲氏易 三十卷 清毛奇龄 清道光九年刊"皇清经解"本

御纂周易折中 二十二卷 清李光地 清康熙五十四年武英殿刻本
附首 一卷

周易本义爻征 二卷 清吴曰慎 清道光二十六年刊"惜阴轩丛书"本

周易本义注 六卷 清胡方 清道光三十年刊"岭南遗书"本

周易述 二十一卷 清惠栋 清乾隆二十一年雅雨堂刊本

周易述补 四卷 清江藩 清道光九年刻"皇清经解"本

周易述补 五卷 清李林松 清光绪十四年刊"皇清经解续编"本

周易集传 十卷 清孙衍星 民国二十五年排印本

周易略解 八卷 清冯经 清道光三十年刊"岭南遗书"本

易章句 十一卷 清焦循 清道光九年刻"皇清经解"本

易象通义 六卷 清秦笃辉 民国十二年刊"湖北丛书"本

周易姚氏学 十六卷 清姚配中 清光绪十四年刊"皇清经解续编"本

周易集解纂疏 十六卷 清李道平 清光绪十七年长沙思贤堂刊本

六十四卦经解 八卷 清朱俊声 民国四十七年排印本

周易集解补笺 四卷 清林庆炳 清光绪十一年刊本

周易旧注 十二卷 清徐鼒 清光绪十二年日本刊本

易说求源 十二卷 清武运隆 民国七年排印本

邵村学易 二十卷 清张其淦 民国十五年排印本

周易集解补释 十七卷 清曹元弼 民国十六年刊本

周易古义 七卷 杨树达 民国十八年排印本

周易古史观 二卷 胡朴安 民国三十一年"朴学斋丛书"排印本

周易古经今注 四卷 高亨 民国三十六年排印本

（3）通说

古周易 一卷 宋吕祖谦 清同治八年刊"金华丛书"本

附古周易考 一卷

易经奥论 一卷 宋郑樵 清康熙十九年原刊本

易说 四卷 宋赵善誉 清道光二十四年刊"守山阁丛书"本

周易玩辞 十六卷 宋项安世 清康熙十九年原刊本

易传灯 四卷 宋徐总乾 清同治七年刊"经苑"本

读易私言 一卷 元许衡 清同治十二年粤东书局刊本

易学滥觞 一卷 民国三十三年复性书院刊本

读易考原 一卷 元萧汉中 民国五年刊"豫章丛书"本

古易考原 三卷 明梅鷟 明万历三十五年刊"续道藏"本

周易说翼 三卷 明吕柟 清道光二十六年刊"惜阴轩丛书"本

学易记 五卷 明金贲亨 清道光二十六年刊"惜阴轩丛书"本

易倾 四卷 明郝敬 清光绪十七年刊"湖北丛书"本

周易六龙解 一卷 明管志道 民国三十三年复性书院刊本

儿易内仪以 六卷 明倪元璐 清咸丰十一年刊"粤雅堂丛书"本

周易象数论 六卷 清黄宗羲 清光绪十九年广雅书局刊本

周易外传 七卷 清王夫之 清道光二十二年守经堂刊本

周易大象解 一卷 清王夫之 民国二十二年排印本

推易始末 四卷 清毛奇龄 清乾隆五十九年刊"龙威秘书"本

周易通论 四卷 清李光地 清乾隆元年刊"李文贞全集"本

遂初堂易论 一卷 清潘耒 日本嘉永二年刊本

易说 六卷 清惠士奇 清道光九年刻"皇清经解"本

易汉学 八卷 清惠栋 清光绪二十二年汇文轩刊本

系辞传论 一卷 清庄存与 清道光八年刊"味经斋遗书"本

周易义说 五卷 清洪榜 清道光间梅华书院刊本

易通释 二十一卷 清焦循 清道光九年刻"皇清经解"本

易释 四卷 清黄式三 清光绪十年广雅书局刊本

易学阐元 一卷 清姚配中 清光绪八年花雨楼刊本

易说 一卷 清陈宗起 清光绪十一年刊本

易贯 五卷 清俞樾 清同治十年刊"第一楼丛书"本

周易通义十六卷 清庄忠棫 清光绪六年冶城山馆刊本

易象阐微 二卷 清张之锐 清宣统二年排印本

周易学 七卷 清曹元弼 民国四年刊本

周易统 一卷 尹昌衡 民国七年"止园丛书"排印本

周易论略 一卷 陈柱 民国十八年排印本

周易解题及其读法 一卷 钱基博 民国十八年排印本

易学真诠 一卷 黄本溥 民国二十一年排印本

易学会通 一卷 苏渊雷 民国二十四年排印本

周易哲学 一卷 朱谦之 民国二十四年排印本

科学的易 一卷 丁超五 民国三十年排印本

周易古经通说 一卷 高亨 民国四十七年排印本

（4）札记

易原 八卷 宋程大昌 清乾隆三十九年"武英殿聚珍丛书"本

周易要义 十卷 宋魏了翁 宋刊本（第三四五六卷原缺）

大易床头私录 三卷 明董懋策 清光绪三十二年刊"董氏丛书"本

周易稽疑 一卷 明朱睦㮮 清顺治四年刊"续说郛"本

易经说 二卷 明杨慎 清乾隆间刊"函海"本

续易录 一卷 明薛瑄 清康熙四十七年正宜堂刊本

周易稗疏 四卷 清王夫之 民国二十二年排印本

周易札记 一卷 清徐文靖 清乾隆九年志宁堂刊本

周易拾遗 十四卷 清徐文靖 清乾隆二十年志宁堂刊本

周易古义 二卷 清惠栋 清乾隆间涪阳县署刊"九经古义"本

易经易抄 一卷 清彭启丰 清乾隆二十九年秋晓山房刊本

卦气解 一卷 清庄存与 清光绪十四年刊"续经解"本

易经考 一卷 清戴震 清同治间刊"五经考"本

续易录 一卷 清钱大昕 清光绪二年浙江书局刊本

周易厄言 一卷 清孔广森 清道光二十三年刊"指海"本

周易考证 一卷 清朱彬 清道光二年宜禄堂刊本

易札记 一卷 清李赓芸 清同治十一年刊"炳烛编"本

周易识余 一卷 清刘希向 清乾隆二十七年刊本

易目耕帖 六卷 清马国翰 清同治十年济南皇华馆书局补刻"玉函山房辑佚书"本

周易补疏 二卷 清焦循 清道光九年刊"皇清经解"本

易学管窥 一卷 清章芝 清道光十二年刊"泾川丛书"本

读易经 一卷 清赵良（上"雨"下"澍"） 清道光十二年刊"泾川丛书"本

周易札记 三卷 清朱亦栋 清光绪四年刊"群经札记"本

读易杂说 一卷 清陈世镕 民国九年房山山房刊本

周易述闻 二卷 清王引之 清道光九年刊"皇清经解"本

读易札记 一卷 清宋翔凤 清咸丰三年刊"过庭录"本

周易解故 一卷 清丁晏 清光绪十九年广雅书局刊本

读易录 一卷 清郑献甫 清光绪二年刊本

周易随笔 一卷 清沈璲 清咸丰七年刊本

读易汉学私记 一卷 清陈寿熊 清光绪十四年刊"续经解"本

周易旧疏考正 一卷 清刘毓崧 清光绪十四年刊"续经解"本

周易平议 二卷 清俞樾 清同治十年刊"群经平议"本

周易杂纂 四卷 清俞樾 清光绪五年刊"俞楼杂纂"本

读易说 一卷 清黄以周 清光绪二十年刊"儆季五种"本

周易述闻 一卷 清林庆炳 清光绪八年刊本

易说存稿 一卷 清丁午 清光绪七年刊"田园杂著"本

周易经义 一卷 清易顺鼎 清光绪十年宝瓠斋刊本

易经说 一卷 清邹寿祺 清宣统二年刊本

霜荼亭易说 一卷 清胡微元 民国九年刊"玉津阁丛书"甲集本

读易劄记 一卷 清关棠 民国四年刊本

易学笔谈初集 四卷 杭辛斋 民国八年排印本

易学笔谈二集 四卷 杭辛斋 民国十一年排印本

读易杂识 一卷 杭辛斋 民国十一年排印本

愚一录说订 二卷 杭辛斋 民国十一年排印本

春晖楼读易日记 二卷 张鼎 民国二十七年排印本

经传诂易 一卷 徐昂 民国三十六年"徐氏全书"排印本

周易对象通释 二十卷 徐昂 民国四十二年"徐氏全书"排印本

周易新证 四卷 于省吾 民国二十八年排印本

（5）答问

易童子问 三卷 宋欧阳修 民国十五年"欧阳文忠集"排印本

易象言意 一卷 宋蔡渊 清嘉靖间"艺海珠尘"本

易学变通 六卷 元曾贯 民国五年刊"豫章丛书"本

榕村易经语录 一卷 清李光地 清抄本

周易答问 一卷 清冯登府 清光绪十三年刊"槐庐丛书"本

周易爻辰申郑义 一卷 清何秋涛 清光绪十四年刊"续经解"本

（6）音义

周易音义 二卷 唐陆德明 清乾隆二十一年雅雨堂刊本

周易音训 二卷 宋吕祖谦 清宋咸熙 清光绪十三年刊"槐庐丛书"本

周易直音 一卷 宋孙奕 清光绪七年景明刊本

易音 三卷 清顾炎武 清康熙六年刊"音学五书"本

陆氏周易音义异文 一卷 清沈叔 清光绪八年刊"后知不足斋丛书"本

周易音义补遗 一卷 清光绪八年刊"后知不足斋丛书"本

音义异文考证 二卷 清光绪八年刊"后知不足斋丛书"本

易经韵读 一卷 清江有诰 清嘉靖十九年刊"音学十书"本

易音补遗 一卷 清沈涛 民国二十五年刊"十经斋遗书"本

周易旧音辩证 一卷 吴承仕 民国十二年排印本

易音 一卷 徐昂 民国三十六年"徐氏全书"排印本

（7）图说

易图 一卷 唐吕岩 清光绪三十一年刊"道藏辑要"本

易数钩隐图 二卷 宋刘牧 清康熙十九年通志堂原刊本 附遗论九事一卷

易图说 三卷 宋吴仁杰 清同治十二年粤东书局刊本

易图通变 五卷 宋雷思齐 清同治十二年粤东书局刊本

易象图说内篇 三卷 元张理 明正统十年刊"道藏"本

 附外篇 三卷 三卷 元张理 明正统十年刊"道藏"本

大易象数钩深图 三卷 三卷 元张理 明正统十年刊"道藏"本

元图大衍 一卷 明马一龙 清顺治四年刊"续说郛"本

易图 一卷 明田艺衡 明万历间刊"百陵学山"本

易图明辨 十卷 清胡渭 清道光二十四年刊"守山阁丛书"本

周易爻辰图 一卷 清惠栋 清乾隆二十一年雅雨堂刊本

太极后图说 一卷 明左辅 清道光十二年刊"泾川丛书"本

易卦图说 一卷 清崔述 清道光四年刊"东壁遗书"本

卦本图考 一卷 清胡秉虔 清光绪十四年刊"续经解"本

易图条辨 一卷 清张惠言 清光绪十四年刊"续经解"本

易图略 八卷 清焦循 清道光九年刊"皇清经解"本

虞氏消息图说 一卷 清胡祥麟 清同治十二年刊"滂喜斋丛书"本

玩易篇 一卷 清俞樾 清同治十一年刊"第一楼丛书"本

易楔 六卷 杭辛斋 民国十一年排印本

易数偶得 杭辛斋 民国十一年刊排印本

卦气集解 黄元炳 民国三十二年刊排印本

释郑氏爻辰补 四卷 徐昂 民国三十六年"徐氏全书"排印本

爻辰表 一卷 徐昂 民国三十六年"徐氏全书"排印本

河洛数释 徐昂 民国三十六年"徐氏全书"排印本

（8）略例

周易略例 一卷 魏王弼 明万历二十年刊"汉魏丛书"本

易纂言外翼 八卷 元吴澄 民国五年刊"豫章丛书"本

周易内传发例 清王夫之 民国二十二年刊排印本

易例 二卷 清惠栋 清乾隆四十年张锦芳校刊本

周易虞氏略例 一卷 清李锐 清光绪十四年刊"续经解"本

### （9）占筮

易林 十六卷 汉崔篆 明正统十年刊"道藏"本

易林释文 二卷 清丁晏 清光绪十六年广雅书局刊本

易林勘复 一卷 徐昂 民国四十三年"徐氏全书"排印本

京房易杂占条例法 一卷 清黄奭 民国二十三年刊"黄氏逸书考"本

周易洞林 一卷 清王谟 清嘉庆三年刊"汉魏遗书钞"本

郭璞易洞林 一卷 清黄奭 民国二十三年刊"黄氏逸书考"本

周易古占法 二卷 宋程迥 明嘉靖间天一阁刊本

筮宗 一卷 宋赵汝楳 清同治十二年粤东书局刊本

春秋占筮书 清毛奇龄 清光绪十四年刊"续经解"本

易筮遗占 一卷 清李道平 清光绪十一年刊"湖北丛书"本

改正揲蓍法 一卷 沈善澄 民国十一年刊本

### （10）杂著

元包经传 六卷 北周卫元嵩 明嘉靖间天一阁刊本

易元包 一卷 清王谟 "汉魏遗钞"本

卫元嵩易元包 一卷 清黄奭 "黄氏逸书考"本

元包数总义 宋张行成 明嘉靖间天一阁刊本

参同契正文 三卷 汉魏伯阳 明万历间刊"百陵学山"本

周易参同契考异 一卷 宋朱熹 清道光二十四年刊"守山阁丛书"本

参同契测疏 一卷 明陆西星 民国四年排印本

参同契口义 一卷 明陆西星 民国四年排印本
参同契疏略 一卷 明王文禄 明万历间刊"百陵学山"本
古文参同契注 八卷 清袁仁杰 清道光二十六年刊"惜阴轩丛书"本
古三坟 一卷 阙名 明万历二十年刊"汉魏丛书"本

(11) 纬书

易纬乾凿度 二卷 郑玄注 清乾隆二十一年雅雨堂刊本
　　　　　　　　　清乾隆四十一年"武英殿聚珍丛书"本
　　　　　　　　　清同治十二年刊"古经解汇函"本
　　　　　　　　　民国二十三年刊"黄氏逸书考"本

易纬乾坤凿度 二卷 郑玄注 清乾隆四十一年"武英殿聚珍丛书"本
　　　　清同治十二年刊"古经解汇函"本
　　　　民国二十三年刊"黄氏逸书考"本

易纬稽览图 二卷 郑玄注 清乾隆道光十年"武英殿聚珍丛书"本
　　　　清同治十二年刊"古经解汇函"本
　　　　民国二十三年刊"黄氏逸书考"本

易纬辨终备 一卷 郑玄注 清道光二十七年"武英殿聚珍丛书"本
　　　　清同治十二年刊"古经解汇函"本
　　　　民国二十三年刊"黄氏逸书考"本

易纬通卦验 二卷 郑玄注 清道光二十七年"武英殿聚珍丛书"本
　　　　清同治十二年刊"古经解汇函"本
　　　　民国二十三年刊"黄氏逸书考"本

易纬乾元序制记 郑玄注 清乾隆四十年"武英殿聚珍丛书"本
　　　　清同治十二年刊"古经解汇函"本
　　　　民国二十三年刊"黄氏逸书考"本

易纬是类谋 一卷 郑玄注 清乾隆四十年"武英殿聚珍丛书"本
　　　　　　　　清同治十二年刊"古经解汇函"本
　　　　　　　　民国二十三年刊"黄氏逸书考"本
易纬坤灵图 一卷 郑玄注 清乾隆四十年"武英殿聚珍丛书"本
　　　　　　　　清同治十二年刊"古经解汇函"本
　　　　　　　　民国二十三年刊"黄氏逸书考"本
易纬略义 一卷 清张惠言 清光绪十七年广雅书局刊本
易纬札迻 一卷 清孙诒让 清光绪二十年刊"札迻"本
易纬古微 五卷 明孙毂　清嘉庆十四年刊"墨海金壶"本
河图 一卷 清黄奭 民国二十三年刊"黄氏逸书考"本
河图纬 一卷 一卷 清黄奭 民国二十三年刊"黄氏逸书考"本
河图括地象 一卷 清黄奭 民国二十三年刊"黄氏逸书考"本
河图帝览嬉 一卷 清黄奭 民国二十三年刊"黄氏逸书考"本
河图稽命征 一卷 清黄奭 民国二十三年刊"黄氏逸书考"本
河图稽耀钩 一卷 清黄奭 民国二十三年刊"黄氏逸书考"本
河图禄运法 一卷 清黄奭 民国二十三年刊"黄氏逸书考"本
河图挺左辅 一卷 清黄奭 民国二十三年刊"黄氏逸书考"本
河图玉板 一卷 清黄奭 民国二十三年刊"黄氏逸书考"本
龙鱼河图 一卷 清黄奭 民国二十三年刊"黄氏逸书考"本
河图治开图 一卷 清黄奭 民国二十三年刊"黄氏逸书考"本
雒书 一卷 清黄奭 民国二十三年刊"黄氏逸书考"本
雒书甄曜度 一卷 清黄奭 民国二十三年刊"黄氏逸书考"本
雒书灵准听 一卷 清黄奭 民国二十三年刊"黄氏逸书考"本
雒书摘六辟 一卷 清黄奭 民国二十三年刊"黄氏逸书考"本

河图圣洽符 一卷 清黄奭 民国二十三年刊"黄氏逸书考"本

(12) 校勘

周易举正 三卷 唐郭京 清宣统三年刊"宸翰楼丛书"本

周易考异 一卷 清王夫之 民国二十二年"船山遗书"排印本

周易注疏校正 一卷 清卢文弨 清乾隆五十六年刊"群书拾遗"本

周易略例考证 一卷 清卢文弨 清乾隆五十六年刊"群书拾遗"本

周易章句证异 十二卷 清翟均廉 清乾隆四十五年钞本

易读考异 一卷 清武忆 清乾隆二十五年刊本

易经异文释 六卷 清李富孙 清光绪十四年刊"续经解"本

周易校勘记 九卷 清阮元 清道光九年刊"皇清经解"本

略例校勘记 一卷 清阮元 清道光九年刊"皇清经解"本

附释文校勘记 一卷

周易考异 二卷 清宋翔凤 清咸丰三年刊"过庭录"本

李氏易传校补 一卷 清陆心源 清光绪十年刊"群书校补"本

易古文 三卷 清李调元 清乾隆间刊"函海"本

周易正义校勘记 二卷 刘承干 民国七年嘉业堂刊本

周易王注宋本校勘记 一卷 孟森 民国×年排印本

敦煌写本周易王注校勘记 一卷 罗振玉 清宣统三年石印本

周易要义校勘记 一卷 张元济 民国二十一年排印本

敦煌本周易王注校记 一卷 王重民 民国四十七年排印本

周易考文补遗 日本山井鼎 物观 享保十五年刊本 清嘉庆二年阮元小嫏嬛仙馆刊本

(13) 辑遗

汉魏二十一家易注 三十三卷 清孙堂 清嘉庆四年映雪草堂刊本

汉魏晋唐四十四家易注 五十八卷 清同治十年济南皇华馆书局刊"玉函山房辑佚书"本

子夏易传 一卷 清孙冯翼 臧庸 清嘉庆十二年刊"问经堂丛书"本

子夏易传 一卷 清黄奭 民国二十三年刊"黄氏逸书考"本

孟喜周易章句 一卷 清王谟 清嘉庆三年刊"汉魏遗书钞"本

孟喜易章句 一卷 清黄奭 民国二十三年刊"黄氏逸书考"本

附孟氏易传传授考 一卷 沈祖緜

京房易传 一卷 清王谟 清嘉庆三年刊"汉魏遗书钞"本

京房易章句 一卷 清黄奭 民国二十三年刊"黄氏逸书考"本

京房易飞候 一卷 清王谟 清嘉庆三年刊"汉魏遗书钞"本

京氏易传笺 三卷 徐昂 民国三十二年排印本

费氏古易订文 十二卷 清王树枬 清光绪十七年文莫室刊本

周易郑康成注 一卷 宋王应麟 元刊本附张元济跋

郑氏周易 三卷 清惠栋 清乾隆二十一年雅雨堂刊本

周易郑注 十二卷 清丁杰 清嘉庆二十四年刊"湖海楼丛书"本
附录 一卷

周易郑注 一卷 清黄奭 民国二十三年刊"黄氏逸书考"本

郑玄易解附录 一卷 明胡震亨 明万历间刊"秘册汇函"本

周易郑氏义 二卷 清张惠言 清道光九年刊"皇清经解"本

陆绩京氏易传 三卷 汉陆绩 明嘉靖间范氏天一阁刊本

陆公纪易解 一卷 明姚士麟 明天启三年刊"盐邑志林"本

陆公纪京氏易注 三卷 明姚士麟 明天启三年刊"盐邑志林"本

陆氏周易述增补 一卷 明姚士麟 清同治十二年粤东书局刊"古经解汇函"本

干宝易解 一卷 明姚士麟 明天启三年刊"盐邑志林"本

周易虞氏义 九卷 清张惠言 清道光九年刊"皇清经解"本

周易虞氏消息 二卷 清张惠言 清道光九年刊"皇清经解"本

虞氏易礼 二卷 清张惠言 清光绪十年花雨楼刊本

虞氏易事 二卷 清张惠言 清道光九年刊"皇清经解"本

虞氏易言 二卷 清张惠言 清道光九年刊"皇清经解"本

虞氏易候 一卷 清张惠言 清道光九年刊"皇清经解"本

周易虞氏学 六卷 徐昂 民国三十六年排印本

九家易解 一卷 清王谟 清嘉庆三年刊"汉魏遗书钞"本

九家易集注 一卷 清黄奭 民国二十三年刊"黄氏逸书考"本

周易荀氏九家义 一卷 清张惠言 清道光九年刊"皇清经解"本

徐邈易音注 一卷 清黄奭 民国二十三年刊"黄氏逸书考"本

张氏易注 一卷 清黄奭 民国二十三年刊"黄氏逸书考"本

褚氏易注 一卷 清黄奭 民国二十三年刊"黄氏逸书考"本

周氏易注 一卷 清黄奭 民国二十三年刊"黄氏逸书考"本

何妥周易讲疏 一卷 清黄奭 民国二十三年刊"黄氏逸书考"本

庄氏易义 一卷 清黄奭 民国二十三年刊"黄氏逸书考"本

侯果易注 一卷 清黄奭 民国二十三年刊"黄氏逸书考"本

崔憬易探玄 一卷 清黄奭 民国二十三年刊"黄氏逸书考"本

薛虞易音注 一卷 清黄奭 民国二十三年刊"黄氏逸书考"本

虞氏易注 一卷 清黄奭 民国二十三年刊"黄氏逸书考"本

关氏易传注 一卷 后魏关朗 唐赵蕤注 明嘉靖间天一阁刊本

陆希声易传 一卷 清黄奭 民国二十三年刊"黄氏逸书考"本

三易备遗 十卷 宋朱元昇 清康熙十九年刊本

周易钩沉 二卷 清余肃客 清道光二十年重校刊本

易义别录 十二卷 清张惠言 清道光九年刊"皇清经解"本

易义考逸 一卷 清孙彤 清嘉庆十二年刊"问经堂丛书"本

易杂家注 一卷 清黄奭 民国二十三年刊"黄氏逸书考"本

汉魏十三家 二卷 胡薇元 民国九年刊"玉津阁丛书"本

李氏易解賸义 三卷 李富孙 清光绪十三年刊"槐庐丛书"本

连山 一卷 马国翰 清同治十年济南皇华馆书局刊本

归藏 一卷 马国翰 清同治十年济南皇华馆书局刊本

归藏注 一卷 晋薛贞 清王谟 清嘉庆三年刊"汉魏遗书钞"本

附连山 一卷

归藏 一卷 清洪颐煊 清嘉庆见刊"经典集林"本

(14) 汇考

周易考 八五卷 清朱彝尊 民国十五年排印本

水村易镜 一卷 宋林世光 清同治十二年粤东书局刊本

易经正讹 一卷 明胡应麟 明万历三十四年新安吴勉学刊"笔丛"本
　　　　　　　民国十八年北京朴社排印本

周易汇考 一卷 清陈梦雷 清雍正四年"古今图书集成"聚珍排印本

汉儒传说源流 一卷 清纪磊 民国十二年嘉业堂刊本

周易通考 一卷 张心澂 民国二十八年排印本

读易别录 二卷 清全祖望 清乾隆间刊"知不足斋丛书"本

(15) 论辩

清代易说考辨集 一卷 清阮元 清道光五年至光绪十一年刊本

周易辩论集 一卷 李镜池等 民国二十年北京朴社排印本

易学讨论集 一卷 李翊灼等 民国三十年排印本

叁 文献篇

无求备斋易论 严灵峰 民国四十一年排印本

48.问：魏征等人为什么要编纂《周易治要》一书？

魏征画像

答：所谓"周易治要"，是魏征虞世南、褚亮、萧德言奉勅撰《群书治要》卷一《周易》的内容。编纂目的是为唐太宗"偃武修文""治国安邦"和创建"贞观之治"提供警示。

唐太宗李世民于贞观初年下旨让魏征等编辑《群书治要》。李世民二十七岁即帝位后，偃武修文，特别留心于治平之道，休生养民。鉴于前隋灭亡之失，深知创业之艰难，他鼓励群臣直言进谏，批评其决策过失。魏征及虞世南等，整理历代帝王治国资政史料，撷取六经、四史、诸子百家中，有关修身、齐家、治国、平天下的精要内容，汇编成书。上始五帝，下迄晋年，自一万四千多部、八万九千多卷古籍中，博采典籍六十五种，总成五十余万言。书成进献，太宗喜其广博而切要，日日手不释卷。

此书至南宋已经失传，只是郑樵《通志》记载"《群书治要》五十卷魏征撰"（属于"记无"的书籍）。所幸者，日本金泽文库藏有日本僧人手写《群书治要》的全帙。清嘉庆元年（1796），尾张藩主家将五部重印本托长崎海关掌管近藤重藏转给中国，后近藤重藏将其中三部送至唐商馆，由中国商人带回本国。其后，上海商务印书馆《四部丛刊》和台湾分别以此版为底本影印。

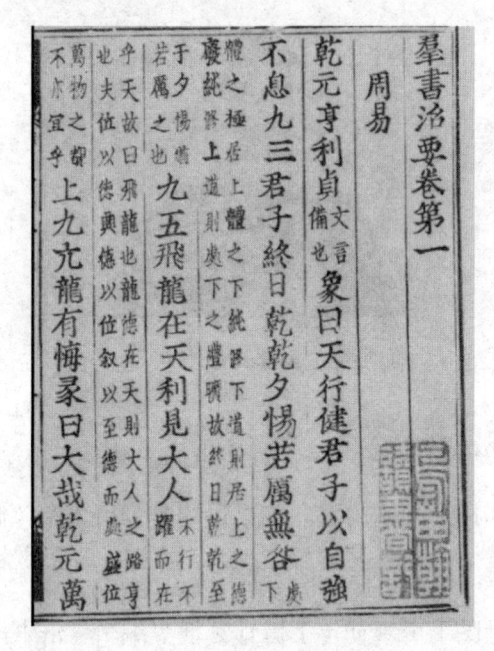

日本刊《群经治要》卷一之《周易》图片

## 群书治要序　　秘书监钜鹿男臣魏征等奉勅撰

窃惟载籍之兴，其来尚矣。左史右史，记事记言，皆所以昭德塞违，劝善惩恶，故作而可纪。熏风扬乎百代，动而不法，炯戒垂乎千祀。是以历观前圣，抚运膺期，莫不懔乎御朽。自强不息，朝乾夕惕，义在兹乎。近古皇王，时有撰述，并皆包括天地，牢笼群有。竞采浮艳之词，争驰迂诞之说。骋末学之博闻，饰雕虫小之伎。流宕忘反，殊途同致。虽辩周万物，愈失司契之源。术总百端，弥乖得一之旨。

皇上以天纵之多才，运生知之睿思。性与道合，动妙几神。玄德潜通，化前王之所未化。损已利物，行列圣之所不能行。瀚海龙庭之野，并为郡国。扶桑若木之域，咸袭缨冕。天地成平，外内祗福，犹且为而不恃。虽休勿休，俯协尧舜，式遵稽古。不察貌乎止水，将取鉴乎哲人。以为六籍纷纶，百家踳驳。穷理尽性，则劳而少功。周览泛观，则博而寡要。故爰命臣等，采摭群书，翦截淫放，光昭训典。

圣思所存，务乎政术。缀叙大略，咸发神衷。雅致钩深，规摹宏远。网罗治体，事非一目。若乃钦明之后，屈已以救时。无道之君，乐身以亡国。或临难而知惧，在危而获安。或得志而骄居，业成以致败者，莫不备其得失，以著为君之难。

其委质策名，立功树惠，贞心直道，忘躯殉国，身殒百年之中，声驰千载之外。或大奸臣猾，转日回天，社鼠城狐，反白仰黑。忠良由其放逐，邦国因以危亡者，咸亦述其终始，以显为臣不易。

其立德立言，作训垂范，为纲为纪，经天纬地，金声玉振，腾实飞英，雅论徽猷，嘉言美事，可以弘奖名教。崇太平之基者，固亦片善不遗，将以丕显皇极。至于母仪嫔则，懿后良妃，参徽猷于十乱，著深诫于辞辇，或倾城忨妇，亡国艳妻，候晨鸡以先鸣，待举烽而后笑者，时有所存，以备劝戒。爰自六经，讫乎诸子，上始五帝，下尽晋年，凡为五帙，合五十卷。本求治要，故以治要为名。

但皇览遍略，随方类聚，名目互显，首尾淆乱，文以断绝，寻究为难。今之所撰，异乎先作。总立新名，各全旧体。欲令见本知末，原始要终。并弃彼春华，采兹秋实。一书之内，牙角无遗。一事之中，羽毛咸尽。用之当今，足以鉴览前古。传之来叶。可以贻厥孙谋。引而申之，触类而长。盖亦言之者无罪，闻之者足以自戒。庶弘兹九德，简而易从。观彼百王，不疾而速。崇巍巍之盛业，开荡荡之王道。可久可大之功，并天地之贞观。日用日新之德，将金镜以长悬。其目录次第，编之于左。

《群书治要》卷一《周易》的内容，是以魏王弼《周易注》为底本而进行摘录的。今举乾卦的内容如下（小字为王弼注文）。

乾，元亨利贞。文言备矣。

象曰：天行，健。君子以自强不息。

九三，君子终日乾乾，夕惕若厉，无咎。处下体之极，居上体之下。纯修下道，则居上之德废。纯修上道，则处下之礼旷，故终日乾乾，至于夕惕犹若厉也。

九五，飞龙在天，利见大人。不行不跃，而在乎天，故曰飞龙也。龙德在天，则大人之路亨也。夫位以德兴，德以位叙。以至德而处盛位，万物之睹，不亦宜乎。

上九，亢龙有悔。

彖曰：大哉，乾元！万物资始乃统天。云行雨施，品物流行。大明终始，六位时成，时乘六龙以御天。乾道变化，各正性命。大明乎终始之道，故六位不失其时而成。升降无常，随时而用。处则乘潜龙，出则乘飞龙，故曰时乘六龙也。保合大和，乃利贞。不和而刚暴。首出庶物，万国咸宁。万国所以宁，各以有君也。

文言曰：

元者，善之长也。亨者，嘉之会也。利者，义之和也。贞者，事之干也。君子体仁足以长人，嘉会足以合礼，利物足以和义，贞固足以干事。君子行此四德者，故曰乾元亨利贞。

君子终日乾乾，夕惕若厉，无咎，何谓也？子曰：君子进德修业，忠信所以进德也。修辞立其诚，所以居业也。是故居上位而不骄，在下位而不忧。居下体之上，在上体之下。明夫终敝，故不骄也。知夫至至，故不忧也。故乾乾因其时而惕，虽危无咎矣。惕，怵惕之谓也。

飞龙在天，利见大人，何谓也？子曰：同声相应，同气相求。水流湿，火就燥。云从龙，风从虎。圣人作而万物睹。

亢龙有悔，何谓也。子曰：贵而无位，高而无民。下无阴也。贤人在下，位而无辅。贤人虽在下，而当位不为之助。是以动而有悔也。君子学以聚之，问以辨之。以君德而处下体，资纳于物者也。宽以居之，仁以行之。夫大人者，与天地合其德，与日月合其明，与四合其序，与鬼神合其吉凶。先天而无弗违，后天而奉天时。天且弗违，而况于人乎，况于鬼神乎。亢之为言也，知进而不知退，知存而不知亡，知得而不知丧，其唯圣人乎。知进退存亡而不失其正者，其唯圣人乎。

49.问：有人说苏东坡、欧阳修等著名文学家都精研《周易》，是真的吗？

苏东坡画像 　　　　欧阳修画像

答：苏东坡著有《东坡易传》九卷，此书一名《毘陵易传》。欧阳

修著有《易童子问》三卷。

南宋俞琰《读易举要》里面说：

参政文忠公庐陵欧阳修永叔撰《易童子问》，为问答。其上下卷，专言《系辞》《文言》《说卦》而下皆非圣人之所作。端明殿学士眉山苏轼子瞻撰《东坡易传》十卷，盖述其父洵之学也。

元胡一桂《周易启蒙翼传》里面说：

欧阳修《易童子问》三卷。愚案：欧公不信图书，以为怪妄。又因图书之疑并与系辞不信，以为非夫子作，见于《童子问》中。朱子尝谓此是欧公无见处。

今天看来，欧阳修的确有先见之明。从出土的帛书《周易》看出，只有与通行本《系辞》部分相关的内容。整理成为《系辞》篇，则是汉儒易经博士所为。孔子述而不作，《系辞》如同《论语》一样，都是孔子弟子整理成书的。从这一点，就可以说"《系辞》非孔子作"。至于说"欧公不信图书，以为怪妄"，则说明欧阳修的看法是正确的。欧阳修看到的《河图》与《洛书》应该是李觏所列的图书，与后来朱熹更改的图书不同。朱熹批评"此是欧公无见处"，恰恰是朱熹的"无见处"，因为朱熹不明白八卦的由来，一味主张"圣人则河图画卦"。

今录《易童子问》卷三的部分内容如下：

童子问曰："《系辞》非圣人之作乎？"

曰："何独《系辞》焉！《文言》《说卦》而下皆非圣人之作，而众说淆乱，亦非一人之言也。昔之学《易》者，杂取以资其讲说，而说非一家，是以或同或异，或是或非，其择而不精，至使害经而惑世也。然有附托圣经，其传已久，莫得究其所从来而核其真伪。故虽有明智之士，或贪其杂驳之辩，溺其富丽之辞，或以为辩是正，君子所慎，是以未始措意于其间。若余者可谓不量力矣，邈然远出诸儒之后，而学无师授之传，其勇于敢为而决于不疑者，以圣人之经尚在，可以质也。"

彧按：出土帛书《周易》是西汉文帝期间战国竹简《周易》的抄本，里面没有与通行本《文言》有关的内容，而与通行本《说卦》的相关内容，仅有"天地定位，山泽通气，雷风相薄，火水相射"等很少内容，更是没有与通行本《序卦》《杂卦》相关的内容。所以，欧阳修"《文言》《说卦》而下皆非圣人之作"的说法是有一定道理的。这些欧阳修怀疑的内容，多数是汉代易经博士整理成书的。

《系辞》曰："河出图，洛出书，圣人则之。"所谓《图》者，八卦之文也，神马负之自河而出，以授于伏羲者也。盖八卦者，非人之所为，是天之所降也。又曰："包羲氏之王天下也，仰则观象于天，俯则观法于地，观鸟兽之文与地之宜，近取诸身，远取诸物，于是始作八卦。"然则八卦者，是人之所为也，《河图》不与焉。斯二说者已不能兼容矣，而《说卦》又曰"昔者圣人之作《易》也，幽赞于神明而生蓍，参天两地而倚数，观变于阴阳而立卦"，则卦又出于蓍矣。八卦之说如是，是果何从而出也？谓此三说出于一人乎？则殆非人情也。

童子曰："敢问八卦之说？或谓伏羲已授河图，又俯仰于天地，观取于人物，然后画为八卦尔。二说虽异，会其义则一也，然乎？"

曰："不然。此曲学之士牵合傅会，以苟通其说，而遂其一家之学尔。其失由于妄以《系辞》为圣人之言而不敢非，故不得不曲为之说也。《河图》之出也，八卦之文已具乎，则伏羲授之而已，复何所为也？八卦之文不具，必须人力为之，则不足为《河图》也。其曰观天地、观鸟兽、取于身、取于物，然后始作八卦，盖始作者前未有之言也。考其文义，其创意造始其劳如此，而后八卦得以成文，则所谓'河图'者何与于其间哉？若曰已授《河图》，又须有为而立卦，则观于天地鸟兽、取于人物者皆备言之矣，而独遗其本始所授于天者，不曰取法于《河图》，此岂近于人情乎？考今《系辞》，二说离绝，各自为言，义不相通，而曲学之士牵合以通其说，而惎惑学者，其为患岂小哉！古之言伪而辨顺非而泽者，杀无赦。呜呼！为斯说者，王制之所宜诛也。"

彧按：在那个时代，欧阳修义愤填膺地痛斥"图书怪妄"，实在难得！依照朱熹的说法，伏羲观看《河图》，以"《河图》之虚五与十者，太极也。奇数二十，耦数二十者，两仪也。以一二三四为六七八九者，四象也。析四方之合以为乾坤离坎，补四隅之空以为兑震巽艮者，八卦也"。伏羲如此费尽心机，折腾半天才画出"先天八卦"，显然与《周易·系辞》里面的说法矛盾。他日，朱熹又说"伏羲将阴阳两个画卦以示人，使人于此占考吉凶祸福""伏羲画卦时止有奇耦之画，何尝有许多说话""圣人画卦不假纤豪思虑计度""圣人初画卦时只见一个三才，便更不问事由一连便扫出三画"，初学者究竟听信朱熹哪一个说法呢？说他"言伪而辨""惎惑学者"，似乎不冤枉他吧？

50.问：您能简单介绍一下朱伯崑先生的易学著作吗？

答：国际易学联合会是于2003年经由胡锦涛主席批准的，2004年在钓鱼台国宾馆召开成立大会，第一任会长是北京大学哲学系的博士生导师朱伯崑先生。朱伯崑先生是国学大师冯友兰的学生，他遵从冯先生"要注重《周易》哲学"的嘱托，呕心沥血写出了《易学哲学史》的大作。除此之外，朱先生还著有《易学基础教程》《周易知识通览》，主编了《易学智慧丛书》等。

朱伯崑先生在北京大学曾经为中国哲学专业研究生开设易学哲学史课程，并在那时讲稿的基础之上，改写成为《易学哲学史》，完成于1989年。原书为两卷，曾经有过出版1994年，朱先生在原作的基础上作了许多更正和补充，厘定为四卷，交由华夏出版社出版。后来九州出版社等也陆续出版，还被日本、韩国相关部门翻译作为大学教材出版。

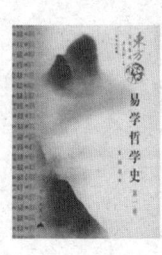

各个出版社出版的《易学哲学史》封面

今列朱伯崑先生《易学哲学史》一书的目录如下。

前言

第一编　先秦时期

春秋战国时代的易说

第一节　占筮和《周易》

　　一　占筮和龟卜

　　二　关于《周易》的编纂

　　三　卦象和卦序的逻辑思维

　　四　卦爻辞中的世界观

关于《周易》的解说

　　一　论《周易》中的占筮体例

二　吉凶由人和天道无常说

　　三　阴阳变易说

《易传》及其哲学

　第一节　关于《周易》形成的年代

　　一　《彖》《象》《文言》

　　二　《系辞》

　　三　《说卦》《序卦》《杂卦》

《易传》中的哲学问题

　　一　论占筮的原则和体例

　　二　论《周易》的性质

　　三　论《周易》的基本原理

　第二编　汉唐时期

汉代的象数之学

　第一节　孟喜和京房的卦气说

　　一　孟喜的卦气说

　　二　京房《易传》

　　三　孟京卦气说在易学和哲学中的地位

　第二节　《易纬》和象数之学

　　一　《乾凿度》

　　二　其他《易纬》

　第三节　东汉时期象数之学的发展

　　一　郑玄易学中的五行说

　　二　荀爽的乾升坤降说

　　三　虞翻是卦变说

四　魏伯阳的月体纳甲说

第四章　魏晋玄学派的易学哲学

第一节　王弼《周易注》和《周易略例》

　　一　论《周易》体例

　　二　易学中的玄学观

第二节　韩康伯《系辞注》

　　一　论《周易》的性质

　　二　易学中的玄学问题

第三节　关于玄学派和象数派的争论

　　一　魏晋时期关于易学哲学问题的辩论

　　二　南北朝时期易学发展的趋势

第五章　唐代易学哲学的发展

第一节　孔颖达《周易正义》

　　一　论《周易》体例

　　二　论《周易》的原理

第二节　崔憬和李鼎祚的易说

　　一　崔憬《易探玄》

　　二　李鼎祚的易学观

第三编　两宋时期

第六章　宋易的形成和道学的兴起

第一节　图书之学的兴起

　　一　陈抟的象数之学

　　二　刘牧的河洛之学

　　三　李之才的卦变说

第二节　李觏和欧阳修的易说
　　一　李觏的《易论》
　　二　欧阳修《易童子问》
第三节　周敦颐的易学哲学
　　一　《太极图说》
　　二　《通书》
第四节　邵雍《皇极经世》
　　一　先天易学
　　二　后天易学
第五节　程颐《易传》
　　一　论《周易》的性质和体例
　　二　易学中的理学问题
第六节　张载《易说》
　　一　论《周易》的性质和意义
　　二　易学中的其论哲学
第七章　南宋时期易学哲学的发展
第一节　程氏易学的流行和象数之学的分化
　　一　朱震《易传》和《易丛说》
　　二　杨万里《易传》
　　三　蔡元定和蔡沉的河洛之学
第二节　朱熹的易学哲学
　　一　论《周易》经传
　　二　易学哲学中的理本论
第三节　杨简《易传》

一　程颐和陆九渊的易说

　　二　叶适评《周易》经传

第四编　元明时期

第八章　宋易的繁荣和理学的衰落

第一节　元代象数之学

　　一　雷思齐《易图通变》

　　二　俞琰《易外别传》

　　三　张理《易象图说》

　　四　萧汉中《读易考原》

第二节　明代义理派的易学哲学

　　一　薛瑄的易说

　　二　蔡清《易经蒙引》

　　三　罗钦顺的易学哲学

　　四　王廷相的易学哲学（附何塘《阴阳管见》）

第三节　明代心学的易学哲学

　　一　湛若水的易说

　　二　王畿大易说

　　三　禅宗的易说

第四节　明代象数之学的发展

　　一　来知德《周易集注》

　　二　张介宾《医易义》

第五节　方以智与《周易时论合编》

　　一　论象数之学

　　二　易学中的哲学问题

第九章　道学的终结和汉易的复兴

第一节　王夫之《周易内传》和《周易外传》

　　一　论《周易》经传

　　二　易学哲学中的气本论

第二节　清初考据之学对图书之学的检讨

　　一　黄宗羲《易学象数论》和黄宗炎《图学辨惑》

　　二　毛奇龄《仲氏易》和李塨《周易传注》

　　三　胡渭《易图明辨》

第三节　汉学家的有说

　　一　惠栋《周易述》和《易汉学》

　　二　张惠言《周易虞氏义》和《周易虞氏消息》

　　三　焦循《易学三书》

易学索引

51.问：有人说邵雍的学问得益于朱熹《易学启蒙》一书的传播，您怎么看？

答：邵雍的学问由其子邵伯温系统整理成书，然而邵伯温却仿照《周易》十二篇的体系，把其祖父邵古的"律吕声音"纳入《皇极经世》之中，又扩大"以元经会"和"以会经运"的篇幅，遂使是书"卷帙浩繁"。

四库馆臣于《皇极经世书提要》中说"历代皆重其书"，然而又说"盖自邵子始为此学，其后自张行成、祝泌等数家以外，能明其理者甚鲜，故世人卒莫穷其作用之所以然"。

南宋初年人王湜于《易学》一书中说：

## 叁 文献篇

康节先生衍《易》作经，曰《皇极经世》。其书浩大，凡十二册，积千三百余板，以元经会二策，以会经运二策，以运经世二策，声音律吕两相唱和四册，准系辞而作者二册。其法以三十年为一世，三百六十年为一运，三十运为一会，十二会为一元，骤读者往往谩不知要。

正因为"骤读者往往谩不知要"，所以"能明其理者甚鲜"。而朱熹恰恰在《易学启蒙》书中引用了数十条"邵子曰"的内容，所以许多人都是通过朱熹的引用才接触到邵雍的学问。由于朱熹在历史上的名望，似乎没有人怀疑过他所引用的邵雍学问的真伪程度。

同样，笔者也是通过《易学启蒙》才了解邵雍的学问，又因为兴趣使然才进一步去阅读《皇极经世》。深入研究《皇极经世》之后，惊奇地发现朱熹多有错误引用和错误理解的地方。

下面试用表格列举部分内容：

| 邵雍皇极经世 | 朱熹易学启蒙 | 备注 |
| --- | --- | --- |
| 八卦相错，然后万物生焉，是故一分为二，二分为四，四分为八，八分为十六，十六分为三十二，三十二分为六十四，故曰"分阴分阳，迭用柔刚。" | 邵子曰，一分为二，二分为四，四分为八也。 | 邵雍的"一分为二"是指六十四卦而言，所以他说"乾为一，夬为二"。朱熹的爻画叠加"一分为二"，与邵雍无关。 |
| 顺数之，乾一、兑二、离三、震四、巽五、坎六、艮七、坤八；逆数之，震一、离兑二、乾三、巽四、坎艮五、坤六也。 | 邵子曰：乾一、兑二、离三、震四、巽五、坎六、艮七、坤八。 | 邵雍"顺数"之数指先天方图而言，"逆数"之数指先天圆图而言。朱熹之数，是指他自己所造黑白"八卦横图"而言。 |
| 乾坤定上下之位，离坎列左右之门。乾坤纵而六子横，易之本也。 | 邵子曰：乾南、坤北、离东、坎西、震东北、兑东南、巽西南、艮西北。自震至乾为顺，自巽至坤为逆。 | 邵雍《皇极经世》里面没有此说，是朱熹伪造。 |

| | | |
|---|---|---|
| 邵雍说"泰为八""临为十六""复为三十二""坤为六十四"。 | 邵子所谓"八分为十六、十六分为三十二、三十二分为六十四"者，尤见法象自然之妙也 | 朱熹以四个爻画叠加为"十六卦"，以五个爻画叠加为"三十二卦"，邵雍没有此说。 |
| 图虽无文，吾终日言而未尝离乎是。 | 伏羲四图，其说皆出邵氏。 | 邵伯温说其父"止有一图"。黑白位"伏羲八卦次序"和"伏羲六十四卦次序"二图是朱熹所造。 |
| | 邵子曰：此文王八卦，乃入用之位，后天之学也。 | 邵雍没有此说。 |
| 离坎，阴阳之限也。故离当寅，坎当申，而数常踰之者，盖阴阳之溢也。然用数不过乎寅，交数不过乎申也。或离当卯，坎当酉。 | 坎离者，阴阳之限也。故离当寅，坎当申，而数常踰之者，阴阳之溢也。然用数不过乎申也。此更宜思，离当卯，坎当酉，但以坤为子半，可见矣。 | 朱熹更改之处，显然可见。邵雍本先天图说"用数不过乎寅，交数不过乎申也"。 |
| 起震终艮一节，明文王八卦也。 | 邵子曰：此一节，明文王八卦也。 | |

朱熹之前，没有任何人以阴阳爻为"两仪"，以阴阳爻两画的组合为"四象"，更没有"四画""五画"组合成卦之说。朱熹所谓的爻画"加一倍法"与邵雍"乾为一""夬为二""泰为四""大壮为八""临为十六""复为三十二""坤为六十四"的易卦加一倍法，二者之间毫无关系可言。朱熹主张"太极为一理""理一分殊"，他以爻画"加一倍法"解说《系辞》"易有太极"一节，是出于其构建理学系统的需要。此一时彼一时也，我们今天应该实事求是地研究邵雍的学问，而不要盲目听信朱熹的曲解。

### 52.问：邵雍对易学研究的主要贡献在哪里？

答：虽然今见《皇极经世》一书，四库馆臣编入"子部七术数类一数学之属"，但是在《提要》中却说："是《经世》一书，虽明天道而实责成于人事，洵粹然儒者之言，固非谶纬术数家所可同年而语也。"显然，四库馆臣肯定了邵雍是儒家学子，肯定了《皇极经世》一

## 叁 文献篇

书是"明天道而实责成于人事"的理学书。康熙五十六年《御纂性理精义》卷三节录了邵雍的《皇极经世》,而《御纂性理精义》却放入了"子部一儒家类"。严格来说,《皇极经世》是一本"推天道而明人事"的哲学书,根本不是什么"推步"或"数学"之书。

邵雍画像　　　邵雍《皇极经世》

邵雍《伊川击壤集》有数首诗表达了他作《皇极经世》一书的初衷。如《安乐窝中一部书》:

安乐窝中一部书,号云皇极意如何?春秋礼乐能遗则,父子君臣可废乎?

浩浩羲轩开辟后,巍巍尧舜协和初。炎炎汤武乾戈外,汹汹桓文弓剑余。

日月星辰高照耀,皇王帝伯大铺舒。几千百主出规制,数亿万年成楷模。

治久便忧强跋扈,患深仍念恶驱除。才堪命世有时有,智可济时无世无。

既往尽归闲指点,未来须俟别支梧。不知造化谁为主,生得许多奇丈夫。

又《皇极经世一元吟》:

天地如盖轸,覆载何高极。日月如磨蚁,往来无休息。

上下之岁年，其数难窥测。且以一元言，其理尚可识。

一十有二万，九千余六百。中间三千年，迄今之陈迹。

治乱与废兴，着见于方策。吾能一贯之，皆如身所历。

我们从这几首诗中即可大体得知，邵雍原本的《皇极经世》的确是一部"本诸天道，质于人事"的书。

邵雍在易学研究方面的最大贡献，主要是对《周易·说卦》有了新的诠释，许多地方都是发前人之未发。他在《观物内篇》及《观物外篇》对《易传·说卦》主要章节的许多诠释，是自汉代以迄邵雍之前诸儒诠释《说卦》，从来没有过的创举。正因邵雍以《先天图》内涵对《说卦》主要章节进行了新的诠释，遂辟出了"伏羲八卦"与"文王八卦"的分界，由此而产生了"先天易学"与"后天易学"的划分。邵雍对《说卦》主要章节的新诠释，一直影响着易学研究的前进方向，时至今日人们在易学研究领域中仍然要涉及这些概念和命题。

邵雍对《说卦》新诠释的主要内容有"昔者圣人之作易也""天地定位"和"帝出乎震"三章。

邵雍把八卦分作"天之四象"（日、月、星、辰）与"地之四象"（水、火、土、石）。"天之四象"为天道阴阳相交而生，"地之四象"为地道刚柔相交而生。可知，邵雍为什么不在书中画出什么"伏羲八卦方位图"，是他明白圣人"观变于阴阳而立卦"的八卦是三维立体的，而不是平面的。

邵雍解说这"起震终艮"一节，说图为"震兑横而六卦纵"，卦的方位是明"文王八卦"，在易之体用关系中则为"易之用"。并且认为这样的八卦方位是从"伏羲八卦"（乾坤纵而六子横）演变而来的。

自邵雍说"起震终艮一节，明文王八卦也；天地定位一节，明伏

## 叁 文献篇

羲八卦也"及朱熹于《易学启蒙》中表彰邵雍易学之后，遂有分八卦为"先天八卦"与"后天八卦"之举。如宋末朱元升着《三易备遗》，不但以之推衍出先天八卦为《归藏易》（伏羲）、后天八卦为《周易》（周文王），还发挥出"中天八卦"以之为《连山易》（黄帝）。此后更是层出不穷，至清李光地《周易折中》可谓达到高峰。特别是于象数学派的易图书学方面，以之衍化而出的易图更是数以千百计。比如先见于明初赵撝谦《六书本义》中的《天地自然河图》，即章潢《图书编》所称之《古太极图》，则是以"先天八卦图"为衍母，步步变化而出。其实，"先天八卦"不先，"后天八卦"不后，若不是邵雍对《说卦》有如此地新诠释，后世也不致于有如此五花八门的演绎。

在《四库全书》的经史子集四部里面，都有关于邵雍的议论，这是其他人所不可企及的。

值得人们注意的是，由于邵雍的新诠释而有了易学研究方面的重新分类。朱熹常对弟子们讲要明确"各是各底易"，分出"伏羲之易""文王之易""周公之易""孔子之易"等。

同时我们也看到，因误读邵雍对《说卦》的诠释而产生了一些负面影响。邵雍诠释《说卦》"分阴分阳，迭用柔刚，故《易》六位而成章"时说：

太极既分，两仪立矣。阳下交于阴，阴上交于阳，四象生矣。阳交于阴、阴交于阳而生天之四象；刚交于柔、柔交于刚而生地之四象，于是八卦成矣。八卦相错，然后万物生焉。是故一分为二，二分为四，四分为八，八分为十六，十六分为三十二，三十二分为六十四。故曰分阴分阳，迭用柔刚，故《易》六位而成章也。

此处所谓的"加一倍法"，就是被朱熹错误引用作画卦的卦爻层累

"加一倍法"。须知，邵雍是于"于是八卦成矣。八卦相错，然后万物生焉"之后方说到此"加一倍法"，明显是指六十四卦易数的加一倍而言，所以邵雍说：

乾为一，乾之五爻分而为大有，以当三百六十之数也。乾之四爻分而为小畜，以当十二万九千六百之数也。乾之三爻分而为履，以当一百六十七亿九千六百一十六万之数也。乾之二爻分而为同人，以当二万八千二百一十一兆九百九十万七千四百五十六亿之数也。乾之初爻分而为姤，以当七秭九千五百八十六万六千一百一十垓九千九百四十六万四千八京八千四百三十九万一千九百三十六兆之数也。是谓分数也。分大为小，皆自上而下，故以阳数当之。一生二为夬，当十二之数也。二生四为大壮，当四千三百二十之数也。四生八为泰，当五亿五千九百八十七万二千之数也。八生十六为临，当九百四十兆三千六百九十九万六千九百一十五亿二千万之数也。十六生三十二为复，当二千六百五十二兆八千八百七十垓三千六百六十四万八千八百京二千九百四十七万九千七百三十一兆二千万亿之数也。三十二生六十四，为坤，当无极之数也。是谓长数也。长大为小，皆自下而上，故以阴数当之。

此邵雍易数的"加一倍法"，在朱熹《易学启蒙》中却引用作"画卦"的卦爻层累"加一倍法"，则是打着邵雍的旗号而贩卖他自己的东西。

时至今日，仍然有人把朱熹片面引用的画卦"加一倍法"当作原本出自邵雍的"学问"，殊不知邵雍主张"独阳不生，寡阴不成"，又说"八卦相错者，相交错而成六十四卦也"，他怎么会以一阴或一阳的层累叠加为四象、八卦呢。朱熹曾说"方才有阳，哪知道有阴"，他一而再再而三地说伏羲当时画卦是先画一阳一阴（是成两仪），再就一阳

## 叁 文献篇

和一阴上各自生出一阳一阴（是成四象），再就四象的每一爻画上各生出一阳一阴（是成八卦），直到于"五画卦"的三十二爻画上再各生出一阳一阴（是成六十四卦）。朱熹于《易学启蒙》中掐头去尾断章取义地引用"邵子曰一分为二""邵子曰二分为四""邵子曰四分为八""邵子曰八分为十六""邵子曰十六分为三十二""邵子曰三十二分为六十四"，致使人们误认为此种"独阳能生，寡阴能成"的画卦方法就是邵雍所说的"加一倍法"，这实际上却是由于朱熹的片面曲解所造成的地地道道的负面影响。

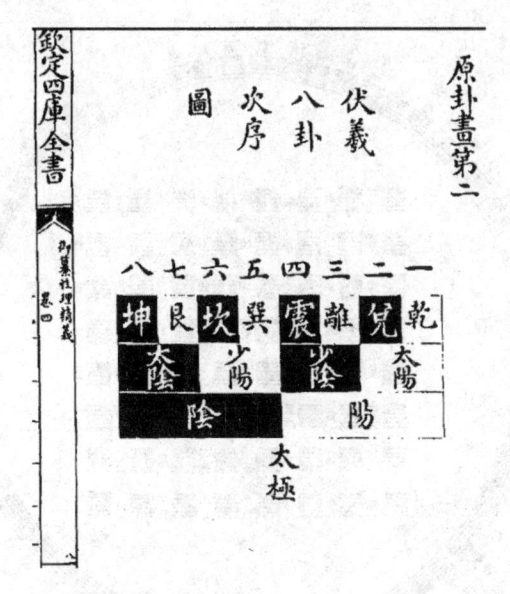

朱熹"独阳寡阴"能生乾坤图

邵雍是北宋时期的易学大家，他对《说卦》新的诠释较先儒圆满而富有创造性，特别是依据《先天图》对《说卦》部分章节的诠释，则更是独树一帜，可谓"前无古人，后无来者"。其诠释文字的影响，不但盛行于元、明、清三代，甚至还要波及今日。我们研究邵雍，其创新的易学思想是一大课题。"先天"与"后天"的概念源于《文言》，而邵雍从大道的角度思考宇宙的演变，其身虽处于天地之中，然其心却在天地开辟之前。先天易学就是"心易"，邵雍把易学的哲学思维腾飞到生天生地的太极一道的高度，从而开辟了宇宙论、天地生成论和本体论的广阔论坛。特别是他从来不讲"伏羲画卦"，知道八卦是立体的等等，邵雍的确是一位很了不起的哲学家。

53.问：邵雍《先天图》是如何画出来的？

答：邵雍的《先天图》如下。

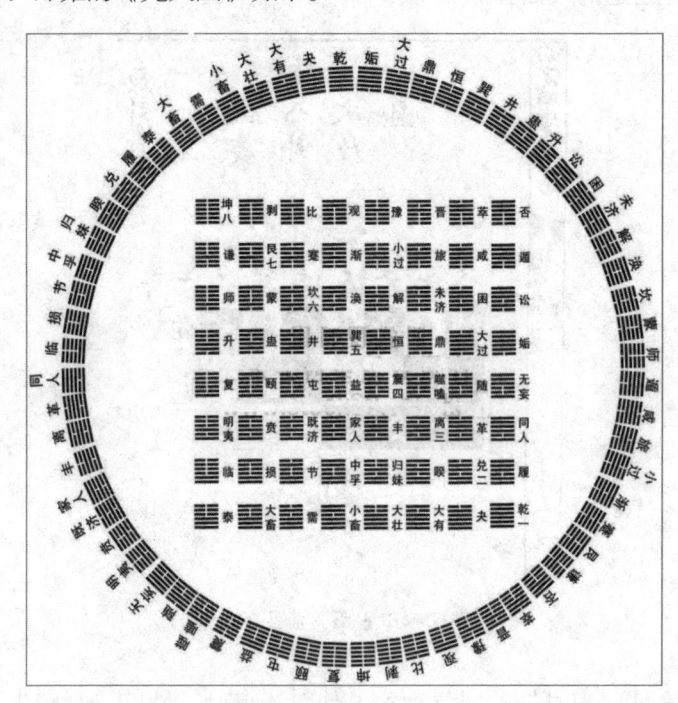

邵雍《先天图》

邵雍《皇极经世·观物外篇》说：

一变而二,二变而四,三变而八卦成矣,四变而有十六,五变而三十有二,六变而六十四卦备矣。

这就告诉人们，他的六十四卦方圆图也就是《先天图》，是如此变化来的。

具体变化过程如下：

以乾卦☰为祖，首先变其上爻得夬卦☱，是为"一变而二"；

其次变乾卦与夬卦的五爻得大有卦☲和大壮卦☳，是为"二变而四"；

第三变乾、夬、大有、大壮四卦的四爻得小畜卦☴需卦☵大畜卦☶泰卦☷，是为"三变而八"；

第四变乾、夬、大有、大壮、小畜、需、大畜、泰八卦的三爻得履卦☱兑卦☱睽卦☱归妹卦☱中孚卦☱节卦☱损卦☱临卦☱，是为"四变而有十六"；

第五变乾、夬、大有、大壮、小畜、需、大畜、泰、履、兑、睽、归妹、中孚、节、损、临十六卦得同人卦☲革卦☲离卦☲丰卦☲家人卦☲既济卦☲贲卦☲明夷卦☲无妄卦☲随卦☲噬嗑卦☲震卦☲益卦☲屯卦☲颐卦☲复卦☲，是为"五变而三十有二"；

第六变乾、夬、大有、大壮、小畜、需、大畜、泰、履、兑、睽、归妹、中孚、节、损、临、同人、革、离、丰、家人、既济、贲、明夷、无妄、随、噬嗑、震、益、屯、颐、复三十二卦的初爻得姤卦☴大过卦☴鼎卦☴恒卦☴巽卦☴井卦☴蛊卦☴升卦☴讼卦☵困卦☵未济卦☵解卦☵涣卦☵坎卦☵蒙卦☵师卦☵遁卦☶咸卦☶旅卦☶小过卦☶渐卦☶蹇卦☶艮卦☶谦卦☶否卦☷萃卦☷晋卦☷豫卦☷观卦☷比卦☷剥卦☷坤卦☷，是为"六变而六十四卦备"。

从这一变化过程，我们可以看出第一部分八卦是以乾为下卦；第二部分八卦是以兑为下卦；第三部分八卦是以离为下卦；第四部分八卦是以震为下卦；第五部分八卦是以巽为下卦；第六部分八卦是以坎为下卦；第七部分八卦是以艮为下卦；第八部分八卦是以坤为下卦。而且这八个部分的八卦上卦次序都是乾、兑、离、震、巽、坎、艮、坤。

这样一来，把八个部分的八卦自下向上排列，就有下图：

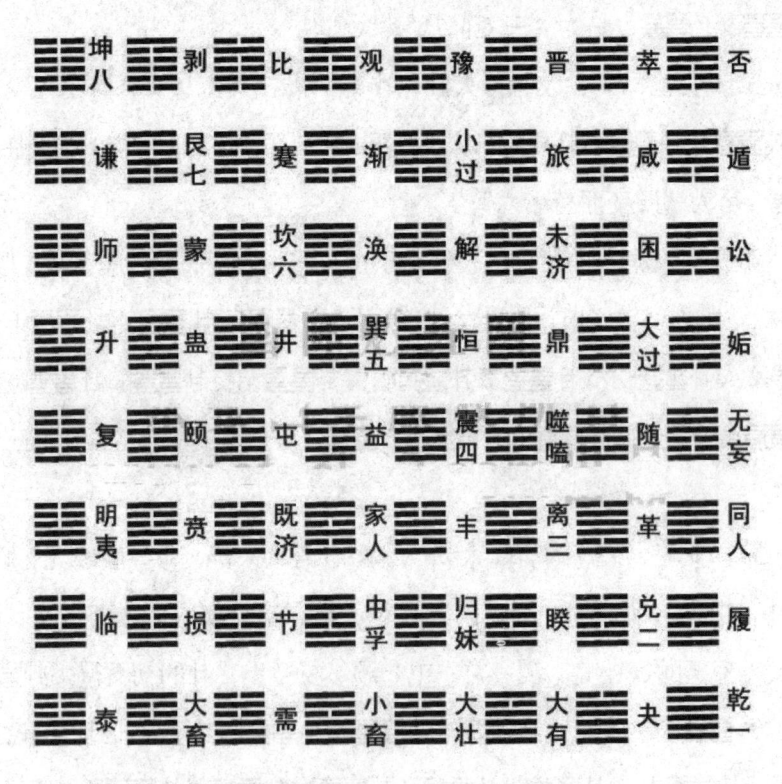

| 坤八 | 剥 | 比 | 观 | 豫 | 晋 | 萃 | 否 |
| 谦 | 艮七 | 蹇 | 渐 | 小过 | 旅 | 咸 | 遁 |
| 师 | 蒙 | 坎六 | 涣 | 解 | 未济 | 困 | 讼 |
| 升 | 蛊 | 井 | 巽五 | 恒 | 鼎 | 大过 | 姤 |
| 复 | 颐 | 屯 | 益 | 震四 | 噬嗑 | 随 | 无妄 |
| 明夷 | 贲 | 既济 | 家人 | 丰 | 离三 | 革 | 同人 |
| 临 | 损 | 节 | 中孚 | 归妹 | 睽 | 兑二 | 履 |
| 泰 | 大畜 | 需 | 小畜 | 大壮 | 大有 | 夬 | 乾一 |

邵雍《先天图》内之方图

把四个部分的八卦以乾、兑、离、震为下卦的三十二卦排在左面；把四个部分的八卦以巽、坎、艮、坤为下卦的三十二卦排在右面，就有下图：

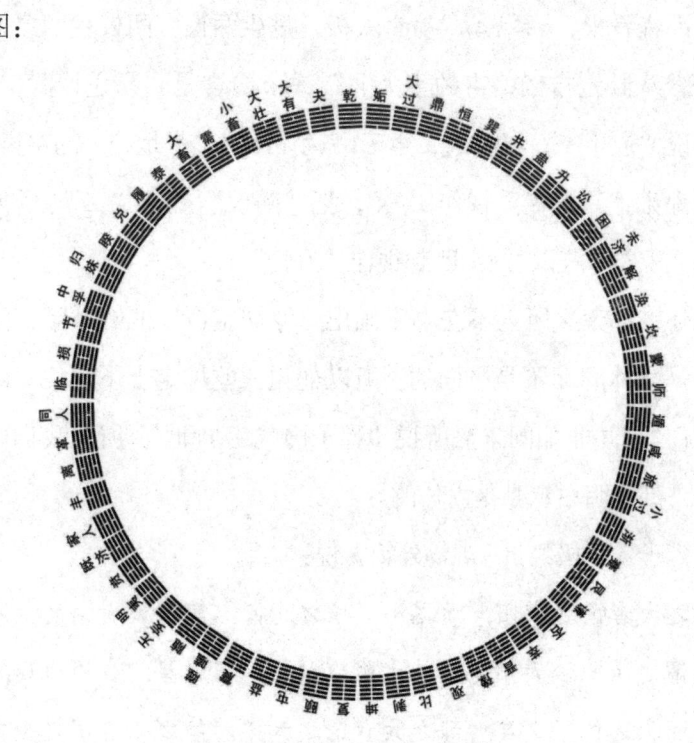

邵雍《先天图》之圆图

把方图装入圆图之内，就是邵雍的《先天图》了。邵雍说："先天之学，心也；后天之学，迹也。"需要特别指出的是：《先天图》是有卦爻符号痕迹的图，所以图为"后天"，而图反映的却是"先天而天弗违"的心学之道。

54.问：邵雍为什么把八卦分为"天之四象"与"地之四象"？

答：邵雍说：

《老子》五千言，大抵皆明物理。

又说：

老子，知易之体者也。

在邵雍看来，《系辞》"易有太极，是生两仪，两仪生四象，四象生八卦，八卦定吉凶，吉凶生大业"一节内容是"易之体"，与《老子》所说"道生一，一生二，二生三，三生万物"，都是统一的宇宙模式。所以，邵雍把"太极"视作"一"，把"两仪"视作"二"，四象（包括八卦）视作"三"，六十四卦视作"万物"。

另外，邵雍之所以不在书中画出"乾坤定位"的八卦图，是他知道八卦是立体的而不是平面的。所以他说"乾坤定上下之位，离坎列左右之门"，并非如同朱熹所说"邵子曰乾南坤北"。所以我们可以肯定地说，邵雍明白八卦是立体的。

邵雍于《皇极经世·观物外篇》说：

动之大者谓之太阳，动之小者谓之少阳，静之大者谓之太阴，静之小者谓之少阴。太阳为日，太阴为月，少阳为星，少阴为辰，日月星辰交而天之体尽之矣。静之大者谓之太柔，静之小者谓之少柔，动之大者谓之太刚，动之小者谓之少刚，太柔为水，太刚为火，少柔为土，少刚为石，水火土石交而地之体尽之矣。

又说：

太极既分，两仪立矣，阳下交于阴阴上交于阳四象生矣，阳交于阴阴交于阳而生天之四象，刚交于柔柔交于刚而生地之四象，于是八卦成矣。

又说：

日月星辰共为天，水火土石共为地。

又说：

四象在错综而用之，日月天之阴阳，水火地之阴阳，星辰天之刚柔，土石地之刚柔。

叁 文献篇

根据邵雍之说，我们可以画出《邵雍说立体八卦图》。

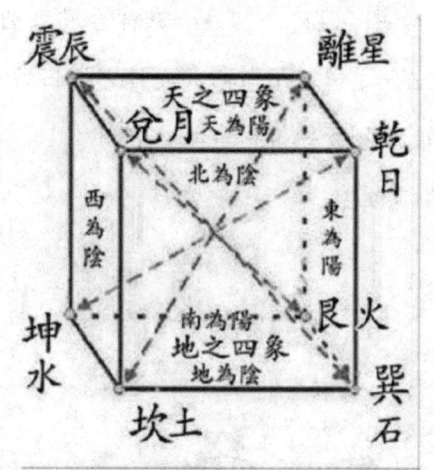

郭彧据邵雍之说绘制的《邵雍说立体八卦图》

55.问：如何理解周敦颐的《太极图》？

答：孔子《易传》里面有"易有大极，是生两仪，两仪生四象，四象生八卦，八卦定吉凶，吉凶生大业"一段内容，周敦颐为了形象表达这段话的含义，画出来了《太极图》，并且有《太极图易说》一文，其全文内容如下：

自无极而为太极；太极动而生阳，动极而静，静而生阴，静极复动，一动一静，互为其根，分阴分阳两仪立焉；阳变阴合而生水火木金土，五气顺布，四时行焉。五行一阴阳也，阴阳一太极也，太极本无极也。五行之生也，各一其性，无极之真，二五之精，妙合而凝，乾道成男，坤道成女，二气交感，化生万物，万物生生而变化无穷焉。

惟人也，得其秀而最灵。形既生矣，神发知矣。五性感动而善恶分，万事出矣。圣人定之以中正仁义而主静，立人极焉。故圣人与天地合其德，日月合其明，四时合其序，鬼神合其吉凶。君子修之吉，小人悖之凶。故曰立天之道曰阴与阳；立地之道曰柔与刚；立人之道曰仁与义。又曰原始反终 故知生死之说。

大哉，易也！斯其至矣。

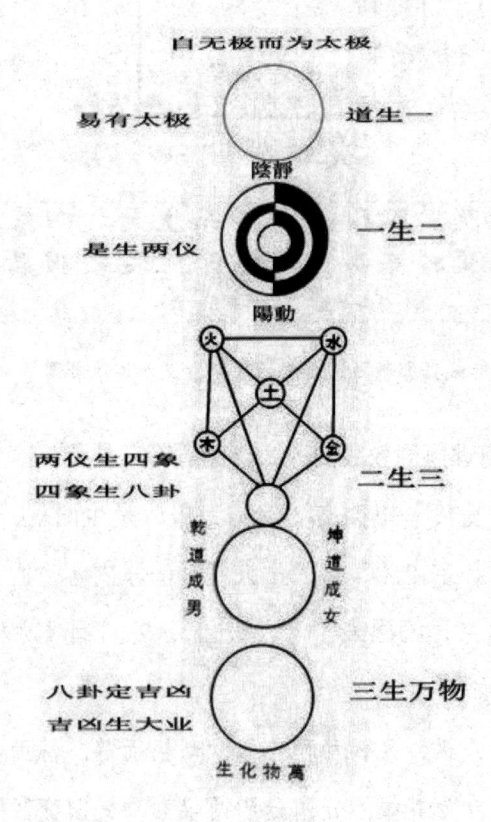

图解周子太极图之图

周敦颐《太极图》有四层模式：最上一圆圈表示"易有太极"，第二圈之下有"动阳"二字；之上有"静阴"二字，表示"太极动而生阳，动极而静，静而生阴，静极复动，一动一静，互为其根，分阴分阳两仪立焉"；第三"分土王四季"和"乾道成男、坤道成女"表示"四象（包含八卦）"；最下一圈"万物化生"表示"大业"六十四卦。

周敦颐此《太极图》是根据《老子》"道生一，一生二，二生三，三生万物"的宇宙模式画出来的。邵雍曾经说过"老子知《易》之体"，同时把"四象"和"八卦"（分八卦为"天之四象"和"地之四象"）看做一体，当作"二生三"。

孔子说：

易始于太极，太极分而为二，故生天地，天地有春秋冬夏之节，故生四时，四时各有阴阳刚柔之分，故生八卦。八卦成列，天地之道立，雷风水火山泽之象定矣。（《易纬乾凿度》)

周敦颐的《太极图》，就是根据孔子此说而画出来的。

56.问：如何理解《周易本义》卷首所列的"伏羲六十四卦次序"图？

答：《周易本义》卷首所列的易图应该是朱熹初版《易学启蒙》之图，其中所谓"伏羲六十四卦次序"图，也就是他的好友袁枢批评"黑白之位尤不可晓"的图。

此图原自下向上标注：太极、两仪、四象、八卦、十六卦、三十二卦、六十四卦。

宋朱鉴《文公易说·杂问答·答袁枢》：

来教又论黑白之位尤不可晓，然其图亦非古法，但今欲易晓，且为此以寓之耳。

朱熹《周易本义》卷首所列"伏羲六十四卦次序图"

袁枢给朱熹的信中说"黑白之位尤不可晓",正是指此图而言。

以白块替代卦的原本符号"—",称之为"阳爻"、以黑块替代卦的原本符号"- -",称之为"阴爻",是朱熹的发明;以一个阳爻作"阳仪"、以一个阴爻作"阴仪",也是朱熹的发明;以阴阳两个爻画排列而成"四象",是朱熹的发明;以"一阴一阳之上在各生一阴一阳"而成四象、八卦、"十六卦""三十二卦""六十四卦",更是朱熹的发明。

朱熹创造的黑白块"伏羲六十四卦次序图"有如下错误:

(1)朱熹说:"四象第一画,本只是前两仪图之一奇一耦,缘此一奇一耦之上各生一奇一耦,是以分而为四,而初画之一奇一耦亦随之而分为四段耳。"所谓"前两仪"是一个白块为"阳仪";一个黑块为"阴仪",到了"初画之一奇一耦亦随之而分为四段",则一个白块分成四个白块,一个黑块分成四个黑块,岂不是有了四个"阳仪"和四个"阴仪",哪里还有"两仪"?到了六十四卦,则一个白块分成三十二个白块,一个黑块分成三十二个黑块,岂不是有了三十二个"阳仪"和三十二个"阴仪",哪里还有"两仪"?

(2)自古以来,只有"八卦"和"六十四卦"之说,根本没有什么

"十六卦"和"三十二卦"之说，所以袁枢批评说"四爻五爻者无所主名"。

(3)《春秋谷梁传》说"独阴不生，独阳不生，独天不生，三合然后生"、邵雍说"独阳不生，专阴不成也"、程灏说"独阴不生，独阳不生"，而朱熹的"伏羲六十四卦次序图"则是"独阴能生，独阳能生"。试看，乾卦是由最初的一个"阳仪"生成；坤卦是由最初的一个"阴仪"生成。

且不说朱熹"伪学案"当中为《易学启蒙》起稿的蔡元定首先罹难而被流放湖南道县，仅就其好友袁枢的反对意见，我们应该明白朱熹所炫耀的"易学"是什么内容了。这也是我一再向初学者声明不要先接触《周易本义》和《易学启蒙》这两本书的深刻用意，因为我自己就是先接触这两本书，用了三年时间入于其内，然后又花费五年时间才出于其外啊！

57. 问：《周易本义》卷首所列《伏羲八卦方位》所标乾一至坤八的卦数，是邵雍的本意吗？

答：朱熹《周易本义》卷首所列《伏羲八卦方位》图如下。

朱熹《周易本义》说：

伏羲四图，其说皆出邵氏。

然而，邵雍之子邵伯温却于《易学辨惑》里面说：

其学主于意言象数四者不可阙一，其理具见于圣人之经，不烦文字解说。止有一图，以寓其阴阳消长之数与卦之生变。图亦非创意以作，孔子《系辞》述之明矣。

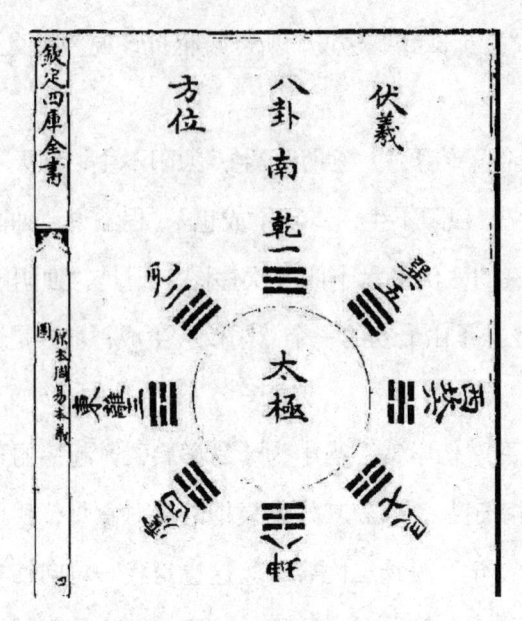

《周易本义》所列《伏羲八卦方位》图

邵雍只有《先天图》一图，虽然在《皇极经世》书中没有列出任何易图，但是却有图说。邵雍于《皇极经世·观物外篇》说：

顺数之，乾一、兑二、离三、震四、巽五、坎六、艮七、坤八。

逆数之，震一、离兑二、乾三、巽四、坎艮五、坤六也。

又说：

时可逆知，物必顺成。

又说：

天圆而地方，圆者数之起一而积六，方者数之起一而积八。

就《先天图》而言，六十四卦圆图象天而"时可逆知"；六十四卦方图形地而"物必顺成"，所以邵雍给圆图赋予的数是"圆者数之起一而积六"的"震一、离兑二、乾三、巽四、坎艮五、坤六"；给方图赋予的数是"方者数之起一而积八"的"乾一、兑二、离三、震四、巽

五、坎六、艮七、坤八"。由此可知，朱熹给八卦圆图所标注的八个数，并非出于邵雍本意。

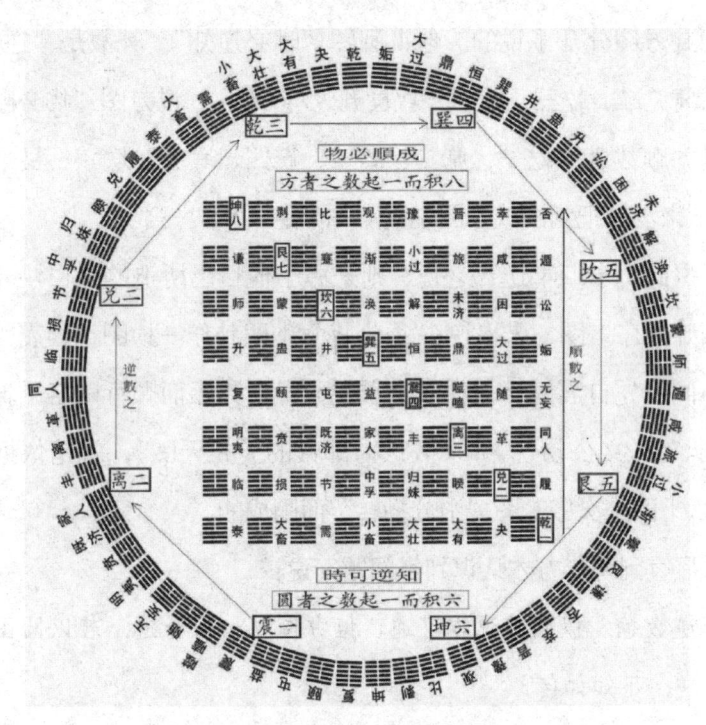

順數之乾一兌二離三震四巽五坎六艮七坤八
逆數之震一離兌二乾三巽四坎五艮坤六也

郭彧据邵雍图说绘制的《邵雍说先天图方圆八卦之数图》

58.问:《周易本义》说"邵子曰：乾南，坤北，离东，坎西，震东北，兑东南，巽西南，艮西北。自震至乾为顺，自巽至坤为逆"，有什么不对吗？

答：这里，朱熹所谓的"邵子曰"，根本不是邵雍说过的话，完全是朱熹假托邵雍而编造的。这是我们查遍邵雍所有著作之后而得出的结论,《皇极经世》书里面根本没有"乾南""坤北""为逆""为顺"

的关键词。

邵雍说《先天图》的"顺逆",是把象天的六十四卦圆图与形地的六十四卦方图分开了说的。他说圆图"时必逆知",其数是"逆数之,震一、离兑二、乾三、巽四、坎艮五、坤六也";说方图"物必顺成",其数是"顺数之,乾一、兑二、离三、震四、巽五、坎六、艮七、坤八"。从来没有把圆图或方图说成"一半逆"和"一半顺"。

朱熹此"半顺半逆"之说,则来源于他自己所造的黑白块《伏羲六十四卦次序》图。朱熹说:"须先将六十四卦作一横图,则震巽复姤正在中间,先自震复而却行以至于乾,乃自巽姤而顺行以至于坤,便成圆图。"(《文公易说》)朱熹认为邵雍的《先天图》,就是依据这个《伏羲六十四卦次序》图"中分拗转"而围成的。

朱熹直到晚年方才认识到有问题,说:

易逆数也,似康节说方可通。但方图则一向皆逆,若以圆图看又只一半逆,不知如何?

此处,朱熹仍然坚持己见,认为邵雍之说有问题。其实,问题出在朱熹所造的《伏羲六十四卦次序》图(一般称之为"大横图")身上。他所谓"方图则一向皆逆",就是指此大横图而言,起乾历复、姤以至于坤为"一向皆逆"。但是把大横图"中分"并且"拗转"围作"先天图",则起复至乾(八卦起震至乾)为逆,而起姤至坤(八卦起巽至坤)则为顺,因此朱熹才说"若以圆图看又只一半逆,不知如何"。

朱熹不知邵雍《先天图》是以"卦之生变"而来的,姤是变乾的初爻而来,坤是变复的初爻而来,所以圆图可以"逆数之",根本没有"一半逆"的问题。

59.问：朱熹所说邵雍的"加一倍法",是邵雍的原意吗?

答:《系辞》:"易有太极,是生两仪,两仪生四象,四象生八卦。"就这一节内容,朱熹说:

熹窃谓此一节乃孔子发明伏羲画卦自然之形体次第,最为切要。古今说者,惟康节、明道二先生为能之。故康节之言曰"一分为二,二分为四,四分为八,八分为十六,十六分为三十二,三十二分为六十四。犹根之有干,干之有枝,愈大则愈小,愈细则愈繁",而明道先生以为"加一倍法"。其发明孔子之言,又可谓最切要矣。(《文公易说》)

邵雍《皇极经世·观物外篇》原话说:

太极既分,两仪立矣。阳下交于阴,阴上交于阳,四象生矣。阳交于阴阴交于阳而生天之四象,刚交于柔柔交于刚而生地之四象,于是八卦成矣。

八卦相错,然后万物生焉,是故一分为二,二分为四,四分为八,八分为十六,十六分为三十二,三十二分为六十四,故曰分阴分阳迭用柔刚易六位而成章也。

十分为百,百分为千,千分为万,犹根之有干,干之有枝,枝之有叶,愈大则愈少,愈细则愈繁,合之斯为一,衍之斯为万。是故乾以分之,坤以翕之,震以长之,巽以消之,长则分,分则消,消则翕也。

应该注意到,邵雍说"一分为二,二分为四,四分为八,八分为十六,十六分为三十二,三十二分为六十四"是在"八卦相错,然后万物生焉"之后,邵雍特别有"是故"二字。

众所周知,说"八卦相错,然后万物生焉",就是已经指六十四卦而言了。

邵雍于《皇极经世·观物外篇》进一步说"乾为一""一生二为

夬""二生四为大壮""四生八为泰""八生十六为临""十六生三十二为复""三十二生六十四为坤"。

值得注意的是，邵雍说"天之四象"与"地之四象"合之为八卦，倘若以"太极"为一、"两仪"为二、"四象"为四，则没有以"八卦"为八之说。

至于说程颢"以为加一倍法"，则出于《二程外书》：

尧夫易数甚精，自来推长历者至久必差，惟尧夫不然，指一二近事当面可验。明道云待要传与某兄弟，某兄弟那得工夫，要学须是二十年功夫。明道闻说甚熟，一日因监试无事，以其说推算之皆合。出谓尧夫曰，尧夫之数只是加一倍法，以此知《太玄》都不济事。

于是，人们不禁要问：邵雍的"加一倍法"之数，究竟是什么数，竟然说"《太玄》都不济事"？倘若如同朱熹所说的那么简单的"一分为二，二分为四，四分为八，八分为十六，十六分为三十二，三十二分为六十四"，程颢会那么评价吗？

邵雍于《皇极经世·观物外篇》说：

"乾为一""一生二为夬""二生四为大壮""四生八为泰""八生十六为临""十六生三十二为复""三十二生六十四为坤"。

邵雍还给六十四卦赋予具体的数，如：

一生二为夬，当十二之数也。二生四为大壮，当四千三百二十之数也。四生八为泰，当五万五千九百八十七万二千之数也。八生十六为临当九百四十三千六百九十九万六千九百一十五亿二千万之数也。

十六生三十二为复当二千六百五十二万八千八百七十垓三千六百六十四万八千八百京二千九百四十七万九千七百三十一兆二千万亿之数也。三十二生六十四为坤，当无极之数也。

## 叁 文献篇

邵雍既然说"八卦相错，然后万物生焉"，他给六十四卦的每一卦都赋予了一定的数。

下面是笔者整理的用现代数学方法表示的邵雍说易卦之数"加一倍法"表。

| 分数 | | 長數 | |
|---|---|---|---|
| 乾一 | 1 | 夬二 | 12 |
| 大有三 | $1 \times 360^1$ | 大壯四 | $12 \times 360^1$ |
| 小畜五 | $1 \times 360^2$ | 需六 | $12 \times 360^2$ |
| 大畜七 | $1 \times 360^3$ | 泰八 | $12 \times 360^3$ |
| 履九 | $1 \times 360^4$ | 兌十 | $12 \times 360^4$ |
| 睽十一 | $1 \times 360^5$ | 歸妹十二 | $12 \times 360^5$ |
| 中孚十三 | $1 \times 360^6$ | 節十四 | $12 \times 360^6$ |
| 損十五 | $1 \times 360^7$ | 臨十六 | $12 \times 360^7$ |
| 同人十七 | $1 \times 360^8$ | 革十八 | $12 \times 360^8$ |
| 離十九 | $1 \times 360^9$ | 豐二十 | $12 \times 360^9$ |
| 家人二十一 | $1 \times 360^{10}$ | 既濟二十二 | $12 \times 360^{10}$ |
| 賁二十三 | $1 \times 360^{11}$ | 明夷二十四 | $12 \times 360^{11}$ |
| 无妄二十五 | $1 \times 360^{12}$ | 隨二十六 | $12 \times 360^{12}$ |
| 噬嗑二十七 | $1 \times 360^{13}$ | 震二十八 | $12 \times 360^{13}$ |
| 益二十九 | $1 \times 360^{14}$ | 屯三十 | $12 \times 360^{14}$ |
| 頤三十一 | $1 \times 360^{15}$ | 復三十二 | $12 \times 360^{15}$ |
| 姤三十三 | $1 \times 360^{16}$ | 大過三十四 | $12 \times 360^{16}$ |
| 鼎三十五 | $1 \times 360^{17}$ | 恒三十六 | $12 \times 360^{17}$ |
| 巽三十七 | $1 \times 360^{18}$ | 井三十八 | $12 \times 360^{18}$ |
| 蠱三十九 | $1 \times 360^{19}$ | 升四十 | $12 \times 360^{19}$ |
| 訟四十一 | $1 \times 360^{20}$ | 困四十二 | $12 \times 360^{20}$ |
| 未濟四十三 | $1 \times 360^{21}$ | 解四十四 | $12 \times 360^{21}$ |
| 渙四十五 | $1 \times 360^{22}$ | 坎四十六 | $12 \times 360^{22}$ |
| 蒙四十七 | $1 \times 360^{23}$ | 師四十八 | $12 \times 360^{23}$ |
| 遯四十九 | $1 \times 360^{24}$ | 咸五十 | $12 \times 360^{24}$ |
| 旅五十一 | $1 \times 360^{25}$ | 小過五十二 | $12 \times 360^{25}$ |
| 漸五十三 | $1 \times 360^{26}$ | 蹇五十四 | $12 \times 360^{26}$ |
| 艮五十五 | $1 \times 360^{27}$ | 謙五十六 | $12 \times 360^{27}$ |
| 否五十七 | $1 \times 360^{28}$ | 萃五十八 | $12 \times 360^{28}$ |
| 晉五十九 | $1 \times 360^{29}$ | 豫六十 | $12 \times 360^{29}$ |
| 觀六十一 | $1 \times 360^{30}$ | 比六十二 | $12 \times 360^{30}$ |
| 剝六十三 | $1 \times 360^{31}$ | 坤六十四 | $12 \times 360^{31}$ |

朱熹对邵雍易数"加一倍法"的曲解，影响深远，就连清代易学

家惠栋也在《易汉学》一书中说:"邵子割裂太极,穿凿阴阳,一分为二,二分为四,四分为八,所谓加一倍法,朱子笃信之,吾无取焉。"此皆"朱冠邵戴",并非出于邵雍,惜乎邵雍蒙受不白之冤!

**60.问:《周易》"彖曰"和"彖辞"之"彖",都是什么意思?**

答:"彖"字具有"断""材"的意思。《系辞》说:"彖者,言乎象者也。"韩康伯注:"彖,总一卦之义也"。《系辞》又说:"彖者,材也。"韩康伯注:"材,才德也。彖言成卦之材,以统卦义也。"《系辞》又说:"知者观其彖辞则思过半矣。"韩康伯注:"夫彖者,举立象之统,论中爻之义,约以存博,简以兼众,杂物撰德而一以贯之。形之所宗者,道众之所归者。一其事弥繁则愈滞乎形,其理弥约则转近乎道。彖之为义存乎一也,一之为用同乎道矣。"

《彖传》和《系辞》,传说都是孔子作。《易经》六十四卦里面的"彖曰"的内容,就是《彖传》。那么,孔子在《系辞》里面说"知者观其彖辞则思过半矣",是让人们看他作的《彖传》吗?

郑玄说:

"知者观其彖辞","彖辞"爻辞也。

宋冯椅说:

"彖",吐乱反,断也,言断一卦之义也。兰惠卿曰"元亨利贞"文王之彖,传所谓"知者观其彖辞""彖者言乎象"之类是也。后世误以孔子之赞为"彖"。

我们看《四库全书》,在经部里面,晋杜预注《左传》"其繇曰利建侯"言"繇,卦辞",是杜预始把《易经》"文王之彖"的内容称之为"卦辞"。在史部里面,是《隋书》始言"卦辞"。显然,所谓"彖"

不能指孔子《彖传》而言。而今见通行本六十四卦里面的"彖曰"的内容，那才是孔子《彖传》的内容。

陆德明说：

文王拘于羑里作卦辞，周公作爻辞，孔子作彖辞、象辞、文言、系辞、说卦、序卦、杂卦，共成十翼。

这里，陆德明以"彖辞"等同于《彖传》，他把"彖"与"彖辞"有所区分。

宋郭雍说：

先儒以文王卦辞为彖辞，盖以孔子不当自言"观乎彖辞则思过半"也。此大不然，孔子之《彖》，正论一卦之象及释文王之辞，非孔子之彖，则卦象与文王辞不可通矣。盖文王之辞旨意深隐，出于忧患之言，虽使知者观之，岂能思过半哉！必观孔子彖辞，然后一卦之义有思过半之理。

这里，郭雍把"彖辞"等同于孔子《彖传》，显然说不通。

朱熹在《易学启蒙》里面，把"彖辞"与《彖传》有所区别。他在"考变占第四"里面说"凡卦六爻皆不变则占本卦彖辞""三爻变则占本卦及之卦之彖辞，而以本卦为贞之卦为悔""六爻变则乾坤占二用余卦占之卦彖辞"。显然，朱熹所谓的"彖辞"与"彖曰"的内容无关。

如今在整理《周易》古籍时，仍然有人不明白"彖""彖辞"与"彖曰"的区别，一见"彖"字就加书名号，应该予以纠正。

**61. 问：《四库全书》里面有日本学者的易学著作吗？**

答：《四库全书》的经部易类里面没有日本学者的著作，在"经部五经总义类"里面有日本人《七经孟子考文补遗》二百卷，原本题西条掌书记撰、东都讲官物观校勘。

山井鼎，生于清康熙二十九年（1690），卒于雍正六年（1728），字君彝，号昆仑，纪州（今和歌山县）人，正德3年（1713）入伊藤东涯门下，读《译文筌蹄》，乃入江户师事荻生徂徕。享保3年（1718）出仕纪州藩支藩伊予西条藩；享保5年（1720）至9年（1724）间，与同门根本武夷同读书于下野足利学校，取所藏古写本与宋刻善本群经校勘；享保10年（1725）于江户完成《七经孟子考文补遗》；享保12年2月返回故乡纪州，不久即于享保13年元月逝世。

《七经孟子考文补遗》内，关于《易》的内容有十卷：

卷一 周易正义序

第一 论易之三名

周易兼义上经乾传第一

卷二 周易兼义上经需传第二

卷三 周易兼义上经随传第三

卷四 周易兼义下经咸传第四

卷五 周易兼义下经夬传第五

卷六 周易兼义下经丰传第六

卷七 周易兼义周易系辞上第七

卷八 周易兼义周易系辞下第八

卷九 周易兼义周易说卦第九

卷十 周易畧例

此目录与明代嘉靖年间福建刻本《十三经注疏》之《周易兼义》完全相同（本王弼《周易注》而来）。山井鼎既是在此刻本上完成对

《易经》的"考文补遗"。

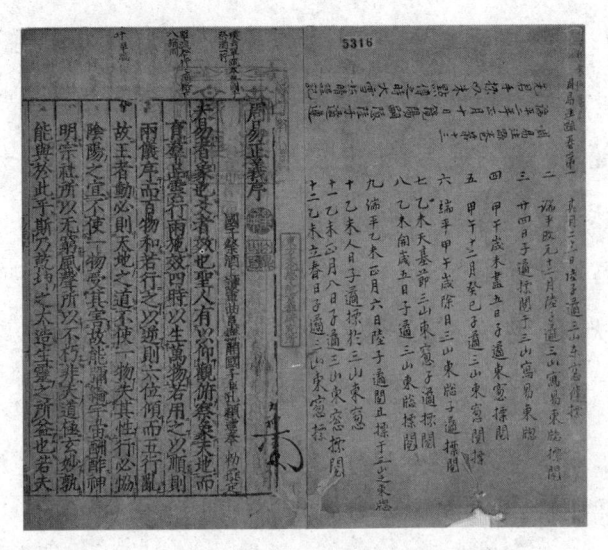

山井鼎以明嘉靖福建刻本《周易兼义》为底本所作校勘记图片

其参校本有南宋初年两浙东路茶盐司刻本《周易注疏》；日本足利学校写本孔颖达《周易正义》（单疏本）、明正德刻本《十三经注疏》之《周易兼义》、明万历刻本《十三经注疏》之《周易兼义》、明崇祯汲古阁刻本《十三经注疏》之《周易兼义》等。

此书多用古本、善本校勘，因此四库馆臣誉此书"是亦足释千古之疑也"。

62.问:《四库全书》在总序中是怎么评价《易经》的?

答：四库馆臣在《钦定四库全书总目·经部总叙》里面说：

圣人觉世牖民，大抵因事以寓教。《诗》寓于风谣;《礼》寓于节文;《尚书》《春秋》寓于史，而《易》则寓于卜筮。故《易》之为书，推天道以明人事者也。《左传》所记诸占，盖犹太卜之遗法。汉儒言象数去古未远也；一变而为京、焦，入于机祥；再变而为陈、邵，务穷造化，《易》遂不切于民用；王弼尽黜象数，说以《老》《庄》；一变而胡瑗、程子，始阐明儒理；再变而李光、杨万里，又参证史事，《易》遂日启其论端。此两派六宗，已互相攻驳。又《易》道广大，无所不包，旁及天文、地理、乐律、兵法、韵学、算术，以逮方外之炉火，皆可援《易》以为说，而好异者又援以入《易》，故《易》说愈繁。夫六十四卦大象，皆有"君子以"字，其爻象则多戒占者。圣人之情，见乎词矣。其余皆《易》之一端，非其本也。今参校诸家，以因象立教者为宗，而其他《易》外别传者亦兼收，以尽其变。

四库馆臣说"《易》则寓于卜筮"，则明确了《易》有"卜筮者尚其占"的圣人之道，也说明除了"寓于卜筮"之外还有"推天道以明人事"和"因象立教"的大作用。所以说"今参校诸家，以因象立教者为宗"。

四库馆臣于此就"汉儒""京焦"（西汉的焦赣、京房）、"王弼""陈邵"（北宋的陈抟、邵雍）、"胡瑗程子"（北宋胡瑗、程颐）、"李光杨万里"（均为南宋人）之"六宗"，而分"汉儒""京焦""陈邵"为"象数派"；"王弼""胡瑗程子""李光杨万里"为"义理派"。提出了被许多人公认的"两派六宗"之说。

四库馆臣说王弼"尽黜象数，说以《老》《庄》"也只是四库馆臣的一家之言，未必符合实际。我们看王弼《周易略例》就会明白，他并不"尽黜象数"，只是把"象数"比作打鱼捕兔的工具，强调一旦获得义理就可以忘掉象数而已。

四库馆臣说胡瑗是"义理派"，也不符合实际。刘牧著《易数钩隐图》一卷，可以说他是"象数派"，然而胡瑗解《易》却多引用刘牧象数之说。

四库馆臣说邵雍是"象数派",也不符合实际。

邵雍于《皇极经世·观物篇》里面说:

天下之数出于理,违乎理则入于术。世人以数而入术,故失于理也。

又说:

谓之观物者,非以目观之也。非观之以目,而观之以心也。非观之以心,而观之以理也。

邵雍所谓的"观物"的最高境界就是"观之以理"。

四库馆臣于《皇极经世书·提要》里面说:

其作《皇极经世》,盖出于物理之学……皆立义正大,垂训深切。

是《经世》一书,虽明天道而实责成于人事,洵粹然儒者之言,固非谶纬术数家所可同年而语也。

由此可知,四库馆臣并不视邵雍为专门"象数派"。

至于四库馆臣对《易》的评价,也有自相矛盾的地方。

《四库全书总目卷经部总叙》说:

要其归宿,则不过汉学宋学两家,互为胜负。夫汉学具有根柢,讲学者以浅陋轻之,不足服汉儒也。宋学具有精微,读书者以空疏薄之,亦不足服宋儒也。

汉代易学去古未远,的确"具有根柢",以浅陋"象数"轻之,谓"一变而为京、焦",则是以偏概全。

四库馆臣将程颐划入"义理派",而朱熹师事延平李侗,而李侗学于罗从彦,可谓程门弟子。

四库馆臣于《闽中理学渊源考·提要》里面说:

> 宋儒讲学盛于二程，其门人游、杨、吕、谢，号为高足，而杨时一派由罗从彦、李侗而及朱子。

可见四库馆臣亦认定朱熹为"义理派"。然而，朱熹晚年始悟程颐只言义理而不言象数之非，起而著专言象数之《易学启蒙》一书，如何可以与程颐一样称之为"义理派"？

总之，四库馆臣多人，自然看法不一，也有情可原。所以，对於《易经》似乎不能得出一个准确的评价。

### 63. 问：《宋明理学史》和《宋明理学》都涉及了许多出于宋代的易图，在阐述中有什么问题吗？

答：阐述"宋明理学"，一般都离不开邵雍的《先天图》、周敦颐的《太极图》和《河图》《洛书》等等易图。如果仅仅引用朱震的说法，在这些易图的传承方面一律溯源到五代宋初的隐士陈抟，而不加以考据，那就是听信了朱震的"瞎说"（胡适语）。又谓宋代主要易图传自"道士陈抟"，岂不知《宋史》把陈抟列入"隐逸"列传，他隐居华山云台观，就一定是"道士"吗？《先天图》是邵雍自得之图；《太极图》也是周敦颐为了阐明《系辞》"易有太极"一节内容的涵义所画之图；黑白点《河图》与《洛书》是朱熹易名北宋李觏《洛书》与《河图》之图，而李觏的删定黄黎献一幅《河图》与两幅《洛书》之图。陈抟有《帝出震图》，却没有什么《文王八卦方位图》。如果不对这些易图的出处与流变考察清除，就不能把宋代的"理学"阐述明白。

特别是后来朱熹把"三大易图"都进行了改造，又自创黑白之位的所谓"伏羲八卦次序"和"伏羲六十四卦次序"图，并且说出于邵雍。如果听信了朱熹的"瞎说"，而不考证朱熹进行篡改的真正目的，同样也不能把宋代的"理学"阐述明白。

比如《宋明理学》说周敦颐《太极图》第二层图式是表示"坎离二卦",在"是生两仪"之时,如何会有八卦中之二卦?又如以朱熹改造的左"阳动"右"阴静"的《太极图》,怎能够把朱熹理学"太极有动静"的说法辩证明白?

《宋明理学史》把朱熹大小二横图当做邵雍的易图予以介绍,并且说"在思想上,他对易横图加一倍法的解释,受到朱熹的重视",完全是缺乏易图学考据知识的本末倒置论述。又谓诸图"出于道教系统",图说亦是"道教色彩比儒家色彩为鲜明,其内容所反映的是道教是学说"等等,皆是无根之谈。

《宋明理学史》的作者认为朱熹说《太极图》是周敦颐的创造"不符合历史事实",本着毛奇龄《太极图说遗义》,得出"周敦颐《太极图》不是他的创造,而是传自陈抟"的结论。殊不知毛奇龄也同样在"瞎说"。特别是他引为重要证据的《上方大洞真元妙经图》,是出于元代道士伪造。

大家想要进一步了解相关内容,可以去看笔者《易图讲座》第23讲"宋代易图与宋明理学上"和第24讲"宋代易图与宋明理学下"的内容。

64.问:黄宗羲、黄宗炎、毛奇龄、李塨和胡渭的著作,主要批判对象是哪些人呢?

答:这些人的著作都针对朱熹《易学启蒙》为主要的批评对象,同时涉及陈抟、刘牧、邵雍、蔡元定等人。

明代是朱姓王朝,所以对朱熹的学问特别推崇,当时的文人学子对朱熹《周易本义》和《易学启蒙》二书的态度，只有吹捧而不敢有丝毫的非议。用胡渭的话说就是："自《本义》之图书盛行，学者卷舌而不敢议。"明代灭亡，清初考据之学兴起，一些实事求是的学者就能够无所顾忌地批评朱熹的易学错误了。

黄宗羲《易学象数论》　　　　胡渭《易图明辨》

黄宗羲《易学象数论》开篇就说：

欧阳子言《河图》《洛书》怪妄之尤甚者，自朱子列之《本义》，家传户诵，今有见欧阳子之言者，且以欧阳子为怪妄矣。

黄宗羲于《易学象数论》书里面，有十九次提及"朱子"。

仅举数例如下。

某则据易之生两、生四、生八而后知横图之非也……若如朱子以第一爻而言，则一阴一阳之所生者各止三十二爻，而初爻以上之奇偶，又待此三十二爻以生阴阳者气也。爻者质也，一落于爻已有定位焉，能以此位生彼位哉！

《河图》之数九，《洛书》之数十，李觏、张行成、朱震皆因之，而朱子以为反置。以十为《图》九为《书》者，特始于朱子，后之诸儒相率而不敢违耳。

朱子主先天之说，以乾南坤北者伏羲之卦位也，离南坎北者文王之卦位也。河图出于宓戏，其时尚无离南坎北之位，硬以乾南坤北配之，则更无一合者矣。

朱子则主张康节之说过当，反致疑于经文。

自康节以为从先天改出，牵前曳后，始不胜其支离，朱子求其所以改之之故而不可得，遂至不信经文。吁，可怪也！

朱子言以《彖》辞考之，说卦变者凡十九卦，盖言成卦之由，《彖》辞不言成卦之由，则不言所变之爻，此是朱子自言其卦变也。

朱子虽为此图，亦自知其决不可用，所释十九卦《彖》辞尽舍主变之卦，以两爻相比者互换为变。

朱子之卦变，两者俱为无当，宜乎其说之不能归一也。

朱子则有《蓍卦考误》以主张是说，然法虽是而所以释经文者，则多不合。

独怪朱子既知其伪而又引以证《图》十《书》九，何也？

毛奇龄《仲氏易》里面批评朱熹《伏羲六十四卦次序》图"其误有八"：

一、画繁：自一画为阳，二画为阴，三一为乾，三二为坤，而其画已毕，未有画至六十四卦者。今图取巧便，但以黑为阴白为阳耳，此非羲画法也。若羲画原法，则黑皆两画是六十四卦，在阳有一百九十二画，在阴有三百八十四画，太不惮烦矣。此非自然因重之数也，其误一也。

二、四五无名：四象分四画为太阳、少阴、少阳、太阴，今增至十六画，又增至三十二画，则可名十六象、三十二象乎，抑仍名四象乎？若仍名四象，则八卦又生四象矣。其误二也。

三、三六无住法：惟只有三画，并无四画、五画之加，故三画而止便可名之为八卦。如连翻加画，则何以三画有名，四画、五画只空画更无名也。且何以见画之当止于三，当止于六也？其误三也。

四、不因：乾坤成列，始画八卦，八卦成列，始作重卦，故曰"因而重之"。"因"者，因成列之卦也。若一连画去，何所因乎？其误四也。

五、父子母女并生：乾父坤母合生六子，此《系辞》明言次第也。今八卦并生，其误五也。

六、子先母女先男少先长：六子俱先坤，兑离先震。巽先坎。兑又先离，离又先巽，于"一索""再索"之叙俱失尽矣。羲画次第必，不如是。其误六也。

七、卦位不合：《说卦》卦位，千古不蔑。今以递加之画而环图之，干一右转，巽五左旋，以干南坤北离东坎西为象，此实本魏氏《参同契》"乾坤运轴""坎离匡郭"之图而妄名先天。致邵子以"雷风相薄""水火不相射"为证，夫《说卦》上文既言"六画成卦"，则此时卦位已定，第言其参互为推卦之时，故曰"八卦相错"。若伏羲画卦则焉有卦未成而早相错者，且相薄相迫也，相对不可言相迫，况坎离正对而曰"不相射"，则明是相反之语，而引以取证可乎？其误七也。

八．卦数杜撰无据：卦原无数，但以大衍之数推之，则乾西北卦正当地六相成之数，故曰干六。坤西南卦正当天九相成之数，故曰坤九。今无故而有乾一兑二离三震四之数，此何据乎？其误八也。

具此八误而以为"伏羲画卦次第"，如是不可通矣。

胡渭《易图明辨》提及"朱子"有一百三十七处，今列举部分内容如下。

自朱子《本义》始，《易学启蒙》属蔡季通起稿，则又首"本图书"，次"原卦画"，遂觉《易》之作全由图书，而舍图书无以见《易》

矣。

学者溺于所闻，不务观象玩辞，而唯汲汲于图书，岂非易道之一厄乎？

朱子曰"大衍之数五十，盖以《河图》中宫天五乘地十而得之"……五十，非以《河图》中宫天五乘地十而得。

朱子释此节，但以分而为二为两仪，揲之以四为四象，则其义犹未惬当。盖分而为二，不过分四十九策为左右，即不舍一为太极，其将不可分乎？安见此两为一之所生乎？揲之以四，不过以左右手四四而数其策，即不分而为二，其将不可数乎？安见此四为两之所生乎？

章中两言四象，朱子以前四象为圣人画卦自然之次第，以后四象为揲蓍所得阴阳老少之爻。夫均此四象且同在一章之中，岂容有二解哉！

朱子固有所本，非杜撰也。但"河图"不知载在何物，历数千年至周而尚存？据《礼运》为马图，则《中候》云"龙马衔甲，甲似龟背，袤广九尺"，庶几近之。而其所谓甲者，终不知为何物？据曹魏时张掖出石图有八卦之状，高堂隆以比东序之世宝，则"河图"当为石类。

同时有阮逸者，阴欲排之，乃撰《关子明易传》而两易其名，季通不察，以为真古书也，遂引为《图》十《书》九之证。季通无论已，独怪朱子素斥《龙图》为假书，又据《后山丛谈》深信《关易》为阮逸所造，而于此则曲从季通之说，何也？

朱子虽力攻刘氏而犹曰"《易》《范》之数诚相表里"，又曰"安知图之不为书，书之不为图"，则朱子尚有疑乎此也。

《观物外篇》所谓圆星方土，乃论积数自然之理，非论"图书"

也，连上文读之即明。朱子断章取义载之《启蒙》，遂不可解。

朱子《答刘君房书》曰："《启蒙》本欲学者且就《大传》所言卦画蓍数推寻，不须过为浮说。而自今观之，如《河图》《洛书》亦未免有剩语。"观此言知季通代斲不中绳墨，文公晚年亦深悔之，但未及改削耳。而近代诸儒奉《启蒙》为不刊之书，不亦过乎！

《大戴礼·明堂篇》注云："记用九室，谓法龟文，故取此数以明其制也。"朱子以为郑氏语。余姚黄先生云："郑玄注《小戴礼》，未尝注《大戴礼》，在《艺文志》可考。"

李塨《周易传注》：

朱子《卦变图》复剥、临观等互相往来，《仲氏易》谓其杂乱也。

朱子注《参同契》恐人讥议，自诡其名曰"空同道士邹䜣"，邹即邾，䜣即熹也。著《启蒙》又署名曰"云台真逸"，是朱子明知其为道士之说，明自附于道士，而乃以乱圣经，指为孔子说耶？

塨按：朱子曰"易本是象，可为特见"，但自王弼扫象而后，《程传》专言理，朱子不甚满之，而象数无传。适当时儒宗周、邵，皆出于道士陈抟、僧寿涯辈，有附《易》妄图，遂引置《易》首，而不知陷于异端，是朱子之不幸也。后人无考，见《本义》首载此，反若羲、文之《易》皆从此"河洛""先天"诸图而起者，一误尽误，祸斯烈矣。

自古圣圣相传，八卦方位时气皆属一致，乃邵子为陈抟所误，朱子又为邵子所误，妄以乾南坤北为羲卦方位，于此乃曰未详。

呜呼！认贼为主，遇主而反不识矣。

65.问：既然有许多学者批评朱熹的易学错误，为什么康熙皇帝还要"御纂"《周易折中》呢？

叁　文献篇

答：清代到了康熙皇帝的时候，已经与清初刚入关时期的国情大不相同。应该说，康熙皇帝树立表彰朱熹易学，是出于巩固统治的需要。康熙特别推崇宋代理学（道学）方面的人物，在康熙十二年"御纂"的《性理大全书》一书中就收录了周敦颐、邵雍、张载、二程等"道学家"的著作，朱熹的《易学启蒙》当然在其中。康熙五十四年"御纂"的《周易折中》一书里面也收录了朱熹《易学启蒙》一书。有意思的是，由于袁枢等人"黑白之位尤不可晓"的批评，朱熹于再版《易学启蒙》里面已经把由黑白块构成的《伏羲八卦次序》和《伏羲六十四卦次序》二图去掉，可是在康熙五十六年"御纂"的《性理精义·易学启蒙》里面却恢复了这两幅图。

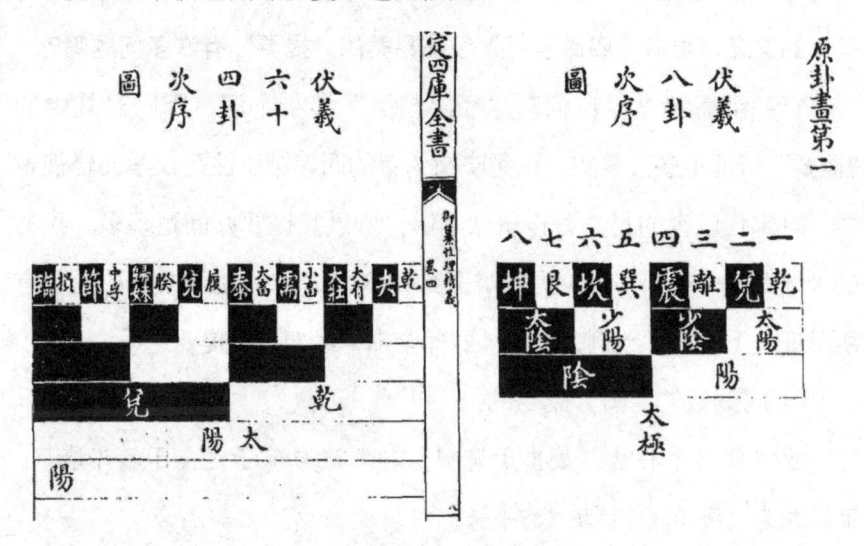

康熙在《御纂性理精义》恢复的朱熹黑白之位二横图（部分）

以康熙皇帝的聪明才智，当然清楚清初黄宗羲、黄宗炎、毛奇龄、李塨和胡渭等人批评《易学启蒙》一书错误的事实。然而，康熙皇帝为什么对此置之不顾而执意推崇《易学启蒙》呢，其中的苦衷恐怕只有他自己最清楚了。为了维护皇权的统治，继续延续朱子在士林的地位，不至于引起学界的动乱，应该是康熙考虑的主旨。这一考虑，不仅局限于国内，诸如朝鲜、日本、东南亚各国也应该包含在内。

时至今日，我们仍然很少见到专门批评《易学启蒙》一书错误的文章和书籍。笔者多年前写了一本《易学启蒙正读》的书，国内几个出版社都不肯出版，最后只好用香港书号出版。此种现象，骇可怪也！胡渭说："观吾书者，如以为西山之戎首，紫阳之罪人，则五百年来有先我而当之者矣，吾其可末减也夫。"今笔者于此书之中多处批评朱熹易学方面的错误，亦同胡渭一样"吾其可末减也夫"。

66.问：您继余嘉锡之后写了一大篇《续四库提要辩证》（经部易类）的文章，难道《四库全书》经部易类的"提要"有许多问题吗？

答：余嘉锡先生自谓对"经部易类"涉猎不深，所以对其中的"提要"辩证不多。其实，以纪晓岚为首的四库馆臣注重汉学而轻视宋学，对宋代以来的易学著作研读不够，所以其提要亦问题多多。我写的《续四库（经部易类）提要辩证》，针对二十余本易学书籍的提要有所辩证。下面略举数例，以见《四库全书》经部易类提要之误。

（1）《易数钩隐图》提要说：

牧之学出于种放，放出于陈抟，其源流与邵子之出于穆李者同，而以九为《河图》，十为《洛书》。

其实，彭城刘牧于宋真宗景德二年致仕，官至太常博士，至宋仁宗天圣四年，以有智略而易右职，赴边疆任武官。彭城刘牧与种放为同时人，而朱震所谓"放以《河图》《洛书》传李溉，溉传许坚，许坚传范谔昌，谔昌传刘牧"，完全是瞎说。刘牧于《易数钩隐图》书中针对"河出图，洛出书"，说它们是《易》外别有其功，非专《易》内

叁 文献篇

之物"，他怎么会"以九为《河图》，十为《洛书》"呢？

我们仔细阅读《四库全书》所收三卷本《易数钩隐图》一书，卷上说"河洛图书"是"《易》外别有其功，非专《易》内之物"；卷中则说"夫卦者，天垂自然之象也。圣人始得之于《河图》《洛书》，遂观天地奇偶之数，从而画之，是成八卦""夫《河图》之数惟四十有五，盖不显土数也""今《河图》相传于前代，其数自一至九，包四象八卦之义而兼五行之数，《洛书》则惟五行生成之数也"；卷下则说"《河图》《洛书》非牺皇不能画之，卦合其象，非文王不能伸之""《河图》八卦，垂其象也，故可以尽陈其位；《洛书》五行，含其性也，必以文字分其类"等等，显然，三卷本《易数钩隐图》一书有关"河洛图书"的论述各自不同。

此书中谓"河图》之数惟四十有五""《洛书》则惟五行生成之数"，则是黄黎献《续易数钩隐图》书中的观点；而谓"《洛书》五行，含其性也，必以文字分其类"则又与黄黎献的观点不同。

为什么此上前后会有如此多自相矛盾的地方？那是因为此三卷本《易数钩隐图》是经过刘牧弟子黄黎献的弟子吴秘整理加工过的书，是吴秘把刘牧一卷本《易数钩隐图》和黄黎献一卷本《续易数钩隐图》以及自己的东西厘定作为三卷本，从而进献给了宋仁宗。

四库馆臣不仔细阅读三卷本《易数钩隐图》一书，没有发现其中论述"河洛图书"的前后矛盾之处，便于提要中武断刘牧"以九为《河图》，十为《洛书》"，此则实不足取。

（2）《大易象数钩深图》提要说：

《大易象数钩深图》三卷，元张理撰……《白云霁道藏目录》以《易数钩隐图》与理此书并属之刘牧，亦由但据标题缮录，未及核作者之异同。今以徐氏刻本定著为三卷，并详考舛异之故，以祛来者之疑焉。

我们对照杨甲撰毛邦翰补的《六经图》一书，其卷一命名"大易象数钩深图"，内容则与《四库全书》所收《大易象数钩深图》完全相同，可知并非元代的张理所撰。

我们看张理所撰《易象图说》一书，他是本朱熹以黑白点十数之图为《河图》；以黑白点九数之图为《洛书》，并且于书中引用鹤田蒋师文赞美之说："朱子尝曰：'无事时好看《河图》《洛书》数，且得自家流转得动。'今观仲纯此说而尤信。"

我们看两宋间人杨甲的《六经图·大易象数钩深图》却是以以黑白点十数之图为《河图》；以以黑白点九数之图为《洛书》。如果说者两本书都是元代的张理所撰，他怎么会对《河图》与《洛书》有两种主张呢？

如此看来，四库馆臣对《大易象数钩深图》一书所作提要谓张理传是错误的。

（3）《周易经传集解》提要说：

《周易经传集解》三十六卷，宋林栗撰……杨敬仲有《易论》，黄中有《易解》。或曰：黄中文字可毁。朱子曰：却是杨敬仲文字可毁。是朱子并不欲废其书……耿南仲媚敌误国，易被依附权奸，其所撰《易解》今亦并行。栗虽不得比安世，视南仲与被则有间矣，故仍录其书而并存。

看来，四库馆臣能够把林栗《周易经传集解》一书录入《四库全书》，还是格外开恩。然而此提要内容却不涉及书中要点，可知提要作者并没有仔细阅林栗此书。

此书在抄录过程中出现了许多页面颠倒错误，不但逃过"总纂官""总校官"的监督，竟然在最后逃过了"乾隆御览"的慧眼，真是滑天下之大稽！

如卷三十六：

第十板末句"四陽二陽者皆自遯來遯"，应该接第十五版首句"五復五變而成十四卦"。

第十四版末句"臣知其説"应该接第十三版首句"矣賁之　曰柔來而文剛"。

第十三版末句"而邵氏朱氏曰乾坤大"应该接第十二版首句"父母復姤小父母也"。

第十二版末句"夫易生生而不"应该接第十一版首句"窮者窮則變變則通也"。

第十一版末句"頤大過小過中孚在其中矣此其自為"应该接第十五版首句"矛盾知其説之不通矣"。

倘若按页面连读下去，则翻页之后根本没有办法阅读明白：

四陽二陽者皆自遯來遯 窮者窮則變變則通也

頤大過小過中孚在其中矣此其自為 父母復姤小父母也

夫易生生而不 矣賁之象曰柔來而文剛

而邵氏朱氏曰乾坤大 五復五變而成十四卦

臣知其説 矛盾知其説之不通矣

由此可见，撰写提要的四库馆臣根本没有仔细阅读此书，难怪其提要之中没有涉及书中的要点。

（4）《学易记》提要：

《学易记》九卷，元李简撰。简里贯未详，自序称己未岁承乏倅泰安。己未为延祐六年,盖仁宗时也。

李简《学易记原序》明明写着:"己未岁承乏倅泰安,山城事少,遂取向之所集《学易记》观之,重加去取焉……中统建元庚申秋七月望日信都李简序。""中统"为忽必烈年号,相当公元1260年,而"己未"是公元1259年,元仁宗延祐六年(己未)却是公元1319年。可见,四库馆臣把李简在蒙古统治下的山东泰安任一副职小官的时间,整整向后推了六十年。

(5)《易像钞》提要:

《易像钞》十八卷,明胡居仁撰。居仁,字叔心,余干人。绝意仕进,以布衣终其身,后追谥文敬。事迹具《明史·儒林传》。是书前有居仁自序,称读《易》二十年,有所得辄抄积之,手订成帙。又取先儒图书论说合于心得者录之。三卷以下则皆与人论《易》,往复札记及自记所学,复为骡括歌辞,以举其要。

此书前面的确有胡居仁的《易像钞原序》,其末署"余干胡居仁识"。可是翻开卷一就是有关"马图"和"龟书"的论述,一直到末卷的所有内容,则与钱一本《像抄》一书的内容完全相同。

《四库全书总目》把钱一本《像抄》列为"存目",提要说:

《像抄》六卷,明钱一本撰。一本有《像象管见》已著录。是书虽以象为名,实则衍陈抟之数学。凡卦图二卷,附录书札及杂吟二卷,上下经解二卷。

《四库全书》里面抄录的《易像钞》,只是把钱一本六卷《像抄》的内容分割作十四卷。《易像钞》卷一至卷五前半部分,抄录了《像抄》卷一的内容;《易像钞》卷五下半部分至卷九,抄录了《像抄》卷上的内容(解上经乾坤至坎离的内容);《易像钞》卷十至卷十三,抄录了

《像抄》卷下的内容（解下经咸恒至既济未济的内容）；《易像钞》卷十四至卷十五，抄录了《像抄》卷二的内容；《易像钞》卷十六"书"，抄录了《像抄》卷三"附录各书"的内容；《易像钞》卷十七"答友人"，抄录了《像抄》卷三"附录与友人和答友人"的内容；《易像钞》卷十八"诗"，抄录了《像抄》卷四"附录杂吟咏"的内容。

胡居仁生活的年代，在钱一本之前。钱一本《像抄》里面引用了胡居仁的语录，并在其下有"胡叔心"三小字注。

在《四库全书》收录的《易像钞》里面，在"阴阳两端，再参得甚物来作三？天地生物只一阴一阳，交变错综，生千生万，无穷无尽，更不可限以数目，故曰一阴一阳之谓道"一条语录的下面，也有"胡叔心"三小字注。胡居仁怎么能在自己的书中标出"胡叔心"？

总之，《四库全书》里面的所谓"胡居仁撰"的《易像钞》一书，除了前面的一篇自序出于胡居仁之外，其余全部内容皆来自钱一本《像抄》一书。

在存目里面的钱一本《像抄》就是"内府藏本"，惜乎四库馆臣没能对照审核！

笔者之所以特别举例说明《四库全书》经部易类提要的错误，目的在于提醒初学者在阅读那些提要的时候，不能一味地完全相信。我们看完提要之后再去读原书，就可以鉴别那些提要的撰写水平如何了。

# 肆　应用篇

**67. 问：" 纳甲法 " 是怎么回事？**

答：东汉魏伯阳《周易参同契》里面有 " 纳甲 " 说：

壬癸配甲乙，乾坤括始终。

以八卦配纳十天干，乾纳甲、壬，坤纳乙、癸，震纳庚，巽纳辛，坎纳戊，离纳己，艮纳丙，兑纳丁。

《系辞》说：" 悬象著明，莫大于日月。" 李鼎祚《周易集解》引用三国吴虞翻之说：

虞翻曰：谓日月悬天成八卦象，三日暮震象出庚，八日兑象见丁，十五日乾象盈甲，十七日旦巽象退辛，二十三日艮象消丙，三十日坤象灭乙，晦夕朔旦，坎象流戊，日中则离，离象就己，戊己土位，象见于中。日月相推而明生焉，故悬象著明莫大乎日月者也。

《系辞》说：" 在天成象。" 李鼎祚《周易集解》引用三国吴虞翻之说：

虞翻曰：谓日月在天成八卦，震象出庚，兑象见丁，乾象盈甲，巽象伏辛，艮象消丙，坤象丧乙，坎象流戊，离象就己，故在天成象也。

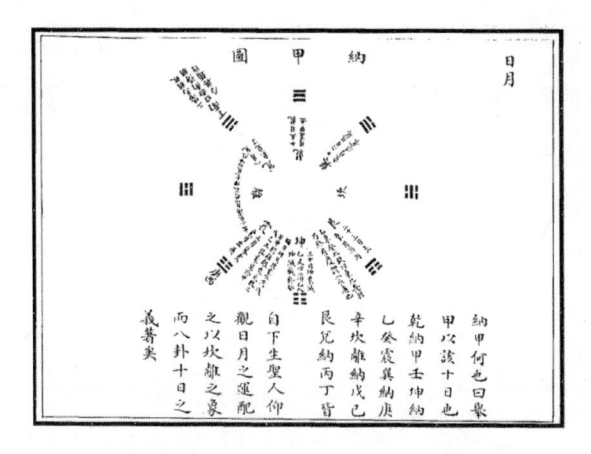

宋代朱震《汉上易传卦图》所列《纳甲图》

以上是运用"纳甲"说解释《周易》的有关内容。

还有一种占筮的方法称之为"纳甲法",一般"批八字"根据年干给出的"终身卦",就是这种"纳甲法"。

比如,2013年1月2日6时50分出生的男孩,他的八字是:壬辰 壬子 戊辰 乙卯

依据年支数和年干数起的"终身卦"分别是:

以年支数起:

下乾上巽小畜(金木,巽宫)　　　　五爻动 变卦 下乾上艮大畜(金土,艮宫)

兄弟卯木——————　　　　　　兄弟寅木——————　朱雀

子孙巳火——————　　　　　　父母子水— —　应　青龙

妻财未土— —　应　　　　　　　　妻财戌土— —　　　　玄武

妻财辰土——————　　　　　　妻财辰土——————　白虎

兄弟寅木——————　　　　　　兄弟寅木——————　世　螣蛇

父母子水——————　世　　　　父母子水——————　勾陈

以年干数起：

下巽上乾姤(木金，乾宫)　　三爻动 变卦 下坎上乾讼(水金，离宫)

| | |
|---|---|
| 父母戌土　———— | 父母戌土　————　　朱雀 |
| 兄弟申金　———— | 兄弟申金　————　　青龙 |
| 官鬼午火　————　应 | 官鬼午火　————　世　玄武 |
| 兄弟酉金　———— | 官鬼午火　— —　　白虎 |
| 子孙亥水　———— | 父母辰土　————　　螣蛇 |
| 父母丑土　— —　世 | 妻财寅木　— —　应　勾陈 |

所谓之"宫"就是京房"八宫世系"排列的六十四卦；所谓"父母""兄弟""官鬼"等称之为"六亲"；所谓"青龙""白虎""勾陈"等称之为"六神"。"卯木""午火"等，则是天干配五行。

**68. 问：听说康熙皇帝是一位学《易》用《易》的大家？这是历史事实吗？**

答：康熙皇帝喜欢《周易》，并且应用易学知识治国，的确是历史事实。历史上，喜欢《周易》并能够应用于治国的实践之中，恐怕要数康熙皇帝最为突出了。

下面，从《四库全书》里面列举一些有关内容，以见康熙皇帝对《周易》的喜欢与应用程度。

（1）《圣祖仁皇帝御制文集》

《性理大全序》曰：

朕惟古昔圣王所以继天立极而君师万民者，不徒在乎治法之明备，而在乎心法道法之精微也。执中之训，肇自唐虞，帝王之学莫不由之。言心则曰"人心惟危，道心惟微"；言性则曰"若有恒性，克绥厥猷惟

肆 应用篇

后"。盖天性同然之理，人心固有之良，万善所从出焉。本之以建皇极则为天德王道之纯，以牖下民则为一道同风之治。欲修身而登上理，舍斯道何由哉。

康熙皇帝画像

《性理大全》书内，卷一录《太极图》；卷七、卷八、卷九、卷十、卷十一、卷十二、卷十三录《皇极经世书》；卷十四、卷十五、卷十六、卷十七易录《学启蒙》。

（2）《日讲易经解义序》：

朕惟帝王道法载在六经，而极天人、穷性命、开物前民、通变尽利，则其理莫详于《易》。《易》之为书，合四圣人立象设卦系辞焉而广大悉备。自昔包牺、神农、黄帝、尧、舜王天下之道，咸取诸此。

盖《诗》《书》之文，《礼》《乐》之具，《春秋》之行事，罔不于易会通焉。汉班固有言，六艺具五常之道而《易》为之原，讵不信欤？

朕夙兴夜寐，惟日孜孜，勤求治理，思古帝王立政之要，必本经学。尝博综简编，玩索精蕴。至于《大易》尤极研求，特命儒臣参考诸儒注疏传义，撰为《解义》一十八卷，日以进讲，反复卦爻之辞，深探作易之旨。

　　大抵造化功用不外阴阳，而配诸人事则有贞邪淑慝之别，运数所由盛衰，风俗所由治乱，君子小人所由进退消长，鲜不于奇偶二画屈伸变易之间见之。若乃体诸躬行，措诸事业，有观民设教之方，有通德类情之用，恐惧修省以治身，思患豫防以维世，引而伸之，触类而长之，而治理备矣。于是刊刻成书，颁示天下。

（3）《南巡笔记》（摘录）：

　　夜坐舟中，与侍臣高士奇探论古今兴废之迹，或读《尚书》《左传》及先秦两汉文数篇，或谈《周易》，或赋一诗。每至漏下三十刻不倦……命孔氏子孙讲《周易》。

（4）《泉林记》（摘录）：

　　圣人之道，川流敦化，万古不息，与天地流水同其无终穷焉。其何能已于予怀耶？孔子之系《易》，其言天也曰"行健"；言地也曰"无疆"，《孟子》之言水也曰"盈科而后进"，君子之于圣人之道也，溯源穷流，学水至海，亦若是焉而已矣。

（5）《操舟说》（摘录）：

　　器之利用而致远者，陆行莫如车，水行莫如舟。舟之为用也，逸于车而险或过之。若享其逸而不入于险，则恃乎操舟者之有其道也惴惴然……盖其所为巧与习者艺也，而其所为豫且慎者道也。《易》曰"濡有衣袽，终日戒"、《诗》曰"绋纚维之"，言其豫也，言其慎也。

（6）《鼎铭》（摘录）：

　　庖牺作鼎，尚象太乙。神禹铸金，九鼎崒嵂。皇哉鼎义，《易》称"元吉"。燮济以离，烹饪何馞。享帝养贤，位命凝一。初象维阴，利其否出。二克刚中，是为有实。阳居䢺腹，和而悔失。苟或比阴，覆餗莫恤。厥铉伊何，金玉其质。大德保之，守以无逸。

（7）杂著《讲筵绪论》计三十九则（节选）

圣人立言，必浑沦切实。后人求其说而过之，每蹈虚寂之弊。如释老之书，朕向亦曾浏览，深知其虚幻无益于政治。《易》曰"有君臣父子上下，然后礼义有所措"，今释道之教弃绝五伦，根本既失，其余言论更何着落？《易》曰"天地之大德曰生"，天地人并列而为三才，今释道之教，生生之理已绝，是使三才且有时而穷。此皆其大体错谬，不待辨而自明者也。

尝闻明宫闱中食御浩繁，糜费不赀，掖庭宫人几至数千，此皆可为深鉴。朕思人主惟能自检束恭谨，则贵者益贵，《易》所谓"谦尊而光"也。若惟知侈纵，反不觉其可贵矣。我祖宗相传，以此为训，朕恒用是凛凛。

"履霜坚冰"之喻，可谓切至。司马光作《通鉴》托始于周以三晋为诸侯而首发论断，极言防微杜渐之宜谨，正阐明此爻之义，千古治乱不能出其范围。后世如莽、操之祸，总皆由辨之不早耳。

易理虽变化无穷，而历观诸卦实有一贯之义。大约审爻位之阴阳，辨刚柔之中正，而吉凶悔吝之数，即不外乎此矣。

《易》卦中《大象》言简义该，独扼一篇之要。如乾之"自强不息"；坤之"厚德载物"；蒙之"果行育德"；师之"容民畜众"。全卦之义蕴不越乎此，尤当寻绎。

三代井田之法，寓兵于农，正《易》所谓"容民畜众"也。自兵农既分，势难复合。后世有欲于旷闲之壤仿古行井田之法者，不惟无补于民，正恐益滋烦扰天下。事兴一利不如去一弊之为愈，增一事不如省一事之为得也。

《易》之理虽无所不该，下至士庶人皆可用，而圣人立经垂训之大义，则为有天下国家者而发一辞一语，皆可通于政治。故《系辞》有曰"其称名也小，其取类也大"，此所以为万世法程也。

《行殿读书赋序》（摘录）：

东巡十有余日矣，寒夜初永行帷清肃，取《大易》《尚书》及前代史籍探索披览，夜分乃休。侍臣高士奇每以过劳为请，然朕勤政爱民之外，惟涵泳乎诗书，心契古人，寤寐勿倦。非此，何以自乐耶？

古今体诗《经筵进讲周易》：

桂宫仙仗启，兰殿讲筵开。朝士鸣珂集，词臣执简来。

天苞宣一画，人极位三才。待抉羲文秘，羹墙日几回。

《王道近民论》（摘录）：

《易》曰"易则易知，简则易从，易知则有亲，易从则有功"；而《大学》之言"絜矩"本之以所好所恶；孟子之原得民心亦归之于与聚勿施。合圣贤诸说推之，总不外因民之心以为准，然则"易简"者近民之实，而近民者王道之旨欤？

《太极图说》：

《易》道阴阳，《中庸》言性道，形而上之道，形而下之器兼备矣。《易》之理具于一画之前，《中庸》之理原于天命之始。若周子《太极图》可谓精于《易》而通于《中庸》者矣。

《易系辞》曰"易有太极，是生两仪，两仪生四象，四象生八卦"，两仪既立之后，生生无穷，太极未判以前，此理具在，则所谓"无极而太极"者，洵善言太极者也。《中庸》曰"喜怒哀乐之未发谓之中，发而皆中节谓之和"，夫必皆中节而后谓之和，则或中或不中者可知矣。

盖天下之中节者常少，而不中节者常多也。不中节则不和矣，不和则失其所以为中，而非太极本然之体矣。若夫未发则无不中也，人能常存未发之中，则无论未发者谓之中，即已发犹然中也，犹然太极之本体也。

若是则《中庸》所谓未发之中，岂非即周子所谓"无极而太极"者乎？夫未发之中，即天命之性也。究而言之，《中庸》大指不过欲人克全天命之性而已，以至位天地、育万物，犹之周子所言两仪立而五气布、四时行万物生生而不穷也。而其本则原于"无极而太极"，犹之《中庸》言位育而其本则原于天命之性也。

是故《易》之理得《中庸》发之而益明，《中庸》与《易》之理得周子发之而益著，故曰《太极图》可谓精于《易》而通于《中庸》者矣。至其为说之切实，悉符合于圣贤性道之指，其曰"无极之真，二五之精妙合而凝"，则孔子之所谓"性相近"、孟子之所谓"性善"也。其曰"五性感动而善恶生"，则孔子之所谓"习相远"惟上知与下愚不移也，而天命之性，气质之性，已别白言之矣。

其曰"圣人定之以中正仁义而主静"立人极，则《大学》止善定静之义也。其曰"君子修之吉小人悖之凶"，则《书》所谓"惠迪吉从逆凶"之义也。

自世之言性者纷纷，曰性恶、曰性有善有不善、曰善恶混，而性命之理不大白于天下，得周子之说而正之，以见夫道之原于天而修于人者如此，其昭然可指而确然可循也，则真可谓有功于斯道者哉！

《畅春园记》（摘录）：

既成而以"畅春"为名，非必其特宜于春日也。夫三统之迭建，以子为天之春，丑为地之春，寅为人之春，而《易文言》称"乾元统天"，则四德皆元，四时皆春也。

《汉元帝时萧望之自杀以石显为中书令》（摘录）：

石显擅作威福，敢于戕害大臣，而毫无忌惮之心。《易》曰"童牛之牿""豮豕之牙"，当防之于未然也。

杂著《庭训》（摘录）：

夫为学之要在乎穷理致知，天德王道本末该贯存心养性，非此无以立体；齐治均平非此无以达用……朕机务之暇，讲肄诸经，参稽易学，于《太极》《西铭》之义，《河图》《洛书》之旨，往往潜心玩味。

《渊鉴类函序》（摘录）：

昔者孔子之系《易》也，曰"方以类聚"；又曰"本乎天者亲上，本乎地者亲下，则各从其类也"；于诸卦则曰"其称名也小，其取类也大"。盖以天下古今事物之理毕具于《易》，而《易》之为书，因理象物，因物征辞以断天下之疑，而成天下之务者，各从其类以明之。然则类书之作，其亦不违于圣人立言之意欤？

《重修西顶广仁宫碑文》（节选）：

"天地之大德曰生"，在四时为春，在四德为仁。《易文言》曰"元者善之长也""君子体仁足以长人"，自古帝王茂对育物，四海之大，万民之众，以及昆虫草木之微，各遂其生者，无非体天地好生之德，以流泽于无穷也。《易系辞》又言"乾大生""坤广生"，则是生物之功天始之而地更广之。盖坤者，母道也。母道主慈，其于生物为尤近焉。

《先天后天谕》：

《说卦》云"天地定位，山泽通气，雷风相薄，水火不相射"，此伏羲之卦也。"万物出乎震，震东方也"以下，乃文王之卦也，未分先天后天之旨，至宋邵子方有其说，亦不能尽传。

自汉至明，解《易》者不止数百家，持论纷纭，各以己见为是。邵子惟精于数，故数有本；程子明于理，故理有据。独朱子挺然违众，断邵氏为是，兼占兼数兼理，所以六百年行之无传，亦未尝分剖先后天之卦。后儒各立门户，彼此批驳，寻毛求疵，终无确见。

夫《易》者，经天纬地，无所不包，大而性命，小而隐微，变化无穷，神妙莫测。宋儒有云"老子得易之体，孟子得易之用"，吾思得《易》之体者，私其己也；得易之用者，公其理也。所传不同，所授亦异。且论先后天理法象自然之妙：先天乾南而后天西北，先天坤北而后天西南，先天离东坎西而后天离南坎北，或取诸卦体，或取诸卦画，或取爻象，或取方位。

后人精于数者，往往以数配卦，河洛总数乃天地之自然，凡有数者无不吻合。所以，至小至微，皆可假借于天地之自然，有所不及也。专论理者，以理配卦，凡刚柔公私皆归卦爻，而不问数象之渊源。后之学者，亦随其所好而习之，所以不明未画卦之前大意。

《系辞》云"君子所居而安者易之序也，所乐而玩者爻之辞也。居则观其象而玩其辞，动则观其变而玩其占，是以自天祐之吉无不利"，朱子云"自伏羲以上，皆无文字，只有图画"，最宜深玩。圣贤深意，必求卦画，求之卦画，必有由来。又见宋儒云"明于《易》者不言《易》"，其中又一层深意，不能解也。

朕素读书，留心经史，实为治道，非比书生，议论是非，寻章摘句之用也。故有此论，勉强而作，愧不文焉。

《同声相应论》（摘录）：

《易文言》云"同声相应，同气相求"，虽释乾卦九五，而实无所不包也。

分而论之，则云之从龙，风之从虎，就燥流湿，各以类推之，极之于出言至善千里应之，出言不善千里违之，此九五、九二之当位，圣人以此知同音之由也。

至于五音六律互相为生，古人考其中声之实，有彼此和同，其声相应，自有天然。至《易》且明处，而近世不能得而详也。

吾论"同声"则曰：自黄钟之宫损益至尽，阳律阴吕各得其生，反而还之，隔八应之，此为同声也。以甲乙之和，则又谓黄钟之和于五倍之下也。扩而充之，声之相应，非人力之所能也。若有意于同，则理之不能同者，如孟子所言"物不能齐"。至于理之同者，则有天地阴阳刚柔消长之道存焉，故不待同而音自同，不待人之作为而自有应，故曰"同声相应"。若非至理之必应，则作巧日拙之诮不能免也。

《康熙字典序》（节选）：

《易传》曰："上古结绳而治，后世圣人易之以书契，百官以治，万民以察。""周官外史掌达书名于四方"，"保氏养国子"教以六书，而考文列于三重。盖以其为万事百物之统纪，而足以助流政教也。

《周易折中序》（节选）：

易学之广大悉备，秦汉而后无复得其精微矣。至有宋以来，周、邵、程、张阐发其奥，惟朱子兼象数天理，违众而定之，五百余年无复同异。

宋元明至于我朝，因先儒已发之微旨，或有妄参己见，渐至启后人之疑。

朕自弱龄留心经义五十余年，未尝少辍。但知诸书大全之驳杂，奈非专经之纯熟。深知大学士李光地素学有本，易理精详，特命修

《周易折中》。

古今体诗《冬至读易》：

复自纯坤起，阴阳由静生。飞灰识地气，吹律考中声。

六甲周天运，九畴味道精。非图穷理誉，本末近分明。

《赋得三十六宫都是春》：

四时观物视韦篇，奥旨微言开画前。月窟天根来往处，地雷乾巽互环旋。

青阳和煦为春首，淑日依迟作道筌。运转洪钧推造化，体元善政在身先。

《圣祖仁皇帝庭训格言》（摘录）：

训曰：《易》为四圣之书，其立象设卦系辞广大悉备，言其理则无所不该，言其用则自昔伏羲神农黄帝尧舜王天下之道咸取诸此。然而深探作《易》之旨，大抵不外阴阳而配诸人事，则有吉凶悔吝之别，运数所由盛衰，风俗所由治乱，君子小人所由进退消长，鲜不于奇偶二画屈伸变易之间见之。

朕惟经学为治法之要，而诗书之文礼乐之具，春秋之行事，罔不于《易》会通，故朕研求易理，玩索精蕴，前命儒臣参考诸儒注疏传义，撰为《日讲易经解义》；又命大学士李光地纂修《周易折中》，乙夜披览，一字一画，斟酌无忽，诚以《易》之为书，有观民设教之方，有通德类情之用，恐惧修省以治身，思患豫防以维世。

所以极天人穷性命开物前民通变尽利者，其理莫详于《易》。故孔子尝曰"加我数年，五十以学《易》"，盖言凡为学者不可以不学，而学又不可易视之也。

训曰：《子平》《六壬》《奇门》等学，俱系后世人按五行生克互相敷演而成，其取义也虽极巧极精，然其神煞名号尽是人之所定，揆之正理，实难信也。

世人习某件即偏于某件，以为甚深且奥，以夸耀于人。朕于暇时亦曾究心此等杂学，以考其根源，一一洞彻，知其不能确准，又焉能及古圣所传之大道耶。

训曰：《河图》顺转而相生，《洛书》逆转而相克，盖生者所以成其体，而克者所以弘其用。

《大禹谟》水火金木土谷，惟修以五行相克为次第，可见相克是五行作用处。今术数家或以相克取财官，或以相克取发用，亦此理也。

训曰：人之一生，虽云命定，然而命由心造，福自己求。如《子平》五星推人妻财子禄及流年月建，日后试之，多有不验。

盖因人事未尽，天道难知。譬如推命者言当显达，则自谓必得功名而诗书不必诵读乎？言当富饶，则自谓坐致丰亨而经营不必谋计乎？至谓一生无祸，则竟放心行险恃以无恐乎？谓终身少病，则遂恣意荒淫可保无虞乎？是皆徒听禄命，反令人堕志失业，不加修省，愚昧不明，莫此为甚。以朕之见，人若日行善事，命运虽凶而可必其转吉；日行恶事，命运纵吉而可必其反凶。

是故"命"之一字，孔子罕言之也。

训曰：《易》云："天在山中，大畜。君子以多识前言往行，以畜其德。"

夫多识前言往行，要在读书，天人之蕴奥在《易》；帝王之政事在《书》；性情之理在《诗》；节文之详在《礼》；圣人之褒贬在《春秋》。至于传记子史，皆所以羽翼圣经，记载往迹，展卷诵读，则日闻所未闻，智识精明，涵养深厚，故谓之畜德。非徒博闻强记夸多斗靡已也。

学者各随分量所及，审其先后而致功焉，其芜秽不经之书，浅陋之文，非徒无益而反有损，勿令入目，以误聪明可也。

69.问：听说乾隆皇帝也是一位学《易》用《易》的大家？这是历史事实吗？

答：乾隆皇帝喜欢《周易》，并且应用易学知识治国，也的确是历史事实。今从《四库全书》里面摘录部分内容如下；乾隆皇帝在易学方面还有不少的"论文"，也列几篇如下。

乾隆皇帝画像

《钦定四库全书御制乐善堂全集》

（1）《立身以至诚为本论》（节选）：

夫诚者，万物之原，万事之本，天所赋物所受之正理也。故在天则为乾元坤元，而万物资始资生，在人则为能尽其性，参天地而赞化育。

然人咸具是理而鲜能全之，故曰蔽于私溺于习而天理几乎失矣。圣人者出作君作师，修道以立教，教人由诚之之道以驯致至诚之域，故曰立身以至诚为本。

(2)《读书以明理为先论》(节选):

天地之间,万事万物莫不有理。理者,天之经,地之义,民之行也。

是故日月星辰之朔望躔度,阴阳寒暑四时之推迁往来,皆天之气也。而有乾健于穆不已之理,主宰乎其中。山川河岳百谷草木之丽乎地以生者,亦莫不赖坤元载厚之理以为之根柢。

人性之仁义礼智赋乎天之正理也,因之而见为恻隐羞恶辞让是非之情及变化云为万有不齐之事。由是观之,天下事物,孰有外于理哉!故圣人之教人讲学,亦曰明理而已矣。

(3)《敬以直内论》(节选):

夫子赞《易》所谓"敬以直内"者,是也。盖心者一身之主宰,而敬者又一心之根本。

圣贤之学,无非欲人存此心,而所以存之之要,亦不过教人主敬。敬者,所以成始而成终者也。

(4)《上下交而其志同论》(节选):

《易》曰"上下交而其志同",可以觇治世之气象矣。盖天高而地下,君尊而臣卑,理势之当然也。君之不可下于臣,犹天之不可卑于地。然天地之形不可交而以气交,上下之分不可交而以心交,故阴阳和而万物顺,上下交而万民化。此天地之常经,古今之通谊也。上下一心,君臣相得则治,反之则乱,合若符节,信如应响。

《君子以虚受人论》(节选):

夫君子之进德修业也,立身行己不可不诚,应事接物不可不虚,故《易》之中孚言立诚之学,而咸卦则言受人之学,中不可不诚,又不可不虚。

《家人上九有孚威如终吉论》（节选）：

治国必始于齐家，而齐家又在于修身，身修则孚与威自然而合，待之以诚而不使之怨，临之以庄而不使之狎，则家道永昌，以之治国平天下，将无所不可矣。《易》家人上九之爻曰"有孚，威如，终吉"，可谓得治家久远之道矣。

《惧以终始其要无咎论》：

《易》之为道，大矣！以在天者言之，体天地之撰，括阴阳之精，而统备乎五行万物之理；以在人者言之，君臣父子夫妇昆弟朋友之伦，日用酬酢，吉凶悔吝，忧虞得失之事，莫不具载，而原始要终之道，有操之一心而有余者，故《易大传》曰"惧以终始，其要无咎"，乃总《易》之道而提其要以示人也。

盖人之立志行己欲自跻于圣贤之域者，其术固非一也。然总而言之，不外于戒惧一心。何则？人受天地之中以生，其性固善，然为私欲所蔽，则心放佚而莫知自省，以至有过行而入于凶咎。圣人欲其思也，乃教以成始成终之道，莫若以惧为本，故系泰之上六则曰"城复于隍"、否之九五则曰"其亡其亡系于苞桑"。夫泰之为卦"上下交而其志同也"；否之为卦"上下不交而天下无邦也"。然吉凶顿异者，泰之上六治极当乱之时，而志满心骄，不能戒惧，故凶；否之九五乱极当治之时，而戒谨恐惧，故吉。此非惧以终始之大验乎？推之谦之六爻皆吉；震之六爻无凶，以能戒惧而得亨也。豫上九之象曰"冥豫在上，何可长也"，谓不知惧则自吉而向凶也。夬之九二曰"惕号，暮夜有戎，勿恤"，谓能自惧则虽危而无咎也。

盖《易》之要，以贞为本，惧则能守贞矣。以孚为贵，惧则能有孚矣。危者使平，易者使倾，而终归于惧以终始。人能以此为法，既惧之于其始，以防微杜渐，又戒之于其终，以持盈守成，则处事之要、为学之法，皆备于是矣。

《物不可以苟合论》（节选）：

天下之事，未有可苟且以行者，自小以及大，自近以至远，莫不皆然，故礼者所以辨上下定民志，天下之事不正之于始，必不能成之于终。若不由礼而以苟合，则吾未见其可也。

盖自上古结绳以降，尧舜以文明治天下，于是焕焉称治。自兹以往，圣帝明王为治，莫不以礼为本，然后渐之以仁，摩之以义，和之以乐，而天下化成。以之奉宗庙，则有奉爵焚燎肃雍恭敬之仪；以之接宾客，则有宴享进退揖让升降之等；以之理民，则有分田兴学教齿教让等威服用之文。凡诸冠婚丧祭，皆彬彬然有節有文，而从无苟且以从事者。

秦汉以降，无圣明之君能复古礼，惟以一己之便宜而行一时之权变，故有宋大儒皆以为苟道。盖凡物之所以成始而成终者，莫要于礼，而《易》之所谓"物不可以苟合"者，其义诚广大而精深也。且道心人心之分，君子小人之辨，皆在于是焉。

《动亦定静亦定论》（节选）：

"天地之大德曰生"，终万物始万物，而万物莫不生长收藏之各得其时。然其所以"大生"而"广生"者，亦曰"易简"而已矣。圣人体天，以治其心，以修其道，以合体用，而贯显微。然其所以聪明而时义者，亦曰定性而已矣。定性者，岂不思一事，不虑一物，兀若槁木而已哉！动亦定静亦定，乃其所以为定性也。

善乎《易》之咸九四曰"贞吉悔亡，憧憧往来，朋从尔思"，贞者，定也。定则吉而悔亡矣。憧憧往来者，不定也。不定则朋从尔思，朋从尔思凶可知矣。

《唐太宗论》(节选):

当隋炀之时,天下瓦解,群雄睢眦,窥伺名器,于是太宗以英雄之资,备仁义之德,复得高祖之贤为之父。《易》曰"包蒙吉,纳妇吉,子克家",盖高祖以柔中之德,赖太宗以阳刚之体,发而用之以安天下,固宜唐室之兴也。

《长孙皇后论》(节选):

夫闺门,王化之始也。《诗》三百而必以关雎为首,《礼》严大昏,《书》重厘降,《易》上经首乾坤,下经首咸恒,盖知正家之道必本于闺门,闺门正而后家齐国治也。

《宋宣仁皇后论》(节选):

《易》曰"家人利女贞",言闺门王化之始,必女贞然后至于兄弟以御于家邦,故内助之贤,人君治国之本也。

《程明道告神宗当防未萌之欲论》(节选):

《易》曰:"履霜,坚冰至。"解之者曰:"霜阴气所结,盛则水冻而为冰,此爻阴始生于下,其端甚微,而其势必盛,故其象如履霜则知坚冰之将至也。"夫欲念亦如霜之始结也,不防之于未萌,则必私欲大炽而有坚冰之祸矣。

《复性说》:

性者体也,情者用也。制情以从性,性其情也。拂性以纵情,情其性也。

情其性则性为情矣,乌在其为本性也。然则如之何而后,可曰有复性之道焉。复之之道何居?曰克己以复天命之本,然使和其情以顺其性而已。在《易》复之初爻曰"不远复,无祗悔"。孔子解之曰"不远之复，以修身也"。言性本无失，有失而能速复，则身修矣。在天为一阳复见，在人心为本性复明，岂有悔哉！

　　孔子举此以赞颜子，刘屏山举此以教朱子，以其为修身复性之要旨也。六二曰"休复，吉"，孔子解之曰"休复之吉，以下仁也"。初阳乃天心之见仁也，二近初阳有下仁之美，言复之之道又在好德亲仁，涵养熏陶，以日复其性而休休然有余裕也。六三曰"频复，厉，无咎"，频复与不远者殊科，故厉，然能复则无咎矣。六四曰"中行独复"，卦五阴，独四与初相应，处众小人之中，独能与一君子合志同方，不言吉而吉可知，故孔子以"从道"美之。至五之"敦复"则曰"无悔"；上之"迷复"则曰凶。以此见复性之道，当谨几察微，不贰其过，修身以克之，下仁以休之，独复以持之，敦厚以居之，而不使之频复而迷复焉。则所谓天命之性，五常五伦之美，皆在我而不为习所远矣。吾故曰复性之道在克己，以复天命之本然，使和其情以顺其性而已。

　　《读鹿鸣至天保六诗》（节选）：

　　尝读《易》之泰象曰："天地交泰。"解之者曰"阴在上而阳居下，君下交臣之义也"；又曰"天地之体不可交而以气交，君臣之分不可交而以情交"。古昔圣王所以维持世教，平章百姓，使万邦协和黎民于变者，亦赖有此情以相维系耳。故礼以节之，乐以和之，饮食以荐之，宾主以亲之，歌咏以侑之，使惬其情而不流焉。其在《诗》曰"我有嘉宾，鼓瑟吹笙""人之好我，示我周行"。燕宾客而欲其示以大道，则君臣交警之意，亦寓于其中矣。

**古体诗**

古风

羲皇初画卦，犹以结绳治。后圣继心传，法夬兴书契。

岂徒充简编，即是传道器。君看六经中，言言道仁义。

70.问：卜筮中的"卜"和"筮"是一回事吗？

答："卜"是"问龟"，"筮"是用蓍草问占，不是一回事。

《周礼》里面说："凡卜，辨龟之上下左右阴阳，以授命龟者而诏相之""大卜掌三兆之法，一曰玉兆，二曰瓦兆，三曰原兆。注：兆者，灼龟发于火，其形可占者，其象似玉、瓦、原之罅罅，是用名之焉"。以上是有关"卜龟"的说法。

《周礼》里面说：

大卜"掌三易之法，一曰连山，二曰归藏，三曰周易。"

注：易者，揲蓍变易之数，可占者也。名曰连山，似山出内气也。归藏者，万物莫不归而藏于其中。

以上是有关"占筮"的说法。由此可见"卜"与"筮"是区别。

从安阳出土的"龟甲"和"牛骨"来看，一般是在龟腹甲或牛肩胛骨上面先钻凿一些不穿透的小"坑"，然后在火上燎烤，再观看"兆"（小坑周围的裂纹）的形状以定吉凶。

发现甲骨是很早的事，具体年代不可考。人们认识甲骨，有人说是从1899年王懿荣发现了小屯村出土的甲骨开始的。在王懿荣收集甲骨之前，小屯村村民以甲骨当做药材出售，并且称之为"龙骨"。甲骨文是中国已发现的古代文字，距今3600多年。甲骨文又称为"殷墟文字""殷契"，是殷商时代刻在龟甲兽骨上的文字。其中内容多是记载占卜的日期和进行占卜的人物；记载所卜问的具体事情；记载识兆的者判断吉凶的话；记载应验的结果等等。

出土龟甲卜具 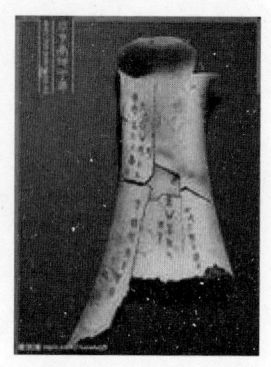　　　　　出土牛骨卜具

有关用蓍草占筮的方法，后面将作专门介绍。

71.问：有人说姜子牙精通《周易》，可是他为什么把占卜用的龟甲和筮草扔在地上踏呢？

答：关于"姜子牙精通周易"之说，历史上没有记载。

汉代王充于《论衡·卜筮篇》里面说：

周武王伐纣，卜筮之逆，占曰大凶。太公推蓍蹈龟而曰："枯骨死草，何知而凶。"

你说"把占卜用的龟甲和筮草扔在地上踏"的故事出于此书，恐怕只是历史传说而已。

《史记》记载：

诸侯兵会者车四千乘，陈师牧野。帝纣闻武王来，亦发兵七十万人距武王。武王使师，尚父与百夫致师，以大卒驰帝纣师。纣师虽众，无战之心，心欲武王。纣入纣师，皆倒兵以战，以开武王。武王驰之，纣兵皆崩畔纣。纣走反入，登于鹿台之上，蒙衣其珠玉，自燔于火而死。

《周易·系辞》里面说："汤、武革命，顺乎天而應乎人。"殷纣王暴虐无道，荒淫无耻，以酒为池，悬肉为林，刑有炮烙之法，剖比干观其心，囚箕子等等，恶行满贯。周武王顺天应人讨伐殷纣王，是大得人心的革命行动，可以说其意志是坚定不移的。"不疑不卜"，如果说事先卜筮，也只是进一步坚定信心而已。倘若"卜筮之逆，占曰大凶"，也不会影响周武王顺天应人的革命行动，所以才会有姜子牙"推蓍蹈龟"的故事。

《尚书·洪范》"七稽疑"曰：

汝则有大疑，谋及乃心，谋及卿士，谋及庶人，谋及卜筮。

就是说，一旦遇到"大疑"，首先要"谋及乃心"，其次"谋及卿士"，第三"谋及庶人"，最后"谋及卜筮"。由此看来，周武王伐殷，"谋及乃心，谋及卿士，谋及庶人"都认可，最后"谋及卜筮"的结果如何就不重要了。

72.问：同样的占卜结果，不同的人会有不同的解释，我们应该如何对待？

答：这个问题问得好！的确有这样的情况存在。同样一个卦象或一个占筮结果，不同的人会有不同的解释。我先给大家说两个故事。

历史上，鲁国的穆姜淫乱，还密谋废掉成公，事发被囚禁东宫。为了测算能否脱离困境，史官进行了占筮，遇艮之八。史官说："是谓艮之随，随其出也。"而穆姜则根据随卦"元亨利贞"卦辞，自我解释说："有四德者随而无咎，我皆无之，岂随也哉？我则取恶，能无咎乎？必死于此，弗得出矣。"同是就随卦解释，史官的解释与穆姜的自我解释截然相反，最后穆姜死在东宫。

历史上，鲁国曾经准备攻打越国，事先孔子的学生子贡占得一个鼎卦，他就根据爻辞"鼎折足"分析鲁国可能失败，原因是行军打仗而致使士兵"折足"，所以鲁国一定会吃败仗。然而，孔子占得一卦，同样是鼎卦，也是用爻辞"鼎折足"分析，却断定鲁国会打胜仗，原因是越人水居，其足早已折断。结果是鲁国胜利，孔子算对了。

这两个故事就是"同样的占卜结果，不同的人会有不同的解释"的例子。穆姜无德，自取其祸，焉能无咎！孔子是圣人，当然他的占筮技术高明了！从这个故事里面，我们或许能悟出一点"如何对待"的方法，那就是尊道而断，随理明事，不可迷信。何谓"迷信"，就是信仰过头而陷入了痴迷的状态。绝对不信或绝对相信，似乎都不可取，"允执厥中"最好！

73.问：如果想了解《周易》的"筮法"，那应该如何学习呢？

答：目前，通行的"筮法"主要有"纳甲筮法""梅花易数""铁板神数"和"紫薇斗数"等，这些"筮法"仅仅使用《周易》的卦象，而不使用《周易》的卦爻辞推断。只有《周易》里面所讲使用蓍草的"大衍筮法"，才是比较古老的筮法。日本有一本《高岛易断》的书，就是使用蓍草起卦的"大衍筮法"。

今见通行本《周易·系辞》里面有如何用蓍草占筮的内容：

大衍之数五十，其用四十有九。分而为二，以象两，挂一以象三，揲之以四，以象四时，归奇于扐以象闰，五岁再闰，故再扐而后挂。天数五，地数五，五位相得而各有合。天数二十有五，地数三十，凡天地之数五十有五。此所以成变化而行鬼神也。乾之策二百一十有六，坤之策百四十有四，凡三百有六十，当期之日。二篇之策万有一千五百二十，当万物之数也。是故四营而成易，十有八变而成卦，八卦而小成。

应该指出，1973年在长沙马王堆出土的帛书《周易》里面没有上面的这段话。也就是说，这段叙述用蓍草排卦的筮法很可能是后来人加进去的。

在汉代有一本《火珠林》的书，里面介绍了一种"以钱代蓍"的起卦方法。之所以用钱币代替蓍草，是因为人们觉得用蓍草起卦有些麻烦。我们要了解"古筮法"，不妨先了解一下用钱币起卦的方法。

| 四象 | 老阳（变） | 少阴（不变） | 少阳（不变） | 老阴（变） |
|---|---|---|---|---|
| 数 | 九 | 八 | 七 | 六 |

无论用蓍草或钱币，都是要得出六、七、八、九"四象"之数。

以钱币有数字的一面为"阳"，有图案的一面为"阴"。《说卦》"参天两地而倚数"，阳数为三，阴数为二。三枚钱币同时掷下：

三个阳面为老阳其数九；三个阴面为老阴其数六；二阳一阴面为少阴其数八；一阳二阴面为少阳其数七。

排卦自下向上，投掷三枚钱币六次既得本卦，本着"老变少不变"法则得出变卦。接下来就可以查找《周易》卦爻辞进行占断了。

下面举例说明之。

例之一，按《左传》记载：

庄公二十二年。生敬仲，其少也。周史有以《周易》见陈侯者，陈侯使筮之。遇观䷓之否䷋。曰：是谓"观国之光，利用宾于王"。此代陈有国乎？

此例，观卦六四爻变而成否卦。观六四爻辞"观国之光，利用宾于王"，是用本卦变爻辞占断。

本卦观与变卦否：

| 第六次得数 七 ——— | 七 ——— | 少阳不变 |
| 第五次得数 七 ——— | 七 ——— | 少阳不变 |
| 第四次得数 六 — — | 七 ——— | 四爻老阴变 |
| 第三次得数 八 — — | 八 — — | 少阴不变 |
| 第二次得数 八 — — | 八 — — | 少阴不变 |
| 第一次得数 八 — — | 八 — — | 少阴不变 |

　　　　　　　　观　　　　否
　　　　　　　本卦　　　变卦

例之二，按《左传》记载：

襄公二十五年。齐棠公之妻，东郭偃之姊也。东郭偃臣崔武子，棠公死，偃御武子以吊焉。见棠姜而美之，使偃取之。武子筮之，遇困☷☰之大过☰☰。史皆曰吉。示陈文子，文子曰：夫从风，风陨妻，不可娶也。且其繇曰："困于石，据于蒺藜。入于其宫，不见其妻，凶。"困于石，往不济也。据于蒺藜，所恃伤也。入于其宫，不见其妻，凶无所归也。崔子曰：嫠也何害，先夫当之矣。遂取之。

此例，困卦六三爻变成大过卦。本卦困六三爻辞"困于石，据于蒺藜。入于其宫，不见其妻，凶"，是用本卦变爻辞占。

本卦困与变卦大过：

| 第六次得数 八 — — | 八 — — | 少阴不变 |
| 第五次得数 七 ——— | 七 ——— | 少阳不变 |
| 第四次得数 七 ——— | 七 ——— | 少阳不变 |
| 第三次得数 六 — — | 七 ——— | 三爻老阴变 |

第二次得数 八 ━━━━━ 八 ━ ━ 少阴不变
第一次得数 八 ━ ━    八 ━ ━ 少阴不变
　　　　　　　困　　　　大过
　　　　　　 本卦　　　　变卦

下面，我们介绍用蓍草起卦的方法。

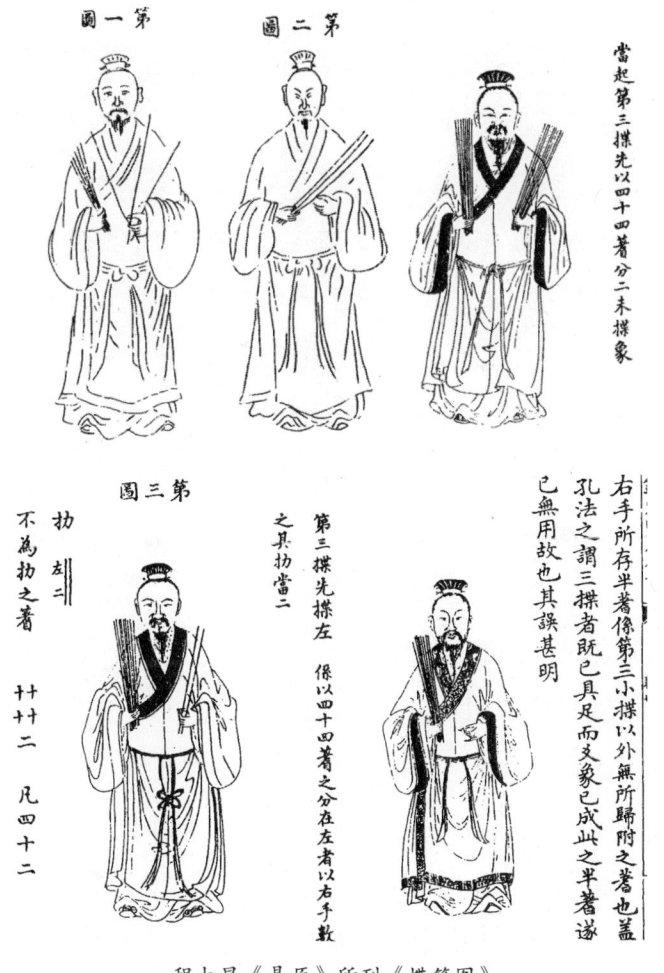

程大昌《易原》所列《揲筮图》

上面是南宋程大昌于《易原》里面画的揲筮图。笔者在安阳见过产于羑里的蓍草，黑色，八棱，细如扎香。

《史记·龟策列传》里面说：

蓍生满百茎者，其下必有神龟守之，其上常有青云覆之。

孔子《系辞》说：

圣人以通天下之志，以定天下之业，以断天下之疑，是故蓍之德圆而神，卦之德方以知。

这就是占筮之所以要使用"蓍草"的缘故吧。

邵雍《皇极经世》里面说：

五与四四，去挂一之数，则四三十二也。九与八八，去挂一之数，则四六二十四也。五与八八、九与四八，去挂一之数则四五二十也。

九与四四、五与四八，去挂一之数则四四十六也。故去其三四五六之数，以成九八七六之策，此之谓也。一爻已成，再合四十九策，复分挂揲，归以成一变，每三变而成一爻，并如前法。

"大衍之数五十，其用四十有九"，四十九根蓍草"挂一"剩四十八。第一次把四十八根蓍草"分而为二"信手分成两把，每把"揲之以四"，左余一右必余三；左余二右必余二，左余三右必余一，左余四右必余四，余策之和不四则八。

四十八减四剩四十四，第二次把四十四根蓍草"分而为二"再信手分成两把，每把"揲之以四"，左余一右必余三，左余二右必余二，左余三右必余一，左余四右必余四，余策之和不四则八。四十八减八剩四十，第二次把四十根蓍草"分而为二"再信手分成两把，每把"揲之以四"，左余一右必余三，左余二右必余二，左余三右必余一，左余四右必余四，余策之和不四则八。

四十四减四剩四十，第三次把四十根蓍草"分而为二"信手分成两把，每把"揲之以四"，左余一右必余三，左余二右必余二，左余三右必余一，左余四右必余四，余策之和不四则八。四十四减八剩三十六，第三次把三十六根蓍草"分而为二"信手分成两把，每把"揲之以四"，左余一右必余三，左余二右必余二，左余三右必余一，左余四右必余四，余策之和不四则八。

三次余策之和或十二、或十六、或二十、或二十四。

四十八减三次余策之和十二得三十六，即可画老阳之爻———

四十八减三次余策之和十六得三十二，即可画少阴之爻— —

四十八减三次余策之和二十得二十八，即可画少阳之爻———

四十八减三次余策之和二十四得二十四，即可画老阴之爻— —

于是"三变而成一爻"，十有八变而成一卦。

**74.问：《梅花易数》是邵雍的著作吗？在占筮方面有哪些特点？**

答：《梅花易数》题"邵康节先生著"，"康节"是邵雍去世后的谥号。明代易学家季本已经在《易学四同》一书中阐明是元代人托名的作品。

《梅花易数》的筮法特点就是没有固定的起卦方法，听声音、看时间、看方位、看象、写字、数数等等方法都能够起卦。所以，看起来容易入手学习，然而日久深入却需要真功夫。起得本卦之后，变出互卦，再根据"变爻"得出变卦。断卦的基本方法是依据八卦的五行属性，看上下卦之间的生、克、比和关系。断卦方面尤其重要的是不但依据卦象来断，而且还要特别注重"理断"。

比如，《梅花易数》书中介绍了一个"邻夜扣门借物占"的卦例。

古本《梅花易数》　　　现代版《梅花易数》

邵雍之子邵伯温依据敲门"初扣一声而止，继而又扣五声，且云借物"，乾为一起上卦；巽为五起下卦，得"天风姤"主卦，互体乾，四爻变（乾之一加巽之五再加酉时之十，除以六余四）得变卦巽。依据主卦姤断，上卦乾为金，下卦巽为木，而且"金短木长"，所以邵伯温断定邻居要借用锄头。结果邵雍说："非也。必斧也。"问借物之人，果然是借斧头。为什么？邵雍说："起数又需明理。以卦推之，斧亦可也，锄亦可也。以理推之，夕晚安用锄？盖斧切于劈柴之用耳。推数又需明理，为卜占之切要也。推数不明理，是不得也。学数者志之。"

下面介绍笔者的一个尚占游戏。

2009年7月4日，学生关用九邀请数位同道在北大博雅国际会议中心听我讲课。午餐时，用九提及昨天酒后丢失手机事，且说可能遗失在大堂的沙发上面了。学生都希望我给占一下，手机是否真的丢失了。我说那就用《梅花易数》占一下吧，于是让用九随口报出三个数。

用九报出的数是123。起乾为上卦，兑为下卦，三爻动。本卦为履，互卦为家人，变卦为乾。

断曰：本卦乾金与兑金比和，变卦上乾金与下乾金还是比和，所以你的手机没有丢失。互卦巽木生离火，"巽在床下"，床下生明，手机在你住处的床下。

午后用九打电话过来，果然在住处的床下找到了手机。这只是尚占有所应验的例子，当然也有不应验的例子。

邵雍逝世于宋神宗熙宁十年，宋哲宗元祐中赐谥"康节"。需要指出的是，邵雍并不"算命"，他有"买卜稽疑是买疑，病深何药可能医。梦中说梦重重妄，牀上安牀叠叠非"的诗句。特别是他的儿子邵伯温在《易学辨惑》里面记载：邵雍病重期间，张载从关中到洛阳探望。他给邵雍把脉之后说："先生脉息不亏，自当勿药。"接着问："先生信命乎？载试为先生推之。"邵雍回答："世俗所谓命者，某所不知。若天命，则知之矣。"张载说："既曰天命，则无可言者。"由此可知，"北宋五子"里面，恰恰是张载喜欢"算命"，虽然邵雍"前知"，却从来不搞算命那一套。

**75. 问："批八字"和《周易》有关系吗？八字是如何批的呢？**

答："易道广大"，凡是涉及阴阳五行等知识的术数，都自称与《周易》有关系。批八字主要是依据八字（也称四柱）天干地支的五行属性进行生克比和的分析，从而给出了许多概念和命题。

批八字，首先需要明白八字的五行属性。

天干方位五行表：

| 甲乙 | 丙丁 | 戊己 | 庚辛 | 壬癸 |
|---|---|---|---|---|
| 东方 | 南方 | 中央 | 西方 | 北方 |
| 木 | 火 | 土 | 金 | 水 |

地支方位五行表

| 子 | 丑 | 寅 | 卯 | 辰 | 巳 | 午 | 未 | 申 | 酉 | 戌 | 亥 |
|---|---|---|---|---|---|---|---|---|---|---|---|
| 北方 | 北方 | 东方 | 东方 | 东方 | 南方 | 南方 | 南方 | 西方 | 西方 | 西方 | 北方 |
| 水 | 冬季分土 | 木 | 木 | 春季分土 | 火 | 火 | 夏季分土 | 金 | 金 | 秋季分土 | 水 |

现在互联网上有《日梭万年历》软件下载，根据出生年月日时就可以得知一个人的八字。比如2013年3月7日上午10点左右出生的婴儿的八字是：年柱癸巳、月柱乙卯、日柱壬申、时柱乙巳。

根据天干地支五行就可以知道八字的五行属性：水火 木木 水金 木火。

由此可知，此婴儿八字缺"土"。一般在"姓名学"方面来说，取名字就要补土了。

五行寄生十二宫表格（以日主天干断十二宫之贵平忌）：

| 天干<br>十二宫 | | 日干五阳顺行 | | | | 日干五阴逆行 | | | | |
|---|---|---|---|---|---|---|---|---|---|---|
| | | 甲木 | 丙火 | 戊土 | 庚金 | 壬水 | 乙木 | 丁火 | 己土 | 辛金 | 癸水 |
| 长生 | 贵 | 亥 | 寅 | 寅 | 巳 | 申 | 午 | 酉 | 酉 | 子 | 卯 |
| 沐浴 | 平 | 子 | 卯 | 卯 | 午 | 酉 | 巳 | 申 | 申 | 亥 | 寅 |
| 冠带 | 平 | 丑 | 辰 | 辰 | 未 | 戌 | 辰 | 未 | 未 | 戌 | 丑 |
| 临官 | 平 | 寅 | 巳 | 巳 | 申 | 亥 | 卯 | 午 | 午 | 酉 | 子 |
| 帝旺 | 贵 | 卯 | 午 | 午 | 酉 | 子 | 寅 | 巳 | 巳 | 申 | 亥 |
| 衰败 | 忌 | 辰 | 未 | 未 | 戌 | 丑 | 丑 | 辰 | 辰 | 未 | 戌 |
| 病 | 忌 | 巳 | 申 | 申 | 亥 | 寅 | 子 | 卯 | 卯 | 午 | 酉 |
| 死 | 忌 | 午 | 酉 | 酉 | 子 | 卯 | 亥 | 寅 | 寅 | 巳 | 申 |
| 墓库 | 贵 | 未 | 戌 | 戌 | 丑 | 辰 | 戌 | 丑 | 丑 | 辰 | 未 |
| 绝 | 忌 | 申 | 亥 | 亥 | 寅 | 巳 | 酉 | 子 | 子 | 卯 | 午 |
| 胎 | 贵 | 酉 | 子 | 子 | 卯 | 午 | 申 | 亥 | 亥 | 寅 | 巳 |
| 养 | 平 | 戌 | 丑 | 丑 | 辰 | 未 | 未 | 戌 | 戌 | 丑 | 辰 |

五行的旺相休囚死表格：

| 五行 | 旺 | 相 | 休 | 囚 | 死 |
|---|---|---|---|---|---|
| 水 | 冬 | 秋 | 春 | 夏 | 四季 |
| 火 | 夏 | 春 | 四季 | 秋 | 冬 |

| 木 | 春 | 冬 | 夏 | 四季 | 秋 |
| 金 | 秋 | 四季 | 冬 | 春 | 夏 |
| 土 | 四季 | 夏 | 秋 | 冬 | 春 |

注：春夏秋冬四時，各有孟月、仲月、季月。所謂"四季"，指四時的季月而言。

地支隐藏天干表格：

| 地支 | 隐藏天干 | 地支 | 隐藏天干 |
|---|---|---|---|
| 子 | 癸 | 午 | 丁己 |
| 丑 | 癸辛己 | 未 | 乙己丁 |
| 寅 | 甲丙戊 | 申 | 庚壬戊 |
| 卯 | 乙 | 酉 | 辛 |
| 辰 | 乙戊癸 | 戌 | 辛丁戊 |
| 巳 | 庚丙戊 | 亥 | 壬甲 |

地支的四时、方位、阴阳五行属性表格：

| 亥 | 子 | 丑 | 寅 | 卯 | 辰 | 巳 | 午 | 未 | 申 | 酉 | 戌 |
|---|---|---|---|---|---|---|---|---|---|---|---|
| 冬 | | 季 | 春 | | 季 | 夏 | | 季 | 秋 | | 季 |
| 北方 | | 中 | 东方 | | 中 | 南方 | | 中 | 西方 | | 中 |
| 阴水 | 阳水 | 阴土 | 阳木 | 阴木 | 阳土 | 阴火 | 阳火 | 阴土 | 阳金 | 阴金 | 阳土 |
| 十月 | 十一 | 十二 | 正月 | 二月 | 三月 | 四月 | 五月 | 六月 | 七月 | 八月 | 九月 |

天干的四时、方位、阴阳五行、人体属性表格：

| 甲 | 乙 | 丙 | 丁 | 戊 | 己 | 庚 | 辛 | 壬 | 癸 |
|---|---|---|---|---|---|---|---|---|---|
| 春 | | 夏 | | 长夏 | | 秋 | | 冬 | |
| 东方 | | 南方 | | 中央 | | 西方 | | 北方 | |
| 阳木 | 阴木 | 阳火 | 阴火 | 阳土 | 阴土 | 阳金 | 阴金 | 阳水 | 阴水 |
| 胆 | 肝 | 小肠 | 心 | 肋 | 腹 | 脐 | 股 | 胫 | 足 |

六十甲子纳音表：

甲子 乙丑 海中金 丙寅 丁卯 炉中火 戊辰 己巳 大林木

庚午 辛未 路旁土 壬申 癸酉 剑锋金 甲戌 乙亥 山头火

丙子 丁丑 涧下水 戊寅 己卯 城头土 庚辰 辛巳 白腊金

壬午 癸未 杨柳木 甲申 乙酉 泉中水 丙戌 丁亥 屋上土

戊子 己丑 霹雳火 庚寅 辛卯 松柏木 壬辰 癸巳 长流水

甲午 乙未 沙中金 丙申 丁酉 山下火 戊戌 己亥 平地木

庚子 辛丑 壁上土 壬寅 癸卯 金箔金 甲辰 乙巳 佛灯火

丙午 丁未 天河水 戊申 己酉 大驿土 庚戌 辛亥 钗钏金

壬子 癸丑 桑拓木 甲寅 乙卯 大溪水 丙辰 丁巳 沙中土

戊午 己未 天上火 庚申 辛酉 石榴木 壬戌 癸亥 大海水

以上供推断"纳音命"使用。如前面婴儿八字：年柱癸巳、月柱乙卯、日柱壬申、时柱乙巳。他的纳音年命是长流水，纳音月命是大溪水，纳音日命是剑锋金，纳音时命是佛灯火。

| 日主的阳干（阴干） | | | | | | | | | |
|---|---|---|---|---|---|---|---|---|---|
| 生我的干支 | | 克我的干支 | | 我生的干支 | | 我克的干支 | | 同类的干支 | |
| 阴 | 阳 | 阴 | 阳 | 阴 | 阳 | 阴 | 阳 | 阴 | 阳 |
| （阳） | （阴） | （阳） | （阴） | （阳） | （阴） | （阳） | （阴） | （阳） | （阴） |
| 正印 | 偏印 | 正官 | 偏官 | 伤官 | 食神 | 正财 | 偏财 | 比肩 | 劫财 |

通过以上表格，即可用八字的五行属性生克比和关系推出"正印""偏印""正官""偏官""伤官""食神""正财""偏财""比肩""劫财"，既是所谓的"十神推命"。

袁天罡称骨法

相传唐代有"袁天罡神数"，用称骨分量，照年月日时推算一生之荣枯，评定百年之贵贱。按农历出生四柱，各计重量，而且相加，根据轻重，推断吉凶祸福。

计算方法：将个人的年月日时对应的重量加起来。

出生年数

鼠：甲子年:1两2钱；丙子年:1两6钱；戊子年:1两5钱；庚子年:7钱；壬子年:5钱。

牛：乙丑年:9钱；丁丑年:8钱；已丑年:7钱；辛丑年:7钱；癸丑年:7钱。

虎：丙寅年:6钱；戊寅年:8钱；庚寅年:9钱；壬寅年:9钱；甲寅

年:1两2钱。

兔：丁卯年:7钱；已卯年:1两9钱；辛卯年:1两2钱；癸卯年:1两2钱；乙卯年:8钱。

龙：戊辰年:1两2钱；庚辰年:1两2钱；壬辰年:1两0钱；甲辰年:8钱；丙辰年:8钱。

蛇：已巳年:5钱；辛巳年:6钱；癸巳年:7钱；乙巳年:7钱；丁巳年:6钱。

马：庚午年:9钱；壬午年:8钱；甲午年:1两5钱；丙午年:1两3钱；戊午年:1两9钱。

羊：辛未年:8钱；癸未年:7钱；乙未年:6钱；丁未年:5钱；已未年:6钱。

猴：壬申年:7钱；甲申年:5钱；丙申年:5钱；戊申年:1两4钱；庚申年:8钱。

鸡：癸酉年:8钱；乙酉年:1两5钱；丁酉年:1两4钱；已酉年:5钱；辛酉年:1两6钱。

狗：甲戌年:1两5钱；丙戌年:6钱；戊戌年:1两4钱；庚戌年:9钱；壬戌年:1两0钱。

猪：乙亥年:9钱；丁亥年:1两6钱；已亥年:9钱；辛亥年:1两7钱；癸亥年:6钱。

出生月数

正月：6钱；二月：7钱；三月：1两8钱；四月：9钱；五月：5钱；六月：1两6钱；七月：9钱；八月：1两5钱；九月：1两8钱；十月：8钱；十一月：9钱；十二月：5钱。

出生日数

初一：5钱；初二：1两0钱；初三：8钱；初四：1两5钱；初五：1两6钱；初六：1两5钱；初七：8钱；初八：1两6钱；初九：8钱；初十：1两6钱；十一：9钱；十二：1两七钱；十三：8钱；十四：1两七钱；十五：1两0钱；十六：8钱；十七：9钱；十八：1两8钱；十九：5钱；二十：1两5钱；式一：1两0钱；式二：9钱；式三：8钱；式四：9钱；式五：1两5钱；式六：1两8钱；式七：7钱；式八：8钱；式九：1两六钱；三十：6钱。

出生时辰

子（23点-1点）：1两6钱；丑（1点-3点）：6钱；寅（3点-5点）：7钱；卯（5点-7点）：1两0钱；辰（7点-9点）：9钱；巳（9点-11点）：1两6钱；午（11点-13点）：1两0钱；未（13点-15点）：8钱；申（15点-17点）：8钱；酉（17点-19点）：9钱；戌（19点-21点）：6钱；亥（21点-23点）：6钱。

称骨歌：

(二两一) 短命非业谓大空，平生灾难事重重。凶祸频临陷逆境，终世困苦事不成。

(二两二) 身寒骨冷苦伶仃，此命推来行乞人。劳劳碌碌无度日，终年打拱过平生。

(二两三) 此命推来骨格轻，求谋作事事难成。妻儿兄弟应难许，别处他乡作散人。

(二两四) 此命推来福禄无，门庭困苦总难荣。六亲骨肉皆无靠，流浪他乡作老翁。

(二两五) 此命推来祖业微，门庭营度似稀奇。六亲骨肉如冰炭，一世勤劳自把持。

肆　应用篇

（二两六）　平生衣禄苦中求，独自营谋事不休。离祖出门宜早计，晚来衣禄自无休。

（二两七）　一生作事少商量，难靠祖宗作主张。独马单枪空做去，早年晚岁总无长。

（二两八）　一生行事似飘蓬，祖宗产业在梦中。若不过房改名姓，也当移徙二三通。

（二两九）　初年运限未曾亨，纵有功名在后成。须过四旬才可立，移居改姓始为良。

（三两）　劳劳碌碌苦中求，东奔西走何日休。若使终身勤与俭，老来稍可免忧愁。

（三两一）　忙忙碌碌苦中求，何日云开见日头。难得祖基家可立，中年衣食渐无忧。

（三两二）　初年运蹇事难谋，渐有财源如水流。到得中年衣食旺，那时名利一齐收。

（三两三）　早年做事事难成，百年勤劳枉费心。半世自如流水去，后来运到始得金。

（三两四）　此命福气果如何，僧道门中衣禄多。离祖出家方为妙，朝晚拜佛念弥陀。

（三两五）　生平福量不周全，祖业根基觉少传。营事生涯宜守旧，时来衣食胜从前。

（三两六）　不须劳碌过平生，独自成家福不轻。早有福星常照命，任君行去百般成。

（三两七）　此命般般事不成、弟兄少力自孤行。虽然祖业须微有，来得明时去不明。

（三两八）一身骨肉最清高，早入佛门姓氏标。待到年将三十六，蓝衫脱去换红袍。

（三两九）此命终身运不通，劳劳作事尽皆空。苦心竭力成家计，到得那时在梦中。

（四两）平生衣禄是绵长，件件心中自主张。前面风霜多受过，后来必定享安康。

（四两一）此命推来自不同，为人能干异凡庸。中年还有逍遥福，不比前时运来通。

（四两二）得宽怀处且宽怀，何用双眉皱不开。若使中年命运济，那时名利一起来。

（四两三）为人心性最聪明，作事轩昂近贵人。衣禄一生天注定，不须劳碌是丰亨。

（四两四）万事由天莫苦求，须知福碌赖人修。当年财帛难如意，晚景欣然便不优。

（四两五）名利推求竟若何？前番辛苦后奔波。命中难养男和女，骨肉扶持也不多。

（四两六）东西南北尽皆通，出姓移居更觉隆。衣禄无穷无数定，中年晚景一般同。

（四两七）此命推求旺末年，妻荣子贵自怡然。平生原有滔滔福，可卜财源若水泉。

（四两八）初年运道未曾通，几许蹉跎命亦穷。兄弟六亲无依靠，一生事业晚来整。

（四两九）此命推来福不轻，自成自立显门庭。从来富贵人钦敬，使婢差奴过一生。

（五两）为利为名终日劳，中年福禄也多遭。老来自有财星照，不比前番目下高。

（五两一）一世荣华事事通，不须劳碌自亨通。兄弟叔侄皆如意，家业成时福禄宏。

（五两二）一世亨通事事能，不须劳苦自然宁。宗族有光欣喜甚，家产丰盈自称心。

（五两三）此格推来福泽宏，兴家立业在其中。一生衣食安排定，却是人间一福翁。

（五两四）此格详采福泽宏，诗书满腹看功成。丰衣足食多安稳，正是人间有福人。

（五两五）策马扬鞭争名利，少年作事费筹论。一朝福禄源源至，富贵荣华显六亲。

（五两六）此格推来礼义通，一身福禄用无穷。甜酸苦辣皆尝过，滚滚财源盈而丰。

（五两七）福禄丰盈万事全，一身荣耀乐天年。名扬威震人争羡，此世逍遥宛似仙。

（五两八）平生衣食自然来，名利双全富贵偕。金榜题名登甲第，紫袍玉带走金阶。

（五两九）细推此格秀而清，必定才高学业成。甲第之中应有分，扬鞭走马显威荣。

（六两）一朝金榜快题名，显祖荣宗大器成。衣禄定然无欠缺，田园财帛更丰盈。

（六两一）不作朝中金榜客，定为世上大财翁。聪明天付经书熟，名显高褂自是荣。

（六两二）此命生来福不穷，读书必定显亲宗。紫衣玉带为卿相，富贵荣华孰与同。

（六两三）命主为官福禄长，得来富贵实非常。名题雁塔传金榜，大显门庭天下扬。

（六两四）此格威权不可当，紫袍金带尘高堂。荣华富贵谁能及？万古留名姓氏扬。

（六两五）细推此命福非轻，富贵荣华孰与争。定国安邦人极品，威声显赫震寰瀛。

（六两六）此格人间一福人，堆金积玉满堂春。从来富贵有天定，金榜题名更显亲。

（六两七）此命生来福自宏，田园家业最高隆。平生衣禄盈丰足，一路荣华万事通。

（六两八）富贵由天莫苦求，万事家计不须谋。十年不比前番事，祖业根基千古留。

（六两九）君是人间福禄星，一生富贵众人钦。总然衣禄由天定，安享荣华过一生。

（七两）此命推来福不轻，何须愁虑苦劳心。荣华富贵已天定，正笏垂绅拜紫宸。

（七两一）此命生成大不同，公侯卿相在其中。一生自有逍遥福，富贵荣华极品隆。

学习批八字的书有《李虚中命书》《渊海子平》《子平真诠》《三命通会》等等，真要把"批八字"弄得精通也不是一件容易的事。历史上许多有识之士对"八字命理"也多有批判，比如，白起坑赵国降卒四十万，为什么八字不同而命运一样？孪生兄弟的八字相同，为什么多数命运不一样？《周易》里面说"积善之家必有余庆，积不善之家必有余殃"，又说"和顺于道德而理于义，穷理尽性以至于命"，众善奉行，乐天知命，就会福寿绵长。《了凡四训》的例子，也告诉人们一个人的命运是可以通过"积德行善"改变的，所以我们不能过于相信批八字的结果。痴迷地相信，那就是迷信了。但是，作为一种历史文化，感兴趣者研究一下也未尝不可。

**76. 问：现在社会上有很多人从事"姓名学"行业，并且说与《周易》大有关系，您是怎么看的？**

答：一般有学问的人起名字，往往从《周易》里面寻找，这是历史上就存在的事实。

如《旧唐书》列传里面有：

尉迟敬德（君子敬以直内，义以方外，敬义立而德不孤）；杜鸿渐（鸿渐于陆，其羽可用为仪，吉）；杜黄裳（黄裳元吉，文在中也）；郑余庆（积善之家必有余庆）；李德裕（益，德之裕也）；高智周（智周乎万物而道济天下）；周利贞（保合大和乃利贞）；萧德言（德言盛，礼言恭）；尹元贞（元亨利贞）；杜易简（易简而天下之理得矣）；刘知几（知几其神乎）；贺知章（君子知微知章）；白乐天（乐天知命故不忧）等等。

如《宋史》列传里面有：

皇甫继明（大人以继明照于四方）；薛居正（居正履顺）；吕蒙正（蒙以养正圣功也）；贾黄中（黄中通理，正位居体）；苏易简（易简而天下之理得矣）；剧可久（有亲则可久）；丁德裕（益，德之裕也）；徐休复（休復之吉，以下仁也）；赵安仁（安土敦乎仁故能爱）；任中正

（刚健中正，纯粹精也）；曹利用（利用行师，征邑国）；吕祐之（大有上吉，自天祐也）；范正辞（理财正辞禁民为非曰义）；柴成务（易开物成务）；陈知微（君子知微知彰，知柔知刚，万夫之望）；谢德权（巽德之制，巽以行权）；沈积中（大车以载，积中不败）；梁克家（子克家刚柔接也）；金安节（安节之亨，承上道也）；王十朋（或益之十朋之龟，弗克违，永贞吉）；詹体仁（君子体仁足以长人）；柴中行（得尚于中行，以光大也）；王居安（君子安而不忘危）；王无咎（君子终日乾乾，夕惕若厉，无咎）等等。

如《明史》列传里面有：

李善长（元者善之长也）；缪大亨（刚中而应，大亨以正）；应履平（履道坦坦）；刘定之（定之以吉凶，所以断也）；赵贞吉（酒食贞吉以中正也）；王守仁（何以守位曰仁）；蔡天祐（自天祐之，吉无不利）；刘体乾（乾阳物也，坤阴物也，阴阳合德而刚柔有体，以体天地之撰）；于慎行（言行，君子之所以动天地也，可不慎乎）；申时行（坤道其顺乎，承天而时行）；郑继之（继之者善也，成之者性也）；王用汲（可用汲，王明并受其福）；张贞观（天地之道，贞观者也）；王国光（观国之光，尚宾也）；马经纶（君子以经纶）；张养蒙（蒙以养正，圣功也）；魏大中（大有，柔得尊位，大中而上下应之）；乔允升（允升大吉，上合志也）；张可大（有功则可大）；龙在田（见龙在田）；苏观生（观我生，君子无咎）；张以宁（以宁其居）；赵㧑谦（无不利，㧑谦，不违则也）；归有光（有孚颙若，观国之光）；宋以方（六二之动，直以方也）；何天衢（何天之衢，道大行也）；张介福（受兹介福于其王母）；刘文炳（大人虎变，其文炳也上）等等。

笔者的曾祖父给祖父起名"仁"，字"性存"，既是取《周易》"继

## 肆 应用篇

之者善也，成之者性也，仁者见之谓之仁""成性存存道义之门"的意思。给笔者的弟弟和妹妹起名，则用"元""亨""利""贞"。

以上的例子说明，起名与《周易》还是有关系的。

如今社会上所谓的"姓名学"，有一种"批八字"起名的方法。如"李高煜"，就是批八字看到五行缺"火"，于是就用有火字偏旁的汉字起名，这就是所谓的"缺啥补啥"的起名方法。

如果问这种起名的方法与《周易》有什么关系，准确地说，应该问"批八字"方法的本身是否与《周易》有关系？

每一个人都有出生的年、月、日、时的八个天干与地支的两两组合（四柱），根据一个人八个干支的五行属性进行操作，就是"批八字"的主要流程。其中，用"纳甲法"可以排出这个人以年支数起的和以年干数起的"终身卦"。说到与《周易》的关系，只是用到了京房的"八宫世系"而已。其他什么"世应""六亲""六神"，根本谈不上与《周易》有什么关系。

当前社会上所谓的"姓名学"，还有一种从日本输入的"五格剖象"法。

因为姓名五格剖象法根据姓名的笔画数以及一定规则构成天格、地格、人格、外格、总格等五种数理关系，来观察姓名所暗示的意义。我们应辩证地看待五格姓名学，取其精华、弃其糟粕。下面简单介绍一下五格的计算方法。

天格：若是单字姓，将姓氏笔画数加一即为天格数理；复姓者，则将姓氏两字的笔画数相加即可。

人格：单姓者将姓氏的笔画数加上名字中第一字的笔画数，即为人格数理。复姓者是姓氏最后一个字加上名字中第一字的笔画数。

地格：将名字笔画数相加即为地格数理；若为单字名，名字笔画数加一则为地格。

外格：姓名实际笔画数相加，另外，单姓者加一，单字名者加一，再减去人格数理的笔画数即为外格数理。

总格：将姓名的笔画数合计即可（不计单姓与单名的添加数）。

五格算法示例及运程：

天格：天格乃祖先留下来的，其数理对人影响不大。复姓，合计姓氏笔画（单姓则再加1）。如司马光，复姓，天格是5+10=15；李四，单姓，天格是 7+1=8。人格，又称主运，是整个姓名的中心点，人一生的命运，均由此人格推断。其构成是姓氏最下字与名字最上字笔画数之和。如：刘江，人格数是15+7=22。司马懿，人格数是10+22=32

地格：称为前运，主管人中年以前的活动力。由名字全部笔画数构成（单字名则再加1）。如司马懿，地格数是22+1=23。刘江海，地格数是7+11=18。

总格：主中年至晚年的命运，又称后运。合计姓与名的总笔画数，如司马懿，总格数是5+10+22=37。刘江海，总格数是15+7+11=33。

外格：主管命运之灵力。总格笔画数减去人格笔画数（单字名或单姓则再加1）。如司马懿，外格数是37-32+1=6。刘江海，外格数是33-22+1=12。如果是单姓单字名，外格数是2，不吉，如张三外格是2。

下面是网络上卓飞宏先生的一篇批判"五格剖象法"的文章。

## 笔画数理起名的误区

五格剖象法（数理五格）起名是目前较有影响的一种取名法。电脑软件起名也大多以此为依据。五格剖象取名法，其实是在日本军国主义向中国大肆侵略扩张时期，对中国文化的剽窃和掠夺。由于日本人没有得到姓名学真正的精髓，只会单纯的计算笔画，故而在推算中谬误百出。五格数理来源于一个名叫熊崎健翁的日本人，套用中国的易经理论开创的一个测名游戏。因为好玩，故后渐行于新加坡、韩国、香港、台湾等地。到台湾时，"某大师"根据相关原理把它整理成书《新编取名不求人》。1990年前后，此书传入中国大陆，因其理论简单容易接受，2000年左右风行一时，并编辑成各种起名测名软件。许多起名师看到五格数理起名有利可图，不究其正误，奉为至宝，夸口推崇，更有甚者断言此取名法可以完全左右一个人的命运，歪曲事实！本人和众多易友经过长时间的研究和实践发现了五格数理取名法存在有许多误区。

**扫除迷雾：**

（1）此取名法是以日本和族的姓氏编制的规则。

（2）以数笔画一法涵盖整个姓名学，以偏概全。原本是对易经的牵强附会，却说成是科学应用，原本是从日本引进，却包装成传统文化。

（3）易经数理并不是单纯的某个数字为吉，某个数字为凶，而是有组合才会有吉凶。如易经卦象水火既济和水火未济就是两个不同的组合而产生的意象。

（4）笔画数理起名也只能做为网络测名娱乐而已。

（5）三才五格剖象法存在许多致命缺陷：

**熊崎健翁对中国周易文化知多少？**

五格剖象法中采用的数理五行与我国周易的先、后天八卦数理存在巨大差异。我国台湾香港等地大多用繁体，可是中国大陆却通用简体，传到大陆仍用繁体笔画本就不通情理，所以有人就谬言要参照康熙字典，五格数理是日本人发明的，用日语岂不是更恰当。同样一个字的笔画分析，有的人说7画，有的人却说8画；"水"这个字不论在五行构架还是寓意上都应该属水，而五格数理笔画分析水为4画，就谬言这个字属火，难道水就能变成火了吗？绝不可能。因为水只是单独的一个字，并不存在周易天干相合的因素，即戊癸合化火，西方称之为化学反应。

我这几年来对五格数理也进行了深入研究，五格数理理论以简单教条的观点而非用辨证的观点来看待问题。其固定的吉凶笔画数，否认了人与人之间的不同，就如不论季节寒暖都对你说穿衬衫好，穿大衣不好一样的荒谬。国际易坛泰斗邵伟华老师、预测活电脑李顺祥先生、曲炜先生等知名易学专家也不赞成笔画五格取名，新加坡《应用易学》刊物更将其直接斥责为邪说。

### 姓名数理评分的荒谬

姓名数理评分，是将一个人的名字输入电脑程序，该程序依据五格数理理论，对姓名好坏进行评分。下面是我将一些名字，输入某网站的五格数理评分系统得出的结论：

朱元璋(男) 得分：36

高敏(女) 得分：32 在跳水领域开创高敏时代

伏明霞得分：52

刘德华得分：55

李嘉诚(男) 得分：36

李死了(女) 得分：88，比李嘉诚的分高啊感觉如何？高分啊，数理取名的荒唐可见一斑。

李刚死(男) 数理得分：100

张神经(男) 数理得分：75 分

刘有病(男) 数理得分：88 分

张瓜儿，数理得分：93

很滑稽是不是？

人各有异，单纯以数理而言，排除八字的分析，这是不实际的；而数理起名也常常自相矛盾，不能自圆其说。五格剖象法由于笔画的限制，使起名变得处处受制，真正好听有利孩子的名字在其看来确是大凶之兆，由此可见执迷姓名学的五格剖象法是大错特错。而笔画数理评分也只能做为网络测名娱乐而已。

现举两例对比一下便知五格取名的荒谬。下面的名字在五格数理中全吉，看看什么名字：

外格 7 阳金 进取如意、名利两全 (吉)

李 07 天格 8 阴金 意志坚强、坚刚不拔 (吉)

病 10 人格 17 阳金 智略超群、奇略纵横 (吉)

死 06 地格 16 阴土 意志坚强、坚刚不拔 (吉)

总格 23 阳火 福寿拱照、慈祥有德 (吉)

李嘉诚（世界级富豪）

笔画数为 7-14-14 五格数理为：天格 8（平）阴金 – 人格 21（大凶）阳木 – 地格 28（平）阴金 – 总格 35（中）阳土。五行配置为金木金，两金夹克一木，以五格剖象法论断为大凶之兆。实践证明五格数理（五格剖象法）起名错漏百出，实在不足为信。

在姓名算命学中，"人格"占最重要的份量，又称为"主运"。"人格数"吉的人,即使"天格""地格"没有太大帮助,也能够开创成功的局面;反之,若是"人格数"凶的人,即使"天格""地格"吉祥,仍然不免坎坷艰困。

下面是网络里面的《姓名五格数理表》:

(红色表示吉,紫色表示半吉,黑色表示凶)

| 1 | 2 | 3 | 4 | 5 | 6 | 7 | 8 | 9 |
|---|---|---|---|---|---|---|---|---|
| 10 | 11 | 12 | 13 | 14 | 15 | 16 | 17 | 18 |
| 19 | 20 | 21 | 22 | 23 | 24 | 25 | 26 | 27 |
| 28 | 29 | 30 | 31 | 32 | 33 | 34 | 35 | 36 |
| 37 | 38 | 39 | 40 | 41 | 42 | 43 | 44 | 45 |
| 46 | 47 | 48 | 49 | 50 | 51 | 52 | 53 | 54 |
| 55 | 56 | 57 | 58 | 59 | 60 | 61 | 62 | 63 |
| 64 | 65 | 66 | 67 | 68 | 69 | 70 | 71 | 72 |
| 73 | 74 | 75 | 76 | 77 | 78 | 79 | 80 | 81 |

如果取名都选择红色"吉"的数字,可知重名率是非常高的。

如今网络上有免费起名的"起名168"网站。如:输入"郭"姓,"男",一字名,点击"200",一下子给出200个,如果取二字名,也一下子给出200个。

如果你要给小孩起名,只要在这个免费起名的网站获得200个名里面选择就可以了。如果你相信八字"缺啥补啥",那就下载"日梭万年历",输入小孩出生的年月日和时辰,就可以得到他的"八字",对照下面干支的五行属性就可以知道他的五行缺或不缺了。

北方壬癸水,东方甲乙木,南方丙丁火,西方庚辛金,中央戊己土。

北方亥子水,东方寅卯木,南方巳午火,西方申酉金,丑辰未戌四季土。

77.问:《易经》与"五行"有什么关联?

答:"五行"说先见于《尚书·洪范》:

## 肆 应用篇

五行，一曰水；二曰火；三曰木；四曰金；五曰土。

通常人们说"金木水火土"，正确是说法应该是"一二三四五，水火木金土"。

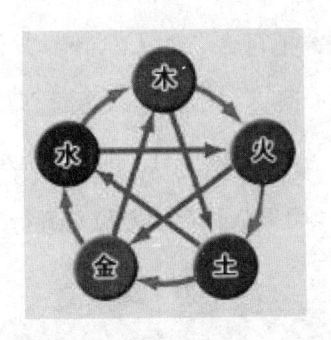

五行生克图

有人以《庄子》"易以道阴阳"为根据，说《易经》里面只讲"阴阳"，不讲"五行"。其实，《周易·说卦》"乾为金""坤为土""坎为水""离为火""巽为木"，已经赋予了八卦的五行属性。人们常说"金秋八月"，说"兑为秋"也就是"兑为金"，说"万物出乎震"震为春，春天草木萌芽，震为木，"艮为山"也为"土"。

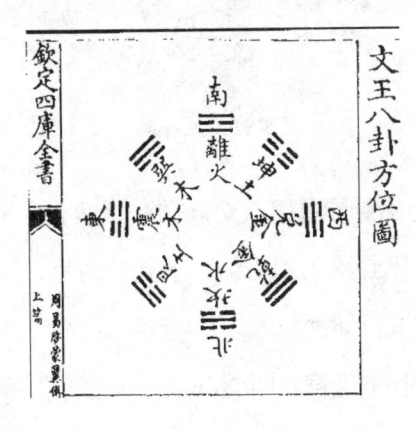

八卦配五行图

由此可见，《易经》与"五行"的关联主要在八卦的五行属性方面。

八卦方位与五行属性，在明代阳宅"风水术"中的应用非常广泛。如《八宅四书》里面，把符合"后天八卦"方位分布的八宅，分坎、离、震、巽为东四宅（谓之"兄弟连肩多同心"），乾、坤、艮、兑为西四宅（谓之"天下爷娘亲稚少"）。无论"九宫飞星"布何宅何门，其变换皆原本于所谓"后天八卦"的方位与五行属性。

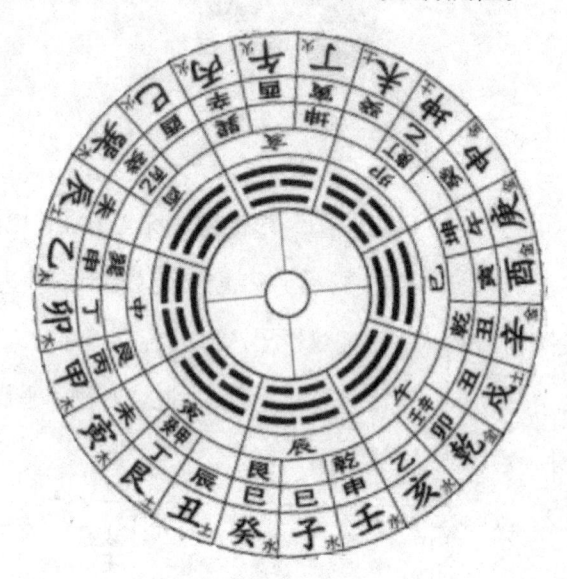

**罗经正五行图**

从《易经》的姤卦䷫初六爻辞"系于金柅"看，初是下卦巽主爻，与九四正应，下卦巽为木为绳，上卦乾为金，所以有"系于金柅"之辞，似乎也讲究五行属性。

从《易经》的困卦䷮九四爻辞"困于金车"看，上兑为金，二、四、五互体巽为木为绳，所以有"困于金车"之辞，似乎也讲究五行属性。

从《易经》的鼎卦☲☴六五爻辞"鼎黄耳金铉"看，五为土数色黄，下巽为木，二、三、四互体乾为金，所以有"鼎黄耳金铉"之辞，似乎也讲究五行属性。

从《易经》的渐卦☴☶六四爻辞"鸿渐于木"看，上巽为木，二、三、四互体坎为水，下艮为水中之石，鸿雁落于石上之木，所以有"鸿渐于木"之辞，似乎也讲究五行属性。

从《易经》的旅卦☲☶九三爻辞"旅焚其次丧其童仆"看，上离为火，二、三、四互体巽为木，下艮为小子（童仆），童仆处于木生火之下，所以有"旅焚其次丧其童仆"之辞，似乎也讲究五行属性。

综上所述，我们不能说"五行"与《易经》之间没有关联。

## 78. 问:《易经》与"风水"有什么关联？

答：这个问题，应该首先弄明白"风水"这个概念是怎么来的。

当代出版的《葬书》

在北宋神宗年间，忽然有一本托名"郭璞撰"的《葬书》问世，张载曾经评论过这本书里面的一些说法。为什么张载之前没有任何学者提及这本书？那是因为张载之前的学者根本没有见过这本托名"郭璞"的书。

如果从物质方面说"风"与"水",其实是两码事,所以《葬书》里面说:"气,乘风则散,界水则止。"原来"风"对聚集"生气"有害,而"水"对聚集"生气"有利。

《葬书》里面说为死去的人选择墓地,要选择有一团"生气"聚集的地方,也就是所谓"前有照,后有靠,左青龙,右白虎"的地方。"照"是指南方有"朱雀"名堂水系的地方;"靠"是指北方有"玄武"高山依靠的地方;"左青龙"是指东方有山脉蜿蜒的地方;"右白虎"是指西方有山脉似白虎驯服蹲踞的地方。如此四面皆有遮挡(水系有水汽幕帐),就会使聚集的一团生气"反气入骨,以荫所生"。

从职业角度说,"风水"就是一门技术,所以《葬书》里面说:"古人聚之使不散,行之使有止,故谓之风水。"这种技术,就是通过"风水大师"的专业考察,选择一块能够"藏风聚气"的地方埋葬死去的亲人,其效果就是"鬼福及人"能够使后代升官发财。

为什么《辞海》给"风水"的定义是"迷信"?其根据大概就在于此。

自从北宋神宗年间《葬书》问世之后,对于所谓"风水"的讨论,一直连续不断。特别是儒者,如司马光、程颐、欧阳修等人,他们的态度,几乎一致地反对《葬书》里面的说法。后来到了南宋,特别是朱熹本人及其大弟子蔡元定笃信《葬书》里面的"风水"说法。蔡元定的父亲"牧堂先生"就是风水师,蔡元定不但笃信风水术,还亲自为《葬书》作了注解。到了元代,又有大儒吴澄接着注释《葬书》。所以,我们今天看到的《葬书》,则是经过南宋蔡元定(字季通)和元代吴澄(字幼清)、刘则章整理注释过的本子。

我们用与《易经》有关的词汇在电子版《四库全书·葬书》里面

搜索，无论"阴阳""五行""八卦"等，一律没有相关的内容。只是有"地有四势，气从八方，寅申巳亥，四势也。震离坎兑乾坤艮巽，八方也"的内容，由此可见，《葬书》与《易经》之间的关系，就仅仅局限在有此"震离坎兑乾坤艮巽"八个字的八卦名字而已。

《易经》里面讲"阴阳"，社会上看"风水"的又被称之为"阴阳先生"，这似乎给人错觉，一提到"阴阳"就会联想到与《易经》有什么关系吧？

79. 问：现在，"风水"为什么会那么时髦？

答：大家先回想一下，在改革开放前，一家几代人拥挤在空间不大的房子里，应该说是非常普遍的现象，为什么那个时候没有人宣扬什么"阳宅风水"？大家再想一下，所谓"风水大师"是什么时候冒出来的？为什么现在打着"看风水"旗号的骗子会屡屡得手？答案很简单：因为现在人们有需求的"市场"，所以就有为之服务的"队伍"。我们了解一下现在到处"看风水"那些人群的背景，多数起初只是为人批个"八字"或起个名字的人。为什么一夜之间就会转行成为"风水大师"呢？这一切都是"钱"在作怪，都是"市场需求"在作怪。

据新闻报道，有一位香港"著名"的风水大师连同他的弟子，在广州看风水，结果双双被泥石流掩埋而死。这一"风水大师"死于"风水"的实例，会说明什么呢？既然会"看风水"，怎么会把自己置于"风水"险恶的地方呢！

诚然，我们不能一味地责怪那些"风水大师"，而是应该探讨一下"风水"是如何时髦起来的。如果没有人们的盲目追求，哪里还有那些"风水大师"的活动市场？

历史上，读书明理的儒者并不笃信什么"风水"。

比如，北宋的欧阳修就不信"风水"说。在他的家乡江西庐陵，有人嫉妒他家世代为官，于是就在他家的祖坟后面挖洞，"切断龙脉"破坏"好风水"。欧阳修听说之后不以为然，说"我们家世代为官，是靠祖先的荫德"，并不对那挖自家祖坟的人进行报复。

程颐画像　　　　司马光画像

又如，"北宋五子"之一的程颐，他不但不信《葬书》里面的说教，而且还对墓地的选择提出了很有见地的五条标准：

相地，须使异日决不为路；不置城郭；不为沟渠；不为贵人所夺；不致耕犁所及。

又如，北宋的司马光在《家范》一书中说：

今世俗信术者，妄言以为葬不择地及岁月日时，则子孙不利，祸殃总至，乃至终丧除服，或十年，或二十年，或终身，或累世犹不葬。至为水火所漂焚，他人所投弃，失亡尸柩不知所之者，岂不哀哉！人所贵有子孙者，为死而形体有所付也，而既不葬，则与无子孙而死道路者奚以异乎！

司马光特别于《葬论》文中举了一个自家葬父的例子，大意是说：

自己的父亲去世了，宗族里的人都说"葬者，家之大事"，一定要请个阴阳先生过来操办此事，不请是绝对不可以的。他的哥哥实在没有办法了，就把邻村的"良师"张生找过来，先"许以钱二万"，说："如果你能够按照我的安排去打理葬事，我就给你这么多的钱，否则我就去找别人。"那个张生为了赚钱，当然"惟命是听"。于是哥哥就按照自己的意思，进选择安葬的日期、埋葬的地点、墓穴的浅深广狭、出入的道路等，都"取便于事者"。出殡的时候，让那个张生在一旁装腔作势，对着族人举着《葬书》，口中连说"大吉"，结果"族人皆悦"。

我们以今天网络所载"长沙某企业家花费百万在城里大路旁边为其母亲修造椅子坟"的消息对比千年前的司马光安葬父亲的故事，读者有何感想呢？

"风水"概念原本出于《葬书》，讲的就是如何为死人选择好的埋葬地点，无它，仅此而已。那么，如今的"风水"概念为什么会"风靡全球"呢？这里当然有一个发展演变的过程。

历史发展到了南宋，迷信"风水"的人逐渐多了起来，如朱熹的学生蔡元定的父亲"牧堂老人"就是一位，朱熹后来笃信"风水"也有"牧堂老人"的因素。把用于阴宅选择的"风水"概念移植到整个人类生活的空间，其始作俑者是南宋的朱熹。

朱熹说：

山本同而末异，水本异而末同。冀都是天地中好个风水，山脉从云中发来，山脊以西，水西入龙门西河，山脊以东，水东入海，前面黄河环绕，右是华山为虎，自华来至中，为嵩山为前案，遂过去为泰山耸于左为龙，淮南山第二重案，江南山第三重案，五岭第四重案。

朱熹没有到过河北，却把大半个中国说成是"天地中好个风水"。

朱熹在"风水"方面还做过霸道之事,按《四朝闻见录》记:

熹既信蔡元定之说,谓建阳县学风水有侯王之地,熹欲得之,储用逢迎其意,以县学不可为私家之有,于是以护国寺为县学,恐是政和以县学为护国寺,以为熹异日可得之地,遂于农月伐山凿石,曹牵伍拽,取捷为路,所过骚动,破坏田亩,运而致之于县下,方且移夫子于释迦之殿,设机造械,用大木巨缆绞缚圣像,撼摇通衢闤市之内,而手足堕坏。观者惊叹,邑人以夫子千万世仁义礼乐之宗主,忽遭对移之罚而又重以折肱伤股之患,其又害于风教大矣。

以上朱熹欲霸占建阳县学"风水宝地",不惜移动孔子圣像,致使圣像手足堕坏的故事,告诉我们朱熹是一位笃信"风水"说教的人。

明代朱隶为了建都北京,搬出了朱熹"冀都是天地中好个风水"之说。由此以来,整个明代的"阳宅风水"说就大行其道,一些托名的"风水"书也陆续问世。

中华人民共和国建国之后,持续批判封建迷信。直到改革开放之后,人们的生活水平空前提高,个人的住宅情况也发生了巨大变化,于是方有了所谓"阳宅风水"方面的需求,也于是有了"风水大师"的用武之地。

笔者先后写了两本有关"风水"方面的书,一本是《风水史话》;一本是《风水皕问》。笔者对待"风水"的态度,主张那是一种传统文化,而不是什么"风水学",此种文化之中既有精华也有糟粕。尤其在现代钢筋水泥楼房林立的情况下,一些古代传承下来的什么"八宅法""玄空风水"等等,都不能拿过来就用。也不能把"风水"概念毫无限制地任意外延,不能把一些现代的科学知识一股脑地纳入所谓的"风水学"里边,更不可生硬自造一些所谓的"风水理论"而信口开

肆　应用篇

河。古语说得好"君子爱财，取之有道"，自不量力贪而图大，自作聪明巧取钱财，就是不积善之家必有余殃。

郭彧编著《风水史话》 　　　郭彧著《风水酾问》

80.问：台湾和香港等地盛行用"玄空风水"看阳宅，您对此是如何看的？

答：清代光绪年间浙江沈竹礽，法三式之法、本郑玄"太乙下九宫"之说，在托名"杨筠松"《天玉经》的基础之上，自创了"玄空学"。民国期间，其子沈瓞民整理其父遗稿，遂成《沈氏玄空学》一书四卷，其后沈瓞民又搜罗父亲其他遗稿编入书中，又成《增广沈氏玄空学》新书六卷。

《沈氏玄空学》封面 　　　《玄空风水》封面

其书主要内容，前两卷为沈竹礽遗稿，第三卷为章仲山宅断，第四、五卷为排定三元九运、下卦起星、山向图说，第六卷汇集各家论说并有订正。

沈氏"玄空"以"九宫飞星"之法，按三元九运排盘。其独特之处在于"挨星替卦""双星会向""双星会座""七星打劫""正副城门""父母三般卦"等。总之，是沈氏把《天玉经》的枯燥文字演变作《玄空学》，从而有了"风水"方面可以具体操作的实际技术。

起初，沈竹礽本"峦头"和"理气"两派，把实践方向定在"阴宅风水"方面，所介绍的翻卦方法也局限于"小游年"。其后，沈瓞民虽然介绍了相看"阳宅风水"应该用的"大游年"翻卦方法，但是因其"官务在身"却没有什么实践的事例。

如今一些介绍"沈氏玄空学"的书籍，多数在书中大篇幅介绍"三元九运排盘"以及"挨星替卦"的方法，并且不厌其烦地列出许多图表。而对二十四山向具体的"双星会向""双星会座""七星打劫""正副城门""父母三般卦"等，却避而不谈。尤其令人发指的是，无论相看"阴宅"或"阳宅"，一律用"小游年"的翻卦方法。难怪广州一位研究《沈氏玄空学》多年的金先生，最后感叹地说："如今在高楼大厦的城市里，'沈氏玄空'之法毫无用处！"

笔者对《沈氏玄空学》的研究缘起于好奇，目的则在于洞察当今社会上运用之真假。比如罗经（俗称"罗盘"）上面都有"坐山九星"的圈层，其实那是用"小游年"翻卦所得，而且不同的山向还要有不同的"坐山九星"。在一般手持"罗盘"的"风水大师"之中，真正会用"大游年"翻卦获得"坐山九星"排列者，可谓凤毛麟角。迄今为止，所见罗经上面九星之排序多为贪狼、巨门、禄存、文曲、廉贞、武曲、破军、辅弼，此乃小游年变卦，供相看阴宅之用。若相看阳宅，要用大游年变卦，其序为贪狼、廉贞、武曲、文曲、禄存、巨门、破军、辅弼。具体的"翻卦"方法，可以阅读《四库全书》里面的《钦定协纪辨方书》。

笔者曾经整理过当前八运二十四山的"玄空"数据。下面列出"子山午向"的"玄空"数据表：

**八运 子山午向**

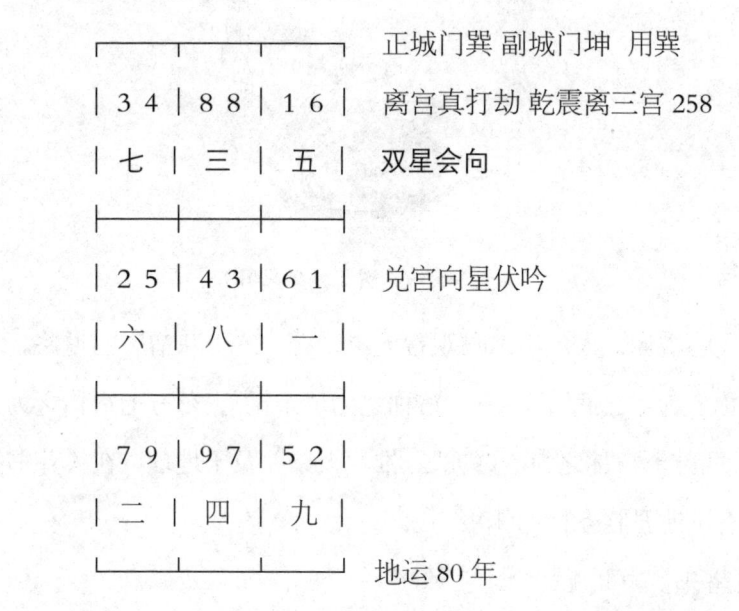

| 3 4 | 8 8 | 1 6 |
|---|---|---|
| 七 | 三 | 五 |
| 2 5 | 4 3 | 6 1 |
| 六 | 八 | 一 |
| 7 9 | 9 7 | 5 2 |
| 二 | 四 | 九 |

正城门巽 副城门坤 用巽
离宫真打劫 乾震离三宫 258
双星会向

兑宫向星伏吟

地运 80 年

笔者奉劝初学者，如果你对所谓的"玄空学"感兴趣，也不妨去研究一下，切记一定要仔细学习和研究。如果你没有掌握"大游年"的翻卦方法，只是稍知皮毛，千万不能去相看什么"阳宅风水"！

81.问：既然"风水"概念先见于《葬书》，那么在选择墓地方面，书中阐述了一些什么"风水术"呢？

答：这个问题几乎涉及全本书的内容。我们大概来说，主要是

"形法"的"四象"说。

古代的高人，通常都是"上通天文，下晓地理"的人。

二十八宿四象图（仰观此图）

我国古代，人们用肉眼观看天象，有"二十八宿"的说法。北方七宿称之为"玄武"，南方七宿称之为"朱雀"，东方七宿称之为"青龙"，西方七宿称之为"白虎"。推"天象"及于地理，在《葬书》里面就有了地理形势的"四兽"说。

《葬书》里面说：

龙虎抱卫，主客相迎。

势止形昂，前涧后冈。

夫葬以左为青龙，右为白虎，前为朱雀，后为玄武。

玄武垂头，朱雀翔舞。

青龙蜿蜒，白虎驯俯。

故虎蹲谓之衔尸，龙踞谓之嫉主。

玄武不垂者拒尸，朱雀不舞者腾去。

古人面南而立，谓之"向明而治"。观看山川水系地理形势，后面有高山高岗为靠，称之为"玄武"，前面有平地、河流、湖泊、水塘，称之为"朱雀"明堂，东面有高岗山脉绵延，称之为"青龙"，西面有山丘土岗俯卧，称之为"白虎"，皆取象于天文"二十八宿"。

对于"四兽"形状的要求，也要一本"天象"。玄武要"垂头"，朱雀要"翔舞"，青龙要"蜿蜒"，白虎要"驯俯"。如果选择的墓地符合这些要求，那么就是吉穴。反之，玄武不高无所依靠，朱雀没有飞翔舞动之象，青龙踞缩而不蜿蜒，白虎蹲视眈眈相逼，那就是凶穴。这些大概就是"风水术"的主要论述。

有人问为什么古代的"风水大师"总是给别人寻找"风水宝地"，而不把"风水宝地"留给自己，难道他自己不希望"反气入骨，以荫所生"吗？对于这个问题，《葬书》的作者早有预防。

《葬书》里面说：

穴有三吉，葬直六凶。

力小图大为三凶。

南宋蔡元定注：

生人福力浅薄，而欲图王侯之地，是不量力度德也。

既然以选择"风水宝地"为职业，就说明这些人是"福力浅薄"的人。虽然"穴有三吉"，但是还有"葬直六凶"。既然说"力小图大"为第三凶，那么对于"风水大师"不把"风水宝地"留给自己的疑问，就给出了"合理"的解答。

82.问：《葬书》的注释，是怎样的过程？

答：自从北宋神宗年间《葬书》问世之后，对于所谓"风水"的讨论，一直连续不断。特别是儒者，如司马光、程颐、欧阳修等人，他们的态度，几乎一致地反对《葬书》里面的说法。后来到了南宋，特别是朱熹本人及其大弟子蔡元定笃信《葬书》里面的"风水"说法。蔡元定的父亲"牧堂先生"就是风水师，蔡元定不但笃信风水术，还亲自为《葬书》作了注解。到了元代，又有大儒吴澄接着注释《葬书》。所以，我们今天看到的《葬书》，则是经过南宋蔡元定（字季通）和元代吴澄（字幼清）、刘则章整理注释过的本子。

蔡元定画像　　吴澄画像

83.问：既然在宋代《葬书》里面的风水术没有得到大多数儒者的普遍认可，那么是什么时候又被人们提倡起来了呢？

答：南宋至元，仍然有许多儒者反对《葬书》里面的风水说。如晁公武在《郡斋读书志》中也有反对《葬书》风水说法的内容。

世传《葬书》之学，皆云无出郭璞之右者，今盛行多璞书也。

按：璞传载葬母事，世传盖不诬矣。璞未几为王敦所杀，若谓祸福皆系于葬，则璞不应择凶地以取祸。若谓祸福有定数或它有以致之，则葬地不必择矣。呜呼！璞自用其术尚如此，况后遵其遗书者乎？

元代的谢应芳《辨惑篇·择葬》说：

择地以葬其亲，亦古者孝子慈孙之用心也。但后世惑于风水之说，往往多为身谋，使其亲之骨肉不得以时归土，又不若不择之愈也。

《葬书》里面的风水术，应该说是在明代才得以提倡并兴盛起来的。朱元璋得到天下之后，大力抬高本姓朱熹的地位，极力推行朱熹的学问，科举考试的题目也以朱熹的学问为主。明成祖永樂中仍然推崇朱熹，在易学方面命胡广等纂《周易大全》，居然割裂朱熹的《周易本义》与《易学启蒙》的内容，散附于《程氏易传》之後。既然明代皇帝如此推崇朱熹，那么朱熹的风水说也自然而然地被哄抬宣扬起来了。

明代永乐中，有儒者丘濬撰《大学衍义补》，书中明确肯定朱熹的"大好风水"说：

臣按：《朱熹语录》"冀都正是天地中间好风水，山脉从云中发来，云中正高脊处，自脊以西之水则西流入于龙门西河，自脊以东之水则东流入于海。前面一条黄河环绕，右畔是华山，自华山来至中为嵩山，是谓前案。遂过去为泰山耸于左，淮南诸山为第二重案，江南诸山为第三重案"。

观是言也，则知古今建都之地皆莫有过于冀州，可知矣。虞夏之时，天下分为九州，冀州在中国之北，其地最广，而河东河北皆在其域中四分之一，舜分冀为幽、并营，幽与并营皆冀境也。就朱子所谓风水之说观之，风水之说起于郭璞，谓无风以散之，有水以界之也。冀州之中三面距河处，是为平阳蒲坂，乃尧舜建都之地。

其所分东北之境，是为幽州。太行自西来演迤而北，绵亘魏晋燕赵之境，东而极于医无闾，重冈叠阜，鸾凤峙而蛟龙走，所以拥护而围绕之者，不知其几千万重也。形势全，风气密，堪舆家所谓藏风聚气者，兹地实有之。其东一带则汪洋大海，稍北乃古碣石沦入海处，稍南则九河既道所归宿之地，浴日月而浸乾坤。所以界之者，又如此其直截而广大也。况居真北之地，上应天垣之紫微，其对面之案，以地势度之，则泰岱万山之宗，正当其前也。夫天之象以北为极，则地之势亦当以北为极。《易》曰艮者东北之卦也，万物之所以成终而成始也。艮为山，水为地之津液而委于海，天下万山皆成于北，天下万水皆宗于东。于此乎建都，是为万物所以成终成始之地，自古所未有也。兹盖天造地设，藏之以有待我太宗文皇帝初建藩于此，既而入正大统，乃循成王宅洛故事，而又于此建都焉，盖天下王气所在也。前乎元而为宋，宋都于汴，前乎宋而为唐，唐都于秦，在唐之前则两汉也。前都秦而后洛，然皆非冀州境也。虽曰宅中图治，道里适均，而天下郡国乃有偝之而不面焉者。我朝得国之正，同乎尧舜拓地之广，过于汉唐书所为，东渐西被，朔南暨声教讫于四海，仅再见也。

这是一篇鼓吹明成祖建都北京大好风水的文章，所引用"大好风水"的依据，则是出于朱熹之说。明成祖命令廖均卿选择墓地，最后在昌平黄土山寻得吉壤，就是今日所见的长陵，黄土山也改作了"天寿山"。上教而下行，由此可知明代的"风水术"必然会因此而有所兴旺发达。

## 84.问：历史上有皇帝谈"风水"的故事吗？

答：有。特别是明清两代的皇帝谈"风水"的故事更是不少。批评与笃信的说法都有。今举数例如下。

《明史·洪武元年诏》：

古之丧礼，以哀戚为本。治丧之具，称家有无。近代以来，富者奢僭犯分，力不足者称贷财物，夸耀殡送。及有惑于风水，停柩经年，不行安葬。宜令中书省臣集议定制，颁行遵守，违者论罪。

朱元璋不许民间迷信风水，对于"停柩"不葬者就要"论罪"。还提倡丧礼要节俭，根据家庭的经济状况量力而行。这是朱元璋初得天下的开明举措。

明代顾炎武于《天下郡国利病书·南京宫殿》里面说：

初大内填燕尾湖为之，地势中下南高而北卑，高皇帝从悔之，二十五年《祀光禄寺灶神文》曰"朕经营天下数十年，事事按古有绪，维宫城前昂中洼，形势不称。本欲迁都，今朕年老，精力已倦，又天下新定，不欲劳民，且废兴有数，只得听天。惟愿鉴朕此心，福其子孙"云云。

南京紫禁城"前昂中洼"，以上则是朱元璋笃信风水的记载。

《明实录·孝宗实录》：

弘治十七年三月十六日，大行圣慈仁寿皇太后丧。英宗皇帝有遗命，说"钱后与我合葬"。

上曰：钦天监言恐动风水，朕不以为然……今开扩合葬不为动风水乎？皇堂不通，则天地否塞。因以指画纸曰：若如此通，通则风气流行，恶得言动？惟一点诚心为之，料亦无害。

明英宗生前有遗嘱，要钱皇后与自己合葬。等到钱皇太后故去，商议合葬事宜的时候，当时的钦天监说打通墓穴里面的隔墙会"动风水"，明孝宗则反驳说准备合葬时已经把墓穴打开，难道也是扰动了"风水"吗？如果不打通合葬，那才是"天地否塞"。并且指点着图纸说：如果这样打通，就会元气流行，怎么可以说扰动风水呢！我唯有一片真诚之心料理这件事，想来也没有什么害处。于是大臣们便按照皇帝的旨意，圆满地进行了合葬。这一故事说明，皇帝比当时的风水师高明，并不是处处都听信是风水师的胡言乱语。

《四库全书·世祖章皇帝圣训》顺治十六年己亥十一月甲戌谕旨：

天命之有归，而谬委灵于风水，移灾于林木，何其诞也。

金代垂祚百有余年，英主哲辟，实光史册。乃易代之后，兆域荒圮，祀典缺废。抚今追昔，慨焉兴叹。金太祖世宗已经崇祀帝王庙，其陵寝命地方春秋虔祀外，兹特谕礼臣专官省视，修其颓毁。俾规制如初，并令有司时祭。

大清入关后，顺治皇帝看到明朝笃信风水，破坏了金代皇帝的陵墓风水，于是就此发出了感叹。认为国祚的长短，都是天命有归的，不能"委灵于风水"，破坏山林或搞什么"切断龙脉"的荒唐举动。这反映了皇帝与皇帝之间对"风水"的不同认识。

《四库全书·圣祖章仁皇帝圣训》：

康熙三十三年十二月壬子，刑部议覆阿哈尼坎盗伐风水禁地树木，罪应立绞。上曰：此伐木处虽与风水相近，然非内地愚人无知犯禁。

此等情罪前此曾经宽宥，着枷责发落。

康熙皇帝从轻发落盗伐林木的满人，虽与陵墓"风水相近"，但不是"内地愚人无知犯禁"，并且前面已经有宽宥的例子。倘若康熙笃信风水，有人盗伐陵墓附近的林木破坏了风水，哪里还有从轻发落的事？

《四库全书·世宗宪皇帝上谕内阁》：

陵寝重地，凡有关于风水者，理合严禁。但将相隔甚远，本无关碍之地俱以有关风水论，则无知小民以私窃耕种樵采而获罪者必多矣。

雍正皇帝对待"风水"的态度，也有称赞的地方。如果破坏了陵墓重地的风水，那就要严厉处罚；如果距离陵墓重地很远，那就没有必要以破坏风水论处。否则，以破坏风水论处的平民百姓不就很多了吗？

## 85. 明代有学者说南京紫禁城"泄气"，是怎么回事？

答：明代章潢在《图书编》里面说：

金陵形胜虽优，而垣气多泄。两淮龙气大尽，而地势卑下。且今河水穿龙，皆非建都之宜。

他又在《论南龙帝都垣局》里面说：

诸葛孔明谓"钟山龙蟠，石城虎踞，真帝王之都"，昔始皇见金陵有王气，东游以压之。其后三国吴都之传四世，东晋又都之传十一世，历百余年，南朝宋、齐、梁、陈、南唐都之而年代不永。盖以其虽合垣局，而垣气多泄。

托名唐代杨筠松撰的风水书《疑龙经》里面说："时师每到关峡里，山水周围秀且丽。踌躇四顾帮助堂，妄指横山作真地。不知关峡自周围，只是护关堂泄气。泄气之法妙何观，左右虽回外无拦。此是正龙护关峡，莫将堂局此中看。"又说："若以干龙为至贵，东南沿海天中尊。如何垣星不在彼，多在枝龙身上分。到彼枝干又难辨，枝上多为州与县。长江环外有三结，三结垣前水中列，中垣已是帝王州，只是垣城气多泄。"

《疑龙经》封面　　《撼龙经》封面

托名唐代杨筠松撰的风水书《撼龙经》里面说："要知此星名侍卫，入到垣中最为贵。东华西华门水横，水外四围列峰位。此是垣前执法星，却分左右为兵卫。方正之垣号太微，垣有四门号天市。紫微垣外前后门，华盖三台前后卫。中有过水名御沟，抱城屈曲中间流。紫微垣内星辰足，天市太微少全局。"明代南京大内是本紫微垣天象而建，可惜不是全局的"星辰足"，且有长江、秦淮河、玄武湖等水成明堂之外"无拦"的格局，城内元气多泄，所以才说"风水"不好。

### 86. 问：建文帝失去皇帝大宝之位，是因为明孝陵神道"夺走了北斗天象"吗？

答：明孝陵在紫金山独龙阜玩珠峰下，洪武十四年（1381）动工，洪武十六年完成陵墓的享殿等主体工程，先后调用军工10万，至永乐三年（1405）建成，历时25年。其总体布局分两部分：一是神道，二是陵宫，即享殿、宝城等陵寝主体建筑。陵园纵深2.62公里，当年围绕的红墙周长四十五里，辟大金门、王门、西红门、后红门、东西黑门。

明孝陵神道的"石像路"与"翁仲路"长约八百米，其形状并非笔直，而是蜿蜒曲折似北斗七星形状。

明代紫禁城设有玄武门、东华门、西华门、左掖门和右掖门，中间有华盖殿。原本这些建筑都是"在天成象，在地成形"。其重要意义则在于象征北斗帝车"运于中央，临制四乡，分阴阳，建四时，均五行，移节度，定诸纪"（《史记》语）。

朱元璋的孝陵把北斗天象夺走，皇城失去"十二月斗纲所指之地"，又加之方孝孺改端门为午门，遂使大内紫微垣天象有缺，违反了

"天象王道合一"的法则,所以有的"风水大师"说这是建文帝失去皇帝大宝之位的"风水"因素。

南京明孝陵弯曲的神道之一 　　　南京明孝陵弯曲的神道之二

87.问:《奇门遁甲》一书与《周易》有关系吗?弄不好真的会走火入魔吗?

《奇门遁甲》封面

答:《太乙》《六壬》和《奇门》世称"三式",都是以"八卦九宫"为基础而演变出来的。其问世的时间大概始于宋代。至于言及什么"黄帝""风后""九天玄女""姜太公""张良""诸葛亮"等,都是"故神其说"。正因为用了"八卦九宫",方说与《周易》有关系。

"弄不好会走火入魔"的说法,我孩童时就听说过。其实,《奇门遁甲》并没有什么"难学"的地方。有人说"崂山道士"是因为学《奇门遁甲》而走火入魔的,这也只是小说而已。

《奇门遁甲》要解决的主要问题就是时空判断，所以历来皆说"《奇门遁甲》用于兵"。明代始用于占事，如"出行""求财""婚姻""疾病"等等。至于用来"看风水"，则是近年以来的事。

《四库全书》收录了明代程道生所撰《遁甲演义》四卷，另外在黄宗羲《易学象数论》一书的卷六有"遁甲"内容。

十天干之中，乙、丙、丁为"三奇"，戊、己、庚、辛、壬、癸为"六仪"，没用"甲"称之为"遁"；八门是休、生、伤、杜、景、死、惊、开，如此就大概了解为什么称之为"奇门遁甲"了。

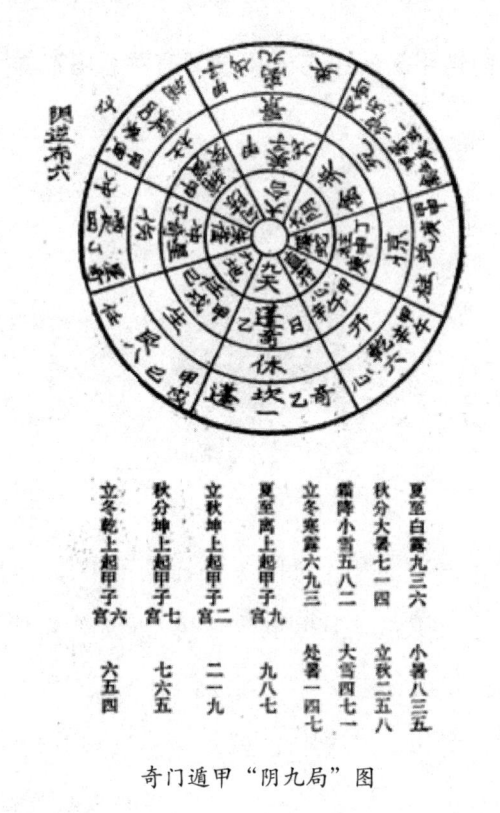

奇门遁甲"阴九局"图

上图，外圈图是"地盘"，只有八门的圆圈图是"人盘"，最里面圆圈图是"神盘"（也称八诈门，分阴阳）。"人盘"与"神盘"之间是

"天盘"。

在时间方面讲究二十四节气（冬至后起阳遁九局，夏至后起阴遁九局，以节气定上中下"三元"），关键在于确定超神、接气、置闰（看"符头"和"节气"到达的时间），然后看"旬首"所落之宫星，以"值符"转盘，以"值使"转盘，得出相应的空间位置。实际上就是推天道和神道以定人事（确定顶天立地的个人在特点时间里面的特定位置）。方法是：直符随时干，视所用时干泊在地盘何宫，即以天盘直符移在此宫。直使随时宫，视所用时辰泊在地盘何宫，即以天盘直使移在此宫。小直符加大直符，以神盘直符加于九星直符所临之宫，阳顺阴逆。

阳遁顺局，顺布六仪逆布三奇：

冬至、惊蛰一七四，小寒二八五，

大寒、春分三九六，雨水九六三，

清明、立夏四一七，立春八五二，

谷雨、小满五二八，芒种六三九。

阴遁逆局，逆布六仪顺布三奇：

夏至、白露九三六，小暑八二五，

大暑、秋分七一四，立秋二五八，

寒露、立冬六九三，处暑一四七，

霜降、小雪五八二，大雪四七一。

黄宗羲说：

其术之自以为精者，在超神、接气、置闰之间。起神者，节气未到而甲子己卯之符头先到，则借用未到节气之上局，故谓之超。接气者，甲子己卯之符头未至而节气先至，则仍用已过节气之下局，故谓之接。

盖缘一月节气必三十日零五时二刻，积之而符头节气遂相参差。至于顺将变逆，逆将变顺，在芒种大雪之后，有超至九日十日者，则为之置闰。

芒种后则叠芒种上中下三局，大雪后则叠大雪上中下三局，以归每节气所余五时二刻而后二至之顺逆始分，于是节先局后，不得不以接气继之矣。是欲与历法相符，某则以为自乱其术者此也。节气三十日所零者五时二刻耳，积之一百八十日之久则为时三十为刻二十，盖不及三日也。

符头五日一换，所差不过半局，畧为消息便可符合。今以超神而太过者九日十日以置闰，而不及者五日六日。气序不清，局法重出。甲之所重者在二至，置闰归余于其前半年之中，必有超神，超神之后必且置闰，闰闰之局必侵二至，是二至必不能正其始也。顺者反逆，逆者反顺。使其吉凶星煞无验则可，不然则避其所当趋，趋其所当避矣。某故以为自乱其术也。

由此可知，奇门遁甲之术并非精确，一旦布局错误就不会"应验"了。

肆　应用篇

遁甲外层地盘上面的"九宫数与八卦"

88.问：社会上搞"玄空"和"奇门"的人，都大谈特谈"洛书"，这是怎么回事？

答：如果你细心留意一下，就会知道现在社会上搞术数看"风水"的人所谓的"洛书"，全都是朱熹《周易本义》卷首所列的《洛书》。

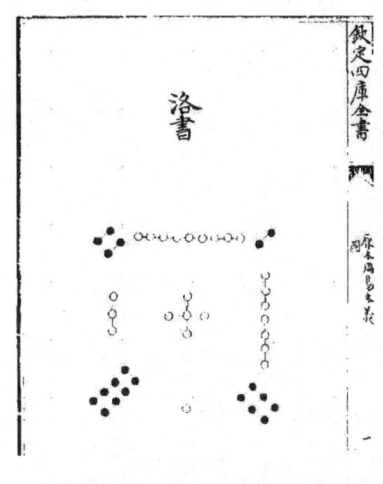

《周易本义》所列《洛书》

在朱熹之前，北宋刘牧弟子的黄黎献把此由九个黑白点构成的图称之为《河图》，而李觏也把此图称之为《河图》。至朱熹弟子蔡元定则说"刘牧意见""易置图书"，于是朱熹把此由九个黑白点构成的图改称之为《洛书》。后来，又发展出来"紫白洛书"（一白，二黑，三碧，四绿，五黄，六白，七赤，八白，九紫）。

紫白"洛书"图　　　　古代"九宫算"图

把上图的九宫数变作黑白点，才是"紫白洛书"。当初，黄黎献造"河图"的时候，就是把"九宫算"图的数字变作黑白点而已。

为什么人们一定要创造"河图"与"洛书"呢？其根本原因就是要用于解释《系辞》"河出图，洛出书，圣人则之"这句话。

例如，朱熹在《易学启蒙》里面就百般解说当初圣人伏羲是如何法则《河图》和《洛书》画卦和列卦的，他说：

河图、洛书，盖皆圣人所取以为八卦者。

至于朱熹晚年，则反省说：

就《大传》所言卦画著数推寻，不须过为浮说，而自今观之，如论《河图》《洛书》，亦未免有剩语。

实际上，无论"玄空"或"遁甲"都是在"九宫数"的基础上发展而来的，只不过后来许多人喜欢把"九宫图"称之为"洛书"而已。而且他们所谓的"洛书"都是出自南宋朱熹，实际上恰恰是北宋黄黎献的《河图》。

89.问：清华大学的校训"自强不息，厚德载物"与《周易》有关吗？

答：《周易·乾卦大象传》说："天行，健。君子以自强不息。"《周易·坤卦大象传》说："地势，坤。君子以厚德载物。"由此看来，清华大学的校训"自强不息，厚德载物"的确与《周易》有密切关系，是摘取了乾坤二卦的大象传主要内容而来的。

清华大学校训刻石照片

这里，我再列举一些出于《周易》的词汇和成语。如：

"革命""事业""举措""变通""和平""神道设教""三才之道""形而上""形而下""方以类聚，物以群分""自天祐之，吉无不利""仰以观于天文，俯以察于地理""道济天下""乐天知命故不忧""仁者见之谓之仁，知者见之谓之知""崇德而广业""拟之而后言，议之而后动""言行，君子之枢机""二人同心，其利断金""同心之言，其臭如兰""慢藏诲盗，冶容诲淫""不疾而速，不行而至""功业见乎变""何以守位曰仁，何以聚人曰财""理财正辞，禁民为非曰义""穷则变，变则通，通则久""服牛乘马，引重致远""重门击柝，以待暴客""天下同归而殊途，一致而百虑""利用安身以崇德也""穷神知化，德之盛也""善不积不足以成名，恶不积不足以灭身""君子上交不谄，下交不渎""君子知微知彰，知柔知刚，万夫之望""君子安其身而后动，易其心而后语，定其交而后求""惧以终始，其要无咎""吉事有祥""爱恶相攻而吉凶生"。

这些词汇和成语不是在教给人们什么"智慧"，而是讲的大道理。那些所谓"周易智慧"的说法的确有问题，人们的智慧不是什么人一教就会具有的。更何况，在佛家"智"属于形而下的层面，而"慧"属于形而上的层面呢！

90.问：日本历史上有"明治维新"，为什么叫"明治"呢？

答："明治维新"始于1868年，明治天皇建立新政府，进行了近代化政治改革，实行君主立宪政体。推行"殖产兴业"，学习欧美技术，进行工业化，提倡"文明开化"，社会生活欧洲化，大力发展教育等。

那位日本天皇"明治"的命名，则是出于《周易》。《周易·说卦》里面说："离也者，明也。万物皆相见，南方之卦也。圣人南面而听天下，向明而治，盖取诸此也。"离卦为"日"，又为"明"，"圣人南面而听天下，向明而治"，这就是日本"明治"皇号的由来。

日本于公元4世纪中叶成为统一的国家，当时称为"大（音泰）和国"。《周易·乾卦象传》说"保合大和乃利贞"，看来"大和"的国名也是出于《周易》。

## 肆 应用篇

**91.问：韩国的国旗是从八卦图演化来的吗？**

答：韩国的朋友金学权教授说，在清代光绪年间，朝鲜派代表团乘船去某国参加会议，看到其他国家都有旗帜，于是急中生智把一幅八卦圆图当作旗帜打了起来。回国后获得了执政者的认可。后来又进一步美化修改之后，就颁布做了国旗。

如果以"先天八卦方位图"演变成为"太极图"，则是如下的图案：

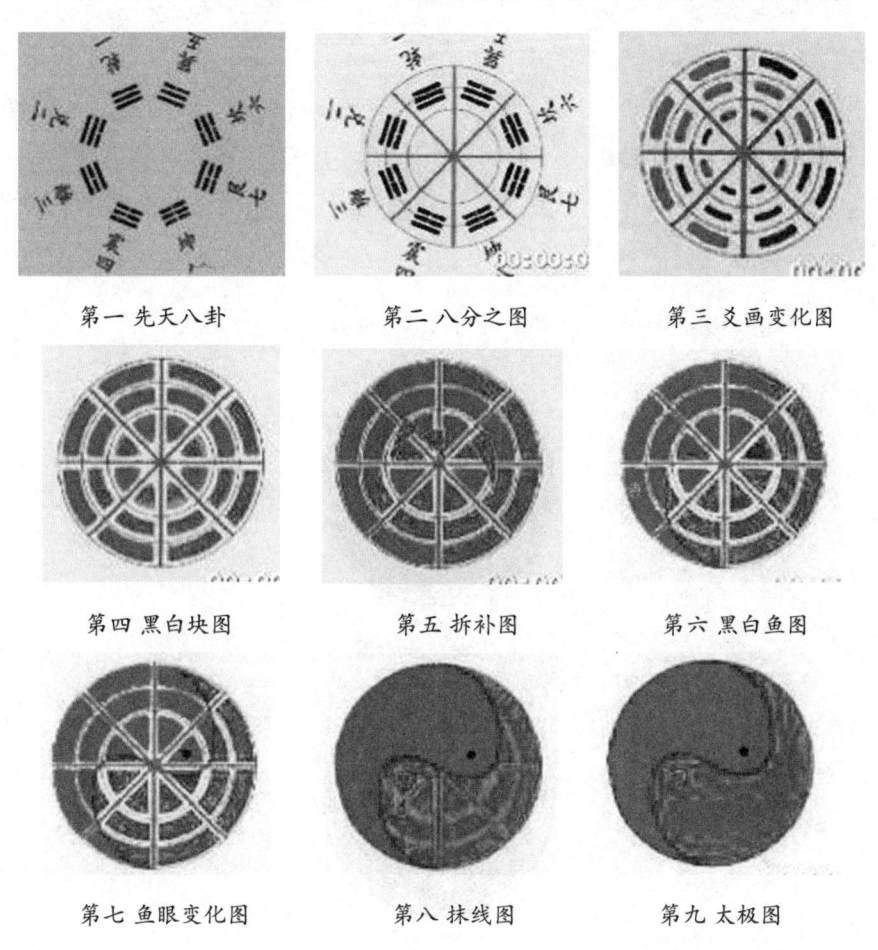

第一 先天八卦　　第二 八分之图　　第三 爻画变化图

第四 黑白块图　　第五 拆补图　　第六 黑白鱼图

第七 鱼眼变化图　　第八 抹线图　　第九 太极图

这就是说用八卦圆图只能演变成为有两个"鱼眼"的"太极图"。

只能以没有离卦和坎卦的六卦才能演变成为没有"鱼眼"的"太极图"：

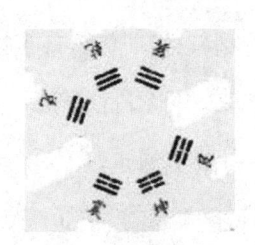

第一 六分变化爻画图

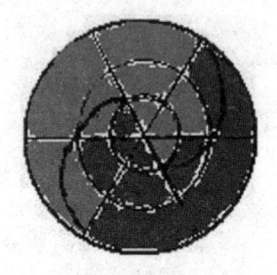

第二 曲线分爻图

第三 拆补图

第四 抹线成为太极图

但是，这仍然与韩国国旗的图案有所不同。韩国国旗的图案，是用几何画法得到的：只要在一个大圆内画两个小圆，各抹去半个圆就成了。"先天八卦图"的乾坤坎离是在四正位置，而韩国国旗的图案的乾坤坎离四卦却在四隅位置。所以，现在韩国国旗的图案与《周易》"先天八卦图"之间的关系，只能说是模仿加变异的关系。

92. 问：毛泽东常说的"形而上"，是来自《周易》吗？

答：形而上学(Metaphysics)是西方的哲学术语，毛泽东是在《实践论》一文中提到"形而上学"的。马克思认为"形而上学"是与辩证法对立的，是用孤立、静止、片面的观点去观察世界的思维方式。毛泽东是用"形而上学"一语，来批评教条主义。

中文译名"形而上学"取自《周易·系辞》中"形而上者谓之道，形而下者谓之器"一语，是日本明治时期的井上哲次郎翻译而来。

显然，这是一个中西哲学相互结合的例子，但不是一个结合得很好的例子。《周易》里面所谓"形而上者谓之道"，并不具有"教条主义"的含义。《老子》说"道可道，非恒道"，道是人们认识方面的飞跃，并不具有什么"孤立"和"片面"的性质。从具有形象的感性的"器"，飞跃到没有形象的理性的"道"，是人类生活的必然追求。无论

"形而下"的万物多么复杂多变，而"形而上"的"道"则为一。比如说"圣人以神道设教"，无论是什么教派，其"导人向善"则是所有正教的唯一目的。显然，日本人对西方这个哲学概念的翻译是有问题的，是他没有理解《周易》里面这句话的真正含义而信口翻译的结果。

孙正聿于《哲学通论》书中说："人们通常是在两种不同的意义上使用'形而上学'这个概念：其一，是在近似于'哲学'的意义使用这个概念。在这个意义上，'形而上学'是一种追求和论证超验的'存在'即超越经验的关于世界的统一性原理的理论。由于传统的思辨哲学家都把'哲学'视为关于超验的世界统一性的理论，所以他们也在这个意义上把'形而上学'视为哲学的同义词或代名词。其二，是在与'辩证法'相对立的意义上使用'形而上学'这个概念。在这个意义上，'形而上学'是指一种以否认矛盾的观点看待世界的哲学理论，是指一种在'绝对不相容的对立中思维'的思维方式。"那么，毛泽东是在哪种意义上使用"形而上学"，就不言而喻了。

**93. 问：有人说蒋介石、毛泽东的名字都来自于《周易》，这是真的吗？**

答：给一个人起名字，是一门学问。一个好名字，可以起到激励的作用。历史上有许多人从《周易》的内容取名、字或号，比如"刘知几""白乐天""李德裕""韦德基"等等。

《周易·说卦》"雨以润之"，这就是"毛润之"的出处。

《周易》豫卦六二爻辞曰："介于石，不终日，贞吉。"象曰："不终日贞吉，以中正也。"这就是"蒋介石""蒋中正"的出处。

《五格剖象》封面

现在有所谓的"姓名学",有人为了给小孩起一个好名字,甚至花费几千元乃至上万元去请"命名大师"。而今,社会上的"命名大师"则多数使用日本人搞的"五格剖象"法,以汉字笔画的多少,用电脑软件分析"五格"的吉凶。因为好笔画的汉字数量有限,所以重名率特别高。

还有批八字的起名方法,使用五行补缺的汉字命名。"毛润之"与"蒋介石"的命名,纯粹出于《周易》,与"五格剖象"和批八字没有任何关系。

94.问:"机会"和"方法"两个词的出处,与《周易》有关系吗?

答:我的朋友李定,号"方犹道"。他在给学生讲课的时候,先列举了一些由"方"字构成的词汇,如"方地""方法""方针""方略""方册""方策""处方""药方""偏方""方向""方位""前方""后方""右方""左方""上方""下方""四方""八方""方来""方今""方有""方圆""巡方""省方""经方""方式""方家""方士""方技""方术""方外""有方""无方""直方""一方""多方""地方""比方""他方""己方""对方""父方""母方""女方""男方""方音""方言""外方""内方""胜方""败方""方正""辩方""立方""平方""正方""职方""远方""方志""方宇""方域""方形""方块""方尺""方泽""方木""方孔""方框""万方""千方""方丈""大方"等等，然后问："为什么用'方'字构成的词汇这么多？"

我在给学生讲课的时候，也是先列举一些由"机（通几）"字构成的词汇，如"时机""见机""机会""机变""机遇""商机""军机""机运""宏机""消长之机""机断""机密""机要""禅机""全机""机宜""乘机""偷机""事机""随机""径机""机锋""决机""投机""机器""机理""机缘""机杼""机关""万机""枢机""机巧""危机""机枪""机炮""微机""无机""有机""应机""设机""几微""察几""见几""易几""如几""几希""""知几""几率""庶几""几欲""几余""几个""几员""几乎""设几""几几""几好""几回""几行""无几""几余""未几""几为""几不可""几二十年""几成""凡几""几表""几数""研几""几暇"等等，然后问："为什么用'机'字构成的词汇这么多？"

我们先来说一说"方"字的含义。

古人说："四方上下谓之宇，往古来今谓之宙。"可知，"宇"就是空间，"宙"就是时间。天地东西南北构成一个六合空间，人们就生活在这个空间里面。古往今来，就是时间的流行，人们就是这样日复一日代代相传。因为"方"字具有空间含义，所以用"方"字构成的词汇特别多。

我国古代有"方明"神器，按照《竹书纪年》的记载：商汤去世后，其孙太甲元年辛巳即位，居在亳地，不久卿士伊尹擅权"放太甲于桐乃自立"。七年,太甲自桐地潜出,杀伊尹。太甲十年,"大飨于太庙,初祀方明"。

何谓"方明"?

《觐礼》里面说,方明是用木头做成的,长宽高各四尺,六面为六种颜色:东青、南赤、西白、北黑、上玄、下黄,并且在上面镶嵌六块玉:上为苍璧、下为黄琮,东为青、南赤璋、西为白琥、北为玄璜。

《周礼注疏》说:

凡邦国有疑,会同则掌其盟约,北面诏明神。

郑玄注:

有疑,不协也。明神,神之明。《觐礼》加方明于坛上,所以依之也。

由此可知,古代"方明"是一神器,当"凡邦国有疑"的时候,把它请上方明坛,王与诸侯礼拜,用于解决"不协"的问题。

为什么用"方明"神器就可以解决"邦国有疑"的问题?

清惠栋于《周易述》里面说:

《周书》朝诸侯则于明堂仪礼,觐诸侯则设方明,故虞禋六宗而觐四岳群牧。《周礼》方明而觐公侯伯子男六宗,方明即明堂六天之神。明堂之法,本于《易》。明堂之法亡,而后之人遂不知以《易》赞化育矣。

汉代刘歆说,方明的六宗既是八卦之六卦,今天看来方明的确与八卦有关系。既然能够解决"邦国有疑"的问题,肯定与用八卦占筮有关系。(要想明了详细内容,请登陆孔子2000网站看相应文章。)

"方明"是一个立方体的六合空间,那么"方"字也就具有空间的含义。正因为如此,用"方"字构成的词汇那么多,也就不奇怪了。

我们再来说一说"机"字的含义。

《周易》涣卦九二爻辞说"涣奔其机";中孚卦六四爻辞说"月几望";《系辞》说"言行,君子之枢机,枢机之发荣辱之主也""几事不密则害成,是以君子慎密而不出也""夫《易》,圣人之所以极深而研几也""易不可见,则乾坤或几乎息矣""子曰:知几,其神乎!君子上交不谄下交不渎其,知几乎?几者,动之微,吉之先见者也。君子见几而作不俟终日"。由此可知,"机"有时间方面的含义,具有短暂微妙,不易察觉,稍纵即逝的性质。一般说"几微""机会""时机"等,就具有这种性质。

正因为"几"字出于《周易》,具有时间方面的含义,所以用"机(几)"字构成的词汇特别多。

总之,正因为"机(几)"字与"方"字具有时空方面的含义,而《周易》要人们建立的正是时空思维,所以用这两个字构成的词汇那么多,也就不奇怪了。同时,我们也明了这两个字都与《周易》有着一定的关系。

### 95.问:"与时俱进"的口号与《周易》有关系吗?

答:《周易·乾文言》说"终日乾乾,与时偕行";《周易·损卦象传》说"损益盈虚,与时偕行";《周易·益卦象传》说"凡益之道,与时偕行"。由此看来,"与时俱进"口号的提出似乎与"与时偕行"有些关系。

"与时偕行"就是与时势和谐地行进。《周易·艮卦象传》说:
时止则止,时行则行,动静不失其时,其道光明。
既然要"与时谐行",就需要"时止则止,时行则行",只有如此才能"动静不失其时,其道光明"。所以,不能一味地前进而不知停歇!有如人类需要在黑天时睡觉一样,只有把觉睡好了,第二天才能有精力更好地工作。

我们国家的领导人在讲话的时候,也经常引用出于《周易》的成语,如"居安思危""忧患意识"等等。

《周易·系辞》里面说:

子曰,危者安其位者也,亡者保其存者也,乱者有其治者也。是故君子安而不忘危,存而不忘亡,治而不忘乱,是以身安而国家可保也。

这就是"居安思危"成语的出处。

《周易·系辞》里面说:

易之兴也,其于中古乎?作易者其有忧患乎?

又说:

其出入以度外内使知惧,文明于忧患与故,无有师保如临父母,初率其辞而揆其方,既有典常,苟非其人道不虚行。

由此看来,"忧患意识"的成语就是本"文明于忧患与故"而来。

## 96.问:《周易》与中医有关系吗?

答:《黄帝内经素问》里面说"夫四时阴阳者,万物之根本也""阴阳四时者,万物之终始也,死生之本也。逆之则灾害生,从之则苛疾不起,是谓得道""阴阳者,天地之道也,万物之纲纪,变化之父母,生杀之本始,神明之府也",由此可知,著名古医书里面特别强调"阴阳"。又说"太阳为开,阳明为阖,少阳为枢""太阴为开,厥阴为阖,少阴为枢",这里则提出了"三阴三阳之离合"说。

*《黄帝内经素问》封面*

《周易·系辞》说"一阴一阳之谓道",而《黄帝内经素问》说"阴阳者天地之道也",这是二者相同的地方。《周易·系辞》说"阴阳不测之谓神神者",而《黄帝内经素问》说"三阴三阳之离合",这是二者不同的地方。

据权威学者考证,所谓"黄帝内经"成书于汉代,大大晚于《周易》。

如果说凡是提到"阴阳"的医书都与《周易》有关系,那就应该承认中医与《周易》有关系。

唐孙思邈《备急千金要方·论大医习业第一》开篇就说:

凡欲为大医,必须谙素问、甲乙黄帝针经、明堂流注、十二经脉、三部九候、五脏六腑、表里孔穴、本草药对;张仲景、王叔和、阮河南、范东阳、张苗、靳邵等诸部经方;又须妙解阴阳禄命诸家相法,及灼龟五兆、周易、六壬,并须精熟如此,乃得为大医。

明张介宾《类经附翼·医易义》则进一步阐述:

宾尝闻之孙真人曰"不知易不足以言太医",每窃疑焉。以谓易之为书,在开物成务,知来藏往,而医之为道,则调元赞化,起死回生。

其义似殊，其用似异。且以医有《内经》，何藉于《易》，舍近求远，奚必其然？而今也年逾不惑，茅塞稍开，学到知羞，方克渐悟，乃知天地之道以阴阳二气而造化万物，人生之理以阴阳二气而长养百骸。《易》者易也，具阴阳动静之妙。医者意也，合阴阳消长之机。虽阴阳已备于《内经》，而变化莫大乎《周易》，故曰天人一理者，一此阴阳也。医易同原者，同此变化也。岂非医易相通，理无二致，可以医而不知易乎！

张介宾进一步提出的"医易同原"说法，影响至今。特别在民间，凡是正规学习中医的人士，都要学习《周易》。

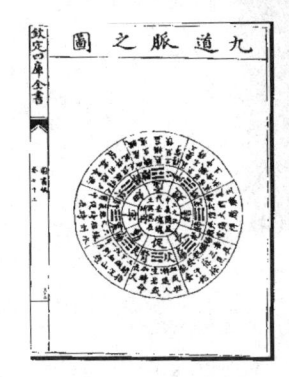

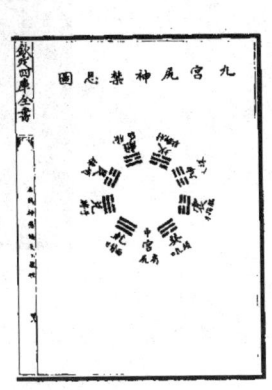

八卦与中医图之一　　　　　八卦与中医图之二

明孙一奎《医旨绪余》一书有"不知易者不足以言太医"之说，可见古人认为中医与八卦之间有着密切地联系。

但是，今天也有批评"医易同原"的声音。比如著名学者李申先生在《易学之河说解》一书的"'易医同源'说的复兴与中医前途的展望"一节中说：

中医要前进，要继续发展，第一要从医疗实践中吸取营养，第二要从现代医学中吸取营养，第三要从现代哲学中汲取营养。"夕阳无限好,只是近黄昏",《周易》再好,也是黄昏之光。"夕阳明"之说,只能用于自我激励。

的确,我今天进医学中医院看病,一些查病的手段多是西医用过的手段,与传统的老中医的医疗方法大不相同,这或许也是进步吧。

97.问:京剧《大保国》里面李艳妃台词"哀家已登大宝",这"大宝"是什么意思?

京剧《大保国》图片

答:皇帝都自称"圣人",所以皇帝的指示称之为"圣旨"。
《周易·系辞》说:
圣人之大宝曰位。

在金銮殿,皇帝的御座就是"位",而两班文武大臣都是站立着没有"位"的。所谓"已登大宝",就是已经坐上"龙椅",当上了皇帝。

除此之外,皇帝称"龙",太子称"龙子",都与《周易》有关系。乾卦的九五爻辞说"飞龙在天",于是就称皇帝为"九五之尊",如宋胡瑗在《周易口义》里面就有"近于九五之尊""应于九五之尊""下近九五之尊""上顺九五之尊"之说。同时,在大臣的奏折里面也衍生出诸如"乾纲独断""乾纲独握""提挈乾纲，驱策群力""乾纲不失""独揽乾纲""人主体乾纲以总揽""躬仁圣之资揽乾纲之柄""人君受命以握乾纲""茫茫九域振以乾纲""乾纲一振万类皆从"等等许多敬语。

清代乾隆年间的刑部尚书秦蕙田在《五礼通考》书中，录有明代皇帝陞殿所奏韶乐的《圣安之曲》和还官所奏韶乐的《安定之曲》。其内容如下。

圣安之曲

乾坤日月明，八方四海庆太平。

龙楼凤阁中，扇开帘卷帝王兴。

圣感天地灵，保万寿洪福增。

祥光王气生，陞宝位永康宁。

定安之曲

九五飞圣龙，千邦万国敬依从。

鸣鞭三下同，公卿环珮响玎瑲。

掌扇护御容，中和乐音吕浓。

翡翠锦绣拥，还华盖赴龙宫。

这两首曲子里面，用到了《周易》的"乾坤""九五飞龙在天""圣人之大宝曰位"的内容。

令人遗憾的是，重庆京剧团不明白"大宝"的意思，竟然把李艳妃的台词改作"已登大典"。我们说"开国大典"，"大典"岂有可"登"的意思？

《易经》蒙卦初六爻辞："发蒙，利用刑人，用说桎梏。"陆德明《经典释文》解"桎梏"说：

桎音质，梏古毒反。在足曰桎，在手曰梏。

"空中剧院"北京京剧团所演《玉堂春》"三堂会审"一折，字幕有"劈桎开枷"四字。"桎"字，苏三和王金龙的台词都读音"肘"（其他剧团的演出字幕就是"劈肘开枷"）。苏三所戴并非"在足"之枷锁，所以字幕用"桎"字是错误的。至于演员读音"肘"，乃是"杻"字音之误。

陆德明《经典释文》说：

《小尔雅》云：杻谓之梏，械谓之桎。杻音丑。

如果说字幕"劈桎开枷"之"桎"出于《周易》，则京剧《玉堂春》演员台词并没有发"质"音的"桎"字。演员读"肘"音，应该是"杻"字音的误传。所以，台词"劈杻开家"与《周易》之间没有什么关系。

## 98.问：邵雍是算命大师的祖师爷吗？

答：当前在社会上流传的术数书，有题"邵康节撰"的《梅花易数》，还有几本也说是邵雍撰写的术数书，如《铁板神数》《紫微斗数》《邵子神数》《河洛真数》等等。

假如这些术数果真是邵雍的著作，那么社会上的一些搞术数的人士把邵雍尊称之为"祖师爷"或"祖师"，则是没有问题的。可是，如果这些术数书根本不是邵雍的著作，那么把邵雍称之为术数界的"祖师爷"，就是厚诬先贤了。

《宋史·道学·邵雍传》：

雍知虑绝人，遇事能前知，程颐尝曰："其心虚明，自能知之。"

当时学者，因雍超诣之识务高雍所为，至谓雍有玩世之意。又因雍之前知，谓雍于凡物声气之所感触，辄以其动而推其变焉。于是摭世事之已然者，皆以雍言先之，雍盖未必然也……所著书曰《皇极经世》《观物内外篇》《渔樵问对》，诗曰《伊川击壤集》。

从《宋史》的记载得知，邵雍的"前知"是"其心虚明"，并非由推算而来；又知，由于邵雍有"前知"的能力，一般人则采取一些"世事之已然者"，假托邵雍已经言之在先。对此，《宋史》的作者元宰相托克托则予以否定，说"雍盖未必然也"。

按照《宋史》的记载，邵雍的著作有《皇极经世》《观物内外篇》《渔樵问对》和《伊川击壤集》。并没有诸如什么《梅花易数》《铁板神数》《紫微斗数》《邵子神数》《河洛真数》等书的记载。

明代季本在《易学四同别录》书中早就说，《梅花易数》一书是元代人假托"邵康节"的著作。康节"，是邵雍去世后，朝廷给的谥号。如此假借"康节"，已经告诉人们《梅花易数》不是邵雍的作品了。

如果说邵雍就是搞术数那一套，即便没有什么术数著作，也可以证明邵雍是算命大师的祖师爷。那么，真实情况又如何呢？

按照邵雍的儿子邵伯温《易学辨惑》的记载：北宋五子之一的张载经过洛阳，去看望病中的邵雍。见面后给邵雍把脉，说："先生脉息不亏，自当勿药。"接下来问邵雍："先生信命乎？载试为先生推之。"邵雍则说："世俗所谓命者，某所不知。若天命则知之矣。"张载听后说："既曰天命，则无可言者。"

由此可知，原来邵雍不信"世俗之命"，而搞推命的人恰恰是张载。而今，人们都知"易为君子谋，不为小人谋""仇必和而解""为天地立心，为生民立命，为往圣继绝学，为万世开太平"等豪言壮语出于张载，却不知他喜好算命。而今，人们不知道邵雍根本不搞算命那一套，却偏偏把算命"祖师爷"的称号安在他的头上。

邵雍《伊川击壤集》里面有首诗：

买卜稽疑是买疑，病深何药可能医。

梦中说梦重重妄，牀上安牀叠叠非。

列子御风徒有待，夸夫逐日岂无疲。

劳多未有收功处，踏尽人间闲路岐。

邵雍在《皇极经世》书中说：

天下之数出于理，违乎理则入于术。世人以数而入术，故失于理也。

至理之学，非至诚则不至。物理之学，或有所不通，不可以强通。强通则有我，有我则失理而入于术矣。

邵雍说，人们花钱去找人算命就是去买疑惑，天下的数都出于义理，如果违背了义理，那就会流入术数。由此可知，邵雍对待"算命"和"术数"是一个什么样的态度。

明代杨慎在《升菴集》里面有"康节不信命"一文：

张横渠喜论命，因问康节疾曰："先生推命否？"康节曰："若天命，已知之矣。世俗所谓命，则不知也。"康节之言如此，今世游食术人妄造《大定数蠢子数》，托名康节，岂不厚诬前贤！

清代四库馆臣在《邵子加一倍法》一书的《提要》里面说：

不著撰人名氏。此书以六十甲子积数以卜贵贱吉凶，亦以"加一倍法"托之邵子，殊相矛盾。杨慎《丹铅录》曰："张横渠喜论命，因问康节疾曰：'先生推命否？'康节曰：'若天命已知之矣，世俗所谓命则不知也。'康节之言如此，今世游食术人妄造《大定数蠢子术》，托名康节，岂不厚诬前贤。"则妄相假借，其来已久矣。

清代四库馆臣说"妄相假借，其来已久"，而今社会上搞术数的人士把邵雍称之为"祖师爷"并不奇怪，因为"妄相假借，其来已久"啊！

### 99.问：邵雍说"南士为相"，是怎么回事？

南宋神宗朝宰相王安石画像

答：这个故事出于邵伯温《闻见录》：

康节先公先天之学，伯温不肖不敢称赞。平居于人事机祥，未尝辄言。

治平间与客散步天津桥上，闻杜鹃声惨然不乐。客问其故，则曰："洛阳旧无杜鹃，今始至有所主。"客曰："何也？"康节先公曰："不二年，上用南士为相，多引南人专务变更，天下自此多事矣。"客曰："闻杜鹃何以知此？"康节先公曰："天下将治，地气自北而南；将乱，自南而北。今南方地气至矣，禽鸟飞类得气之先者也。"

邵伯温《闻见录》书中有故意神化邵雍的怪诞内容，如：

伯温曾祖母张夫人遇祖母李夫人严甚，李夫人不能堪，一夕欲自尽，梦神人令以玉箸食羹一杯，告曰无自尽，当生佳儿，夫人信之。

伊川丈人与李夫人因山行，于云雾间见大黑猿有感，夫人遂孕，临蓐时,慈乌满庭,人以为瑞,是生康节公。

如果真有邵伯温记载的"南士为相"故事,那只能说明邵雍具有"前知"的能力,而且是"善为易者不卜",也不能证明邵雍在搞术数那一套。从洛阳初次见到杜鹃出现,说"禽鸟飞类得气之先",进而说"地气自北而南","将乱"的理由是"南士为相""南人专务变更"。似乎对王安石变法的结果,邵雍早就有所断定。

邵雍为人中和,即使对王安石变法有一些看法,也从不公开表露。他在诗中言"自从新法行,尝苦樽无酒",的确表达了他对王安石变法的不满。

邵伯温《闻见录》又记:

熙宁初,王宣徽之子,名正甫,字茂真,监西京粮料院。一日约康节先公同吴处厚、王平甫会饭,康节辞以疾。明日茂真来,康节谓曰:"某之辞会有以,姑听之。吴处厚者好议论,平甫者介甫之弟,介甫方执政行新法,处厚每讥刺之。平甫虽不甚主其兄,若人面骂之则亦不堪矣。此某所以辞会也。"茂真笑曰:"先生料事之审,如此。昨处厚席间毁介甫,平甫作色,欲列其事于府,某解之甚苦,乃已。"

这个故事则证明邵雍主持中和之道,不肯当面得罪王安石兄弟。所以,邵伯温所记"南士为相"之事,不可尽信。

**100. 问:您的易学研究那么广泛,您究竟是"学院派"还是"江湖派"?**

答:这个问题问得很有意思!我自 1989 年开始研究《周易》至今,差不多每天都在专一于《周易》的研究。如果哪一天没有研究,就觉得甚是无聊。虽然我自认"先天聪明",但是后天的努力也是必不可少的。日久天长，也差不多是"功夫不负有心人"和"铁杵磨成针"了。我研究《周易》没有名利追求，完全是出于兴趣，完全是为了"老了有事做"。我把握了"优选"和"自学"的方法，本着《周易》里面有"十六种学问"的说法，凡是说与《周易》有关系的学问都是我研究的对象。所以，我既不是"学院派"也不是"江湖派"。

历史上把《周易》研究分成"象数派"和"义理派"，其实是片面的。研究《周易》一定要"象数"和"义理"相结合，用邵雍的话说就是"意、言、象、数，四者不可阙一"。

在所有与《周易》有关系的学问里面，我们应该首先区分它们之间到底是一种什么关系？是确有渊源的关系，还是牵强附会的关系？这些，只有进行研究之后才有发言权。

我的朋友里面，有许多"学院派"的大学教授；也有不少从事术数行业的"江湖"人士。古人说"入于其内而出于其外"，不了解江湖术数的来龙去脉，怎么能够有所褒贬呢？

比如说，我能够在《风水皕问》书中批评目前江湖上的奇谈怪论，特别是什么"玄空风水"的应用乱象，就是在深入研究之后才有发言权的。

我对一些"江湖"人士说："你们目前用小游年的翻卦方法看阳宅风水是错误的。"就是根据《协纪辨方书》里面所说"小游年"是相看阴宅用的，而相看阳宅就要用"大游年"的翻卦方法。我对一些"江湖"人士说："当前，你们仅仅推出八运的九星飞宫，是不够的。还要推算出二十四山向的一些参数，如'正城门''副城门''七星打劫''地运'以及有没有'双星会坐'和'双星会向'等等，那才算学得明白。"可知，这是对沈竹礽《沈氏玄空学》深入研究之后的言论。

江湖上有些人以能够"实战"自居,言外之意"你们的理论没有用"。古人说"运筹帷幄之中,决胜千里之外",怎么能轻视"理论"的作用?

我们在研究我国古老圣经《周易》的同时,维护《周易》的纯洁性也是我们重大的社会责任。当前社会上存在一些糟蹋《周易》的乱象,应该成为我们关注的对象。对此,我们要勇于揭露批评进而正本清源。

2013 年 4 月 2 日脱稿

2014 年 11 月 12 日定稿